摩登主义

1927—1937
上海文化与文学研究

张勇 著

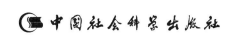
中国社会科学出版社

图书在版编目（CIP）数据

摩登主义：1927～1937 上海文化与文学研究/张勇著 . —北京：
中国社会科学出版社，2015.7
ISBN 978 - 7 - 5161 - 5912 - 5

Ⅰ. ①摩…　Ⅱ. ①张…　Ⅲ. ①文化史—研究—上海市—1927～
1937　Ⅳ. ①K295. 1

中国版本图书馆 CIP 数据核字（2015）第 069706 号

出 版 人	赵剑英	
选题策划	侯苗苗	
责任编辑	侯苗苗	
责任校对	周晓东	
责任印制	王　超	

出　　版	中国社会科学出版社	
社　　址	北京鼓楼西大街甲 158 号	
邮　　编	100720	
网　　址	http：//www. csspw. cn	
发 行 部	010 - 84083685	
门 市 部	010 - 84029450	
经　　销	新华书店及其他书店	

印　　刷	北京君升印刷有限公司	
装　　订	廊坊市广阳区广增装订厂	
版　　次	2015 年 7 月第 1 版	
印　　次	2015 年 7 月第 1 次印刷	

开　　本	710×1000　1/16	
印　　张	16. 5	
插　　页	2	
字　　数	279 千字	
定　　价	55. 00 元	

凡购买中国社会科学出版社图书，如有质量问题请与本社发行部联系调换
电话：010 - 84083683
版权所有　侵权必究

序

　　兴盛于20世纪30代上海的摩登文学以至摩登文化现象，是个不大容易出新的研究课题。因为经过二十多年的持续研究，尤其是随着严家炎先生、吴福辉先生和李今女士相关论著的先后出版，学界对于海派文学和文化的研究达到了很高的学术水准，以至于紧随其后的研究者除了重复进行不断加码的"现代"追认之外，似乎只能无所事事了。而从另一方面看，随着上海在新旧世纪交替之际的重获繁荣并且重新与国际时尚接轨，对旧上海之老摩登的再发现和新发挥，又成了一个相当时髦的公共话题，尤其是以李欧梵先生重构上海摩登的著作之热销和王安忆重写上海摩登的小说之得奖为契机，自外而内从南到北掀起了一股经久不息的上海摩登怀旧热，而新的简单化倾向亦于焉浮现：陶醉在怀旧热中的人们，似乎只满足于把旧上海老摩登的形形色色视为无可置疑的现代而照单全收，却全然罔顾在半殖民地的国际政治经济秩序之等差格局下，上海滩上究竟交织着怎样复杂的社会矛盾和文化冲突。倘考虑及此，则诸如把"上海租界里的中国作家热烈拥抱西方文化"的摩登行为不加分析地礼赞为"中国世界主义的表现"之类论调，实在是太嫌简单且有误导天真之嫌。这种情况表明，关于摩登的海派文学和文化研究正面临着一个临界点——研究者如果仍然满足于"现代"的追认和"摩登"的礼赞，则除了一再重复的论调和一唱三叹的凭吊外，确乎是别无剩义了；但其实人们看见的也许只是海上的冰山一角，而倘能拓展视野、深入实际，在广泛的联系中重新审视"上海摩登"现象、重新反思其间的问题，则未必就没有推进研究和深化认识的余地。

　　说实话，对不断加码的"现代"追认和没完没了的"摩登"礼赞，我久已有点不大耐烦，对一些流行的权威观点，我也多少有点不以为然的异见，这些我在给李今女士的《海派小说论》的台湾版所写的代序中，曾经有所表达。不过，那在我不过是借题发挥、略发感想而已，仔细深入的探讨，我既无能力也无余暇去做，而正有待于更年青一代的学子来继续。

张勇正可谓恰当的人选，一则他以前的硕士学位论文做的就是关于新感觉派小说的研究，在这个课题上有一定的积累和基础，二则他好学深思、肯下功夫，自 2004 年秋到清华读书以来，他一直继续关注和思考着这方面的问题，阅读了大量与海派有关的旧书报刊，不断有文献上的新发现。比如，穆时英的长篇小说《中国一九三一》的一个散佚部分《上海的季节梦》，就被他发现并写出了扎实的考证分析文章；同时他也努力提高自己的理论修养、拓展自己的知识视野，比如对正在崛起的都市文化研究和消费文化理论，他就颇为关心而又有自己的独立思考，所以对常常被人混而论之的"摩登"和"现代"之同异有足够的敏感……这一切都使我相信他有可能对这个似乎接近学术极限的研究课题作出新推进，所以当他稍后和我讨论其博士学位论文选题的时候，我便向他提出了这样的建议。应该说，张勇来清华时已非少不更事的愣头青，而显然经过了一些生活上的磨炼，所以为人沉静踏实而不随俗敷衍，为学肯下苦功而自有主见。他对这个课题也没有贸然接受，而是经过一段时间的考虑，才确认了的。这倒让我觉得对他完全可以放心，因此选题确定之后，我就完全放手让他独立去做了。

随后的两年，张勇便全力以赴从事这个课题的钻研与写作，在文献的发掘和问题的辨析上不断有可喜的进展。看到接连送来的文献资料和陆续写出的论文初稿，我的眼睛常常为之一亮。到 2007 年夏秋之际，他又对论文初稿进行了集中打磨和结构调整，是年冬遂提交预答辩和答辩。参加这两次答辩的专家有钱理群、吴福辉、方锡德、王中忱和格非诸先生，大家都觉得张勇的这篇论文是海派文化和文学研究的一个新突破。评委老师们的赞赏并非偶然地集中在两个方面。一是张勇在文献发掘上的可喜收获。如资深的海派文学研究专家吴福辉先生就曾感叹，以他对海派文献的熟悉程度来读张勇的论文，其中仍有大量文献和诸多现象乃是他闻所未闻的新发现。二是张勇颇富新意和思考深度的辩证分析。这突出表现在对"摩登"与反"摩登"的性质及其矛盾运动的准确把握和辩证观照。记得资深的鲁迅研究专家钱理群先生就特别激赏张勇独具眼光地发现了"革命摩登"，并从反摩登的角度对鲁迅和张天翼做出了别出心裁的分析。此外，评委老师们对张勇自觉打通文学—文化批评与政治—经济分析的研究方法也颇为赞赏，认为他努力于综合观照和辩证分析的研究理路，实有助于纠正孤立的纯文学批评和单纯的文化研究之不足。

作为陪伴着张勇走过三年多读博历程的老师，我对他的如期完成论文、顺利通过答辩自然非常欣慰。倘容我撇开师生的关系，纯以一个学术同行的立场来评论，则张勇的这本论文作为海派文学与文化研究的一个新阶段之标志，是可以断言的。从第二章"摩登"考辨，第三章"摩登主义"：日常生活的美学，到第五章"摩登主义"与文化消费，第六章"摩登主义"文学中的现代体验及想象，作者发掘出了大量的摩登文学以至生活现象，并深究"摩登"背后到底存在着何种力量、它们之间构成了怎样的关系、进行着怎样的博弈……从而不仅使海派文学和文化之"摩登主义"特性第一次获得了确凿无疑的证实，而且对其复杂性给予了深入透彻的揭示。这显然超越了学界已有的认识水平，而显著地推进了海派文学和文化的研究。读者只要翻看一下这些章节，就不难体会其内容的丰富和分析的深入，而无须我来一一介绍了。作为同行，我自己特别受启发的乃是张勇的一个洞见：不同取向的现代文学，哪怕是相互对抗的文学流派，仍然会共享一些重要的现代文学价值观念，而真正重要的分歧则恰在于那相似之下的不同。比如，张勇就指出，"真实"其实并不是主张写实主义的左翼文学所独尊的观念，它同时也是"海派文学最常调用的资源和创作的合法性基础"。我此前对革命的左翼和摩登的海派一直是只见其异而未见其同，所以初闻张勇此论，我当真吃了一惊，可仔细一想，事实确实如此。更难能可贵的是，张勇在洞见到这个共同点之后，更进一步地仔细辩证分析了其间的似而不同，并推而广之，以为似而不同的"真实"观，"的确构成了30年代文学的一个核心问题，许多问题背后都隐藏着关于真实性的认知，双方的分歧也常常能在对'真实'的不同理解中找到答案"，同时他还强调对"真实"的分解也不到认识为止，而最终必然落实为人性伦理、社会关怀和文化实践上的分道扬镳。同样的，在分析摩登与现代之间的暧昧关系时，张勇既敏锐地指出"摩登的合法性基础——一元的线性历史进化观，某种程度上正植根于现代性的宏大叙事之中"，而又强调"从相似的一元论及艺术线性发展观立场出发，新感觉派作家和左翼作家得出的结论竟颇为不同"。这些都是发人之所未发、道人之所未道的洞见。我得承认，张勇的洞见有力地纠正我这个做老师的一些简单化评判。"是故弟子不必不如师，师不必贤于弟子"，我于韩子此言欣有同感，并且觉得，张勇对问题的这样一些看法和他看问题的这样一种思想方法，特别值得向学界同行推荐。

当然，一个年轻学者首次处理这样复杂的问题，自不免理有未周、尚待补充之处。比如，张勇在结尾一章断言，"1937 年，曾经热闹一时的'摩登主义'文学走向了衰落"。这从一个段落来说，诚然是事实，若从更大的视野来看，也就不尽然了。徐訏、无名氏的"摩登传奇"在抗战大后方的流行，张爱玲的"反传奇的传奇"在沦陷了的上海之走红，即使不能说是"摩登主义"文学之中兴，也足证其绵延不绝的生命力和华丽转身的灵活性。同时，张勇又以施蛰存在抗战期间四处播迁因而搁笔不作为例，来说明"'摩登主义'文学对 1927－1937 这十年间的上海的深刻依赖关系"。这种依赖关系确是事实，但需要进一步追问的问题是，摩登的上海又依赖着什么？对此，张勇其实是有所见的，他的具体论述已触及了老上海作为一个半殖民地都市对西洋的深刻依赖关系，对生活于其中的海派文人盲目崇拜西方时尚、竞相攀附摩登的心态，张勇也很清楚。或许是出于谨慎吧，张勇虽然触及了事实，却对摩登主义之"现代性"的半殖民地根源未敢一语道破。再如，张勇已敏锐地注意到海派文人的摩登性幻想书写中，其实浸淫着传统士人对"摩登伽女"的迷与惧，惜乎未能推而广之。其实，摩登的海派文学与文化也有其本土的源头——纵情声色、风流自赏的江南才子文艺传统。

诸如此类的缺憾还有一些，其原因除了年轻作者的经验不足和文献有缺外，还因为时间的限制。张勇是带职出来读博的，给定的三年时间实在太短，所以后来又延长了半年，但仍然不足，而在这有限的时间里，他还得兼顾工作和家事。为此他付出了怎样的辛苦、承担了多大的压力，我是比较清楚的。记得就在张勇撰写博士学位论文最紧张的时候，他的妻子正独自在遥远的西安忍受着妊娠反应之苦，他自然既感担忧而又苦感分身乏术。这让我很不忍心，以致我不得不把他"赶"回去西安一趟。所以论文的一些题中应有之义，虽然原在他的写作计划之中，后来却不得不割弃或暂缺，而多少有点匆忙地收束了。待到答辩通过后，张勇真是归心似箭。在生活和工作上，张勇是个很有责任感的人。由于觉得几年的读博亏欠了妻子、父母以至于原单位不少，所以返回西安的近两年来，张勇把大部分心力都花在了报答积欠的亲情和补偿拖欠的工作上了，论文的修订出版不免迟滞了一点。对此，我不仅能够理解而且甚为欣赏。事实上，几乎每个研究生毕业离校的时候，我都要对他们说生活第一、学术第二，所以听张勇来电话说他回去一直忙于工作、忙于安家和搬家等，尤其是看到他传来孩子健康可爱的照片，我委实是高兴而且放心。因为这就是生活呀，人总得生活在现实生活中，即使是一个学者，人生首要的事情也未必就是论著的出版和学术的名利，何须匆忙慌张呢。

自然，张勇并没有为了生活而忘掉学术。最近，他终于完成了论文的修订、可以交付出版了。这虽说是晚了一点，但我重读一遍仍觉新鲜，其学术原创性迄今还是未可替代的；而张勇在修订中显然也融入了一些很有意思的新思考，那或者正预示着他今后致力的方向吧。张勇还年轻，正所谓来日方长，其为人又耐得寂寞、为学亦肯从容从事，然则假以时日，取得超越既往的成就，是可以预期的。

阅读既竟，随手略书回忆和感想如上，权算是序吧。

解志熙
2009 年 10 月 16 日于清华园之聊寄堂

目　录

第一章　导论

第一节　海派文学与摩登

海派文学与都市物质文化、消费文化的关系，几乎是海派文学研究中无法避开的问题。近些年这一领域内产生了不少重要和有代表性的著作，如吴福辉先生的《都市漩流中的海派小说》（1995）、李今的《海派小说与现代都市文化》（2000）、李欧梵先生的《上海摩登——一种都市文化在上海1930–1945》（2001）等。这些著作大都同时借鉴了上海社会、历史、经济等方面的研究成果，从广阔的视角分析了海派文学产生的都市文化语境，尤其是它与老上海"摩登"物质文化、消费文化之间的关联，在海派文学研究中具有里程碑式的意义。在《上海摩登》中，李欧梵不满于"左翼作家和后来的共产党学者"所强化的上海的"流行的负面形象"，"重绘"了上海的都市文化地图，20世纪20–40年代上海的建筑（尤其是休闲、娱乐和消费场所，如百货大楼、咖啡馆、舞厅、跑马场等）、印刷文化、电影等被同时形诸笔端。如果说《东方杂志》及其"文库"、商务版的教科书还依然带有精英和启蒙色彩的话，那么作者对《良友》画报（包括图片、文字及广告）、月份牌等的分析，则给予了以往这些不大受人重视，也难登文学研究大雅之堂的材料以重要的一席之地，[1]很有启发性。

《上海摩登》确立了海派文学研究的一种流行范式，宏观上看，它无疑借鉴了时下方兴未艾的"文化研究"的思路和方法，在更广阔的层面上，也带有当今学术界弥漫的"后学"思潮的烙印，由于对宏大叙述的

---

[1]　李欧梵：《上海摩登——一种都市文化在中国1930–1945》，北京大学出版社2001年版。

怀疑和规避，学科整合本可激发出的有意义的问题、焕发出的巨大能量，几乎被微观化的视野抵消殆尽了。对以往意识形态论述的不满，也并未导向一种更全面、科学的考察，而是矫枉过正、刻意忽视意识形态领域内的斗争。其实，微观研究不只是在方法论的意义上才与宏观发生关系，即所谓的"显微见著"，而是必然关联着宏观，毋宁说它是宏观的一个缩影，宏观总是微观研究中最常触碰到的问题，也决定着微观研究的成败。以"摩登"而言，一旦我们追问一些更为前提性的问题，如什么是摩登？哪些事物可以称得上"摩登"？"摩登"与非摩登的边界在哪儿、是由什么力量决定的？就不得不跳出现象本身，探寻现象背后的制约力量及它们之间的关系。这些力量包括一系列的政治、资本（包括外国资本与本国资本）、文化力量，摩登现象是它们共同博弈的结果，而这些制约力量之间是如何争夺、如何形成合力的过程被掩盖了。显然，"摩登"不是自明的，而是历史的。进一步说，如果要探讨上海的"摩登"，就不能只限于描述摩登的物质、文化现象，而应该追究"摩登"背后的各种力量之间是如何发生关系的。因而，考察海派文学与摩登的关系，也最终需要理解海派文学与"摩登"背后这些力量之间的关系。正如刘建辉指出的，目前研究中"虽然存在着诸多的有关'摩登'的事实叙述，但是这些事实是如何被'生产'出来又是如何被'消费'的，在它们背后，近代资本主义的'欲望'力学又是如何发挥作用的，以及关于摩登的各种话语、各种表象之间有何内在的联系等诸如此类的问题，可以说还没有被真正解释清楚"①。

然而，这些话语、力量间的关系又必须借助于一些个案才能得以呈现，而且它们相互之间作用的方式也会因情形不同而异。本书考察的是中国现代历史上一种重要的文学和文化现象——"摩登主义"。所谓"摩登主义"借用自历史概念，20 世纪 30 年代浦江清、朱云影都使用过这个概念，后者还对其有十分详细的分析（详见第三章）。按照"摩登"一词在 30 年代的主要意涵，"摩登主义"简而言之就是指把最新的社会思潮、外来文化当作时髦加以模仿和趋附。在当时已经有不少人注意到了这种文学现象：陶晶孙在《大众文艺的"史的考察"》一文中指出了知识青年思想

---

① 刘建辉：《挂在墙上的摩登——展现欲望都市的又一表象》，载孙康宜、孟华编《比较视野中的传统与现代》，北京大学出版社 2007 年版，第 500 页。

上的摩登化倾向:"知识青年是从古以来之读书大众,他们也爱娼妇之敷衍,所以三角四角恋爱之通俗小说可卖,春画美女画报有销路,他们喜时髦,所以欲谈革命,但是怕死,所以无毅力,因此似是而非的革命也可以宣传,手淫小说销得如飞,文学商人借此可赚钱、政客可以得群众。这种摩登化倾向虽是很可恶,但是在这大众内亦可找得革命的青年,所以工作不可完全因为困难而停止。"[1] 有人则谈到了"文坛上的摩登风气":"不知道从什么时候起,'才子佳人'又飘飘然起来了。……才子的才气,原来使人受不了,因为他大概不曾知道世界上有旁人。'不才子'的才气呢,更要使人逃跑了,东施也捧心,是最好的譬喻;这又加上了西洋大都市的颓风,殖民地的野蛮气氛,然后成就了'摩登'风度。"[2] 还有人注意到白话文蜕变为"洋八股"和"摩登文章"的可能性:自"白话文运动"以降,白话文取代了文言文,但是不久白话文"却又另外戴上一副形式比较摩登的枷锁","由旧八股变成洋八股","变成了一种'摩登文章'"[3]。无论是思想上的摩登化倾向,还是弥漫着殖民地都市颓废气息的新"才子佳人"小说,以及语言上的"洋八股",都是"摩登主义"的典型表现。此外,它也体现在作家的文学活动中,例如,以曾朴、曾虚白、张若谷等组成的文学圈子和以章衣萍、华林、徐仲年等组成的"文艺茶话"对法国文学沙龙亦步亦趋的模仿。并不令人惊奇的是,"摩登主义"作家在现实生活中往往也是摩登、洋派生活的狂热信奉者(详见第五章)。这样,"摩登主义"就不仅限于文学范畴,而是扩展到了整个文化层面,代表了某种特定的文化现象。因此,对"摩登主义"文学的研究也必须放置到此类文化现象中考察。

"摩登主义"文化现象中最普遍的是时尚文化,时尚化是此类现象所具有的共同特质。时尚自然不限于一时一地,"摩登主义"文化也非20世纪30年代上海的专利。例如30年代上海掀起过的女性男装风尚和对"裸体运动"的讨论,在其他城市同样产生过回响,《玲珑》上就曾刊登过汉口三个摩登女郎学流氓的男装照片,哈尔滨甚至还产生了名为"亚当与夏娃"的裸体运动组织,在此事上表现出比上海更为激进的姿态。30年代轰动一时的《啼笑因缘》塑造了"摩登女郎"何丽娜的形象,它

---

① 陶晶孙:《大众文艺的"史的考察"》,《读书月刊》1932年第3卷第5期。
② 古董:《论文坛上的摩登风气》,《申报·自由谈》1934年4月23日。
③ 灵犀:《关于文话的论战》,《社会月报》1934年第1卷第2期。

虽然在上海的《新闻报》上连载，却是以北平作为故事背景，描写了当时北平摩登男女的生活场景；叶鼎洛的讽刺小说《老摩登的艺术》发表于西安的《文艺月刊》上，刻画了活跃在当地社会的一位"老摩登"①。然而，30 年代的上海无疑开风气之先，是中国"摩登主义"文化的中心。自 1927 年国民党政府定都南京，直到 1937 年抗日战争爆发，上海迎来了一个相对稳定的发展时期，甚至出现了畸形繁荣景象。这十年中的上海政治、社会、文化都具有相当的连续性和稳定性，综观上海社会、历史等方面的研究著作，也不乏以这一时段作为相对独立的对象来论述的，如魏斐德的《上海警察 1927－1937》、安克强的《1927－1937 年的上海——市政权、地方性和现代化》，所以，笔者选取 1927－1937 年的上海文化和文学作为研究对象。

"海派文学"至今仍是个颇有争议的概念，吴福辉先生在《都市漩流中的海派小说》中曾从其生成的四个方面——"外来文化"、"商业文化"、"工业文明"、"新文学"对其进行了限定，并把"前洋场文学"排除在"海派文学"之外，从而使得这个概念本身具备了现代性的特质②。笔者所分析的对象绝大多数属于"海派文学"，考虑到这个概念已经有了约定俗成的内涵，为了称呼上的方便，笔者有时也使用"海派"、"海派文学"、"海派都市文学"等概念。但是需要强调的是，"摩登主义"文化和文学现象绝非只限于海派文化、文学和这一时段，只不过在其中表现得比较突出罢了。反之，并非所有的海派文化、文学都是"摩登主义"的，即便是具备"摩登主义"特质的文化、文学作品，也并不意味着"摩登主义"可以涵盖其所有的方面。例如，上文提到的《啼笑因缘》，其中关于关氏父女参加东北义勇军抗击日本兵、北平社会摩登生活场景等情节具有"摩登主义"的成色，但根本上它仍然是一部鸳蝴派的作品。总而言之，"摩登主义"是指某类文化、文学行为和现象，并不适宜作为一个文学派别的名称。这也是我在"摩登主义"之外继续使用"海派"、"海派文学"等概念的重要原因。

海派都市文学中充满了对摩登消费娱乐场所及摩登男女关系的叙述，同时这些几乎也是作家自身生活的写照。然而，不能简单地认为后者只是

---

① 叶鼎洛：《老摩登的艺术》，《文艺月刊》（西安）1943 年第 2 卷第 1 期。
② 吴福辉：《都市漩流中的海派小说》，湖南教育出版社 1995 年版，第 3 页。

前者的题材。如果说作家只是如实地记录了自己的生活，那么需要进一步追问的是，海派都市作家为什么会对摩登生活如此痴迷？布尔迪厄关于"审美消费与日常消费的同源性"的判断可以帮助我们更深一层地理解这个问题，他认为："关于鉴赏力和文化消费的科学始于一种违反，这种违反根本不关乎审美观：它必须取消使正统文化成为孤立领域的神圣疆界，以便找到明白易解的各种联系来统一那表面上不可比较的'选择'，比如对音乐与食物、绘画与娱乐、文学与发型的偏好。"① 也就是说，必须在作家的"日常消费"与"审美消费"之间建立某种关联，才能发现海派作家作品中的某些秘密，否则无法解释为何偏偏摩登事物成为审美对象。换言之，摩登事物在海派作家那里被赋予并承载了特定的价值观念。

　　不管是作家的生活还是创作，"摩登主义"最显著的特征是趋新。人们在解释它时时常求援于人性、年龄、文化之类的因素，而掩盖了真正的问题。这种解释由来已久，在 20 世纪 30 年代即有人断言："用时新来解释摩登，我想或者是半斤对八两恰恰相称吧！因为：人性没有不好奇的，没有不喜欢新的，更没有不觉得希望之成功或偶然之适遇为可贵的。……时代的风尚和趋就，当为时代变化特有的象征，也就是人们好奇喜新以及某种成功某种适遇的表现。"② 当代研究者中也有人将上海人"乐于接受西方物质文明"的原因归诸其"向来有灵活、尚新的特点"③，同样是把这个问题自然化了。在笔者看来，上海人"灵活、尚新"是"接受西方物质文明"等外力作用的结果，而非原因。此外，"新"本身也是有待分析的。柯林·坎贝尔曾区分了三种不同意义上的"新"："首先是作为新鲜的或新近创造的新（fresh or newly created）；其次是作为改良的或革新的新（improved or innovative）；最后是作为不熟悉的或新奇的新（unfamiliar or novel）。"④ 显然，这三种"新"不可混为一谈，尤其是当现代性话语渐渐将"新的"塑造并等同于"好的"的情形下，对"新"的拆分

---

① ［法］皮埃尔·布尔迪厄：《〈区分〉导言》，载罗钢、王中忱主编《消费文化读本》，中国社会科学出版社 2003 年版，第 49 页。

② 特罕：《摩登与矛盾》，《新社会杂志》1931 年第 1 卷第 1 期。

③ 叶晓青：《上海洋场文人的格调》，载汪晖、陈国良编《上海：城市、社会与文化》，香港中文大学出版社 1998 年版，第 127 页。

④ ［英］柯林·坎贝尔：《求新的渴望——其在诸种时尚理论和现代消费主义当中表现出的特性和社会定位》，载罗钢、王中忱主编《消费文化读本》，中国社会科学出版社 2003 年版，第 272 页。

就更为重要了。"摩登主义"中所趋的"新"多见于第一、第三两种，它源自肤浅的模仿或消费，是缺乏创造性的。

理解"摩登主义"特质的一个便捷途径是广告。本书中也涉及了当时书刊中的一些广告，把它们当作广义上的社会、文化文本，即是因此而来。广告的最终目的是促进商品的销售，尽管它们在广告词中使用最时髦的字眼，比如"革命"、"救国"、"新生活运动"等，而且喜欢调用社会上最新、最引人关注的事件，但基本上对这些思潮的具体实践、社会事件的具体意义毫无兴趣。商业利润是"摩登主义"的主要追求目标之一，赶时髦不过是以此为幌子招徕顾客。它既不代表赶时髦者真正的思想，也是与具体实践脱离的。一个典型的例子就是 20 世纪 20 年代中期的出版业。张静庐的《在出版界二十年》中将 1925－1927 三年称为"新书业的黄金时代"，借北伐战争的契机，三民主义、建国大纲和共产主义 ABC 等书籍大为风行，一些出版商靠这些书籍赚得杯满钵满。出版商关注的是这些书籍的高额回报，对它们所宣扬的"主义"、社会理想及实践要求置若罔闻，但是他们又必做出是这些"主义"的信徒的样子来。在这一过程中，"革命"、"救国"等社会思潮实际上是"被消费"了。波德里亚认为，当一个文化实体，"其内容并不是为了满足自主实践的需要，而是满足一种社会流动性的修辞、满足针对另一种文化外目标或者干脆就只针对社会编码要素这种目标的需求"时，这种文化实体就"被消费"了①。

当然，以广告类比"摩登主义"的最大缺陷是，后者不全是为了利益，有时只是为了获得一种心理满足，或仅被装饰为某种姿态。瞿秋白曾批判"资产阶级的知识分子"在"九一八"事变之后高呼"文化运动的消沉"、"知识阶级的使命"、"继续五四的精神"之类的口号，"因为资产主义的虚伪的民族主义，到这时期已经差不多破产得干干净净；地主资产阶级联盟的意识上的武器——所谓诸葛亮主义的买办性，已经暴露得没有丝毫余地。所以他们要想出来玩一套另外的把戏，企图用一些时髦的摩登化的空谈，欺骗广大的民众"。同样是这些人，他们也会"妍几个披头散发的妍头——所谓摩登女郎。华贵的富丽的公馆里，居然也会陈设些未来派的直线主义的新式木器"。"这正是殖民地的中世纪的茅坑，和帝国

---

① ［法］让·波德里亚：《消费社会》，刘成富、全志钢译，南京大学出版社 2001 年版，第 111 页。

主义的没落的资产阶级文化，混合生长的腐化的现象。中国新文艺的礼拜
六派化（着重号为原文所加，下同），正是这种现象的必然的结果。"① 高
呼救国口号尽管不是为了获利，但是它与所恋爱的摩登女郎、房间里摆设
的未来派家具一样被消费了。对于一般人而言，"摩登"的吸引力在于它
经常被理解甚至等同为"新"、"现代"，植根于人们对现代、时代的追逐
和想象之中。

第二节　作为文化实践的摩登与反摩登

　　一种文化思潮、实践与对其的摩登化模仿之间并非泾渭分明，这是由
摩登的特性决定的。摩登总是紧紧附着于它所模仿的对象之上，就像寄生
植物盘绕着寄主的躯体，靠吸纳后者的养分而枝繁叶茂，但生长出来的却
是另一种事物。摩登具有非同寻常的吸纳能力，西美尔在《时尚的哲学》
中写道："如果摩登是对社会样板的模仿，那么，有意地不摩登实际上也
表示着一种相似的模仿，只不过以相反的姿势出现，但依然证明了使我们
以积极或消极的方式依赖于它的社会潮流的力量。"② "有意地不摩登"或
许可以命名为"反摩登的摩登"，即"反摩登"也可以被摩登化，摩登能
够轻而易举地把对其的批判纳入自身的逻辑之中。摩登，反摩登，反摩登
的摩登，反反摩登的摩登，反反反……这不是文字游戏，鲁迅在"革命"
中看到恐怖景观——"革命，革革命，革革革命，革革……"③ 在此复
现。"'革命'摩登"在空洞的能指膨胀与狂欢中成功地绕过了革命的实
质与实践。只要社会思潮和实践存在，对它的摩登化模仿就必然存在，直
到前者被篡改得面目全非，徒余空壳。

　　"摩登主义"所趋附的社会、文化思潮和实践是多样的、变化的，只
要是"新"就完全可能为其所用。为了阐明"摩登主义"文学所具有的
强大的模仿和吸纳能力，笔者有意在其中选取了两种摩登来分析：对西方
现代主义文学思潮的模仿和"'革命'摩登"——将"革命文学"及之
后的左翼文学思潮的时髦化。严肃的现代主义文学不仅排斥模仿，甚至拒

---

① 易嘉（瞿秋白）：《五四和新的文化革命》，《北斗》1932 年第 2 卷第 2 期。
② ［德］西美尔：《时尚的哲学》，费勇、吴䜌译，文化艺术出版社 2001 年版，第 80 页。
③ 鲁迅：《小杂感》，载《鲁迅全集》（第 3 卷），人民文学出版社 1981 年版，第 532 页。

绝流行和成功，悖谬的是，一旦它们流行开来，它们就失败了。"革命文学"及左翼文学则是富含强烈的实践诉求，创作"革命文学"作品是容易的，但是革命实践往往让赶革命时髦者却步。

有必要指出的是，在 20 世纪 30 年代的上海，无论是创作中涉及摩登男女或灯红酒绿之所，还是作家在生活中光顾摩登娱乐消费场所，都不仅限于海派作家，例如茅盾的笔下就不乏对摩登男女生活的描述。同时，跳舞、喝咖啡、看影戏几乎已经成为一般市民日常生活中不可或缺的娱乐、休闲活动，更不用说空闲时间充裕的作家了，田汉曾供述有一段时间他常和南国社的男女同志去跳舞场，"每每坐到晚上三四点钟，兴味不减"[1]。如果刻意强调作家间生活方式上的区别，并将其当作他们创作上差异的根源看待，就会形成非都市作家排斥现代物质文明的刻板印象，无法抓住非都市作家都市批判的精髓。都市物质生活从来都是与某种价值观念联系在一起的，后者即对都市物质文明的认知才是真正的差异所在。对于这些由西方舶来的生活方式而言，虽然它们呈现的形态与西方是相似的，但其中承载的实践已经有了较大的不同，即便是对于同在上海、同样享受这种生活的作家，也都体现为不同的意义。例如，曹聚仁一度"是回力球场的常客，几乎每天必到"，但是他只是想揭开其中的骗局，和"从赌博下注入手解释社会现象"[2]，和都市作家去那里的动机有着天壤之别。去咖啡厅也一样，不只是海派作家的专利，左翼作家经常也在咖啡厅举行秘密会谈。文化实践的复杂性必须被充分注意到，正如德赛都（Michel de Certeau）观察到的，在实践中，任何再现体系或构造过程都不再仅仅表现为其原有的规范框架，而是同时成了使用者的工具，这显示出了实践的社会历史性[3]。

摩登或反摩登，都只能在文化实践过程中甄别，即把作家主要的文化活动作整体观照，而不能仅仅依靠单一的文本或行为，否则就容易为一些表面现象所蒙蔽。1933 年，施蛰存与鲁迅展开了关于"《庄子》与《文选》"的论争。施蛰存为自己辩护道："新文学家中，也有玩木刻，考究版本，收罗藏书票，以骈体文为白话书信作序，甚至写字台上陈列了小摆

① 田汉：《朔风》，《田汉全集》（第 13 卷），花山文艺出版社 2000 年版，第 86 页。
② 马国亮：《良友忆旧》，生活·读书·新知三联书店 2002 年版，第 204－205 页。
③ Michel de Certeau, *The Practice of Everyday Life*. Berkeley and Los Angeles：University of California Press, 1984, p. 21.

设的。"① 这些话实际上明守暗攻，意思是说鲁迅也做过或正在做此类事情，有什么资格来指责别人呢？的确，鲁迅曾经热心推介过外国的木刻、版画，甚至他选择的比亚兹莱、蕗谷虹儿等人也同时为海派作家如叶灵凤等所喜好。然而，在这些看似相同的行为背后实际上暗含着本质差异。鲁迅的译介活动体现出很强的文化自觉与承担意识，对比亚兹莱等的介绍还同时带有以正视听的战斗意图，还原其"未经撕剥"② 的本真面貌。文化行为上的这种貌合神离需要结合作家的文化实践才能识别，必要的时候，还需要与其他文化实践进行对照。在目前的海派文学研究中，普遍对其与同时期的上海左翼文学的关系关注不够，而左翼文学非但也以上海为中心，而且对其他文学具有深刻的影响。左翼文学是当时最重要的文学现象，所以夏衍干脆把 1927 - 1937 这十年称为"左翼十年"③，无独有偶，丸山升则认为"1930 年代文艺"，"主要是指以……'左联'的运动为中心的脉络"④。在看到 20 世纪 80 年代后期中国现代文学研究界急于转向发现"非主流"时，丸山升指出，"如果这些非主流的存在是真有价值的东西，那么，研究工作就不能仅止于指出主流之外还存在着非主流，而应该通过揭示这些非主流的意义来辨明'主流'本身所具有的一向不被重视的方面"⑤。这或许有些过于以"主流"为中心，然而，对"非主流"的研究同时能够帮助认识"主流"这一点的确是洞见。例如张英进就曾指出，在现代都市作家中，对女性缺场这一文本策略的共同运用，超越了作家们在意识形态或政治上的差异⑥。这与其说否定了意识形态、政治在文学分析中的重要性和有效性，毋宁说拓展了文学分析的重要维度。这些新的维度的陆续出现对于文学的政治、意识形态分析意义非凡。

在以往的研究中，多少存在着两个误区：要么过于强调海派文学与左

① 施蛰存：《〈庄子〉与〈文选〉》，载《施蛰存七十年文选》，上海文艺出版社 1996 年版，第 344 页。
② 鲁迅：《〈比亚兹莱画选〉小引》，载《鲁迅全集》（第 7 卷），人民文学出版社 1981 年版，第 340 页。
③ 夏衍：《懒寻旧梦录：增补本》，生活·读书·新知三联书店 2005 年版。
④ 丸山升：《作为问题的 1930 年代》，载《鲁迅·革命·历史——丸山升现代中国文学论集》，北京大学出版社 2005 年版，第 185 页。
⑤ 丸山升：《关于现代中国文学研究的一己之见》，载《鲁迅·革命·历史——丸山升现代中国文学论集》，北京大学出版社 2005 年版，第 361 页。
⑥ Yingjin Zhang, *The City in Modern Chinese Literature & Film: Configurations of Space, Time, and Gender.* Stanford, California: Standford University Press, 1996, p. 185.

翼文学之间的意识形态差异，以意识形态差异掩盖它们之间的交叉重叠之处或别的差异；要么刻意忽略它们在意识形态上的紧张，将二者混为一谈。在笔者看来，"文化实践"的引入某种程度上可以避免这两个极端，它既不排斥意识形态领域的考察，也不将其当作唯一标准，同时包含着对作家在现实观察、文化诉求、价值观念等方面异同的分析。"文化实践"要求把作家的整体实践作通盘考虑，因而它不是静态的、僵死的，而是在各种关系之中作历史的考察。事实上，在 30 年代的各种文学创作之间，交叉重叠之处同差异一样明显，这正反映了一个时代文学上的复杂性和丰富性。

比如在过去，以曾朴、曾虚白、张若谷等人为主干的倾慕法国文学的圈子，新感觉派，以邵洵美、章克标等人组成的文学小团体等通常被视作"为艺术而艺术"派，或者避而不谈其政治倾向性，然而事实其实不尽如此。据曾虚白后来的回忆，他们是有意识地进行文艺范围内的"反共斗争"的，《真美善》和后来的《大晚报》是他们的重要阵地，鲁迅及《自由谈》则是他们主要的斗争对象①。同样，路易士也在晚年的回忆录中将自己标榜为"三十年代保卫文艺自由"的"坚强的战士"，被列入这一群的还有杜衡、穆时英、刘呐鸥、姚苏凤等人，"作战"的对象自然是左翼文艺②。正因为如此，杨之华早在 40 年代编写《文坛史料》时即将"现代社"作为一个文艺社团而列出，所谓"现代社"是指以《现代》杂志为中心集结起来的一些作家，"干部人物"包括施蛰存、杜衡、戴望舒、穆时英、刘呐鸥、叶灵凤、徐霞村、路易士、高明、林希隽等人。"他们虽然没有什么形式上的组织，但对于文艺的见解及旨趣，则大抵是共同的。"③ 这构成了他们团结起来共同对抗左翼文学的基础。"现代社"成员后来有进一步的分化，其中的作家所选择的道路也是有歧异的，在其中重要的仍然是文化实践。

"现代社"的核心成员如施蛰存、杜衡、穆时英、叶灵凤等人都曾短暂地热衷过无产阶级文学，不过作为新兴理论和文学新潮的无产阶级文学

① 曾虚白：《曾虚白自传（上集）》，联经出版事业公司 1988 年版，第 147 页。
② 纪弦（路易士）：《纪弦回忆录（第一部）：二分明月下》，联合文学出版社 2001 年版，第 85－89 页。
③ 《"文艺社团史料"之"现代社"》，载杨之华编《文坛史料》，中华日报社 1944 年第 3 版，第 393 页。

是容易模仿和追随的，一旦它涉及其本身内含的实践性和政治性吁求，这些作家便望而却步了。反过来看，左翼作家也有着强烈的技巧创新需求，无产阶级文学寓含着显著的先锋性，自然也包括表现形式上的先锋性。因此，单纯以类似"形式实验"或"无产阶级文学"一类的名词显然无法涵盖这些文学的丰富性及其交叉、纠缠关系。也就是说，文学上的考察如果不和作家的文化实践勾连起来，不追究它们"似而不同"之处，难免会为表象所迷惑。

在现有的概念框架内无法开掘出30年代上海文学的复杂性，对现有概念的重新界定、阐释，甚至于"发明"新的概念也无济于事。文学的复杂性必须，也只有放置于关系之中（文学与社会、政治、文化等的关系，与作家文化实践的关系，以及它们相互之间的关系）才能被界定和彰显出来。在近些年海派文学研究的热潮中，"海派文学"里被充塞了越来越多的内容，势必会胀破它脆弱的外壳。许道明先生在《海派文学论》中指出，靳以也曾"热中用新感觉主义的方法写着都市生活"，同时把一些之前很少被当成"海派"的作家也放到海派文学中讨论，如刘大杰、赵景深等，无疑大大地拓展了海派文学的"风景线"①。然而仅就作品而言，实际上无法厘清海派文学的特质，以此作为划分作家派别的标准也是靠不住的。早在1932年，有人就注意到了一些有意识地描写"都市现代性"的作家："意识地描写都市现代性的作家，在中国似乎最初是都市风景线的作者呐鸥；在去年的本报上（指《文艺新闻》——引者注），发表了适夷的上海狂舞曲，这种集纳主义的文学形式显然开了文学上的新风气。最近在时报号外上发表了林疑今的一个台湾女儿，已经有了这种新形式的继承；一月的东方杂志上，发表了蓬子的都市Sonata，很显然地预示着大规模地表现都市消费面的企图。在一九三二年中，这种风气将益加迅疾地进展，是无疑的事。"② 这里所列举的作家迥然不同，但是他们共享了"意识地描写都市现代性"这一特质。30年代的许多作家其实共享了一些重要的文学观念，比如文艺反映时代与现实、文艺的功用性等，他们的差异表现在对"现实"、"时代"、"功用性"等的理解不尽相同。进而言之，这种"似而不同"与整个时代的知识氛围有直接关系，30年代一

---

① 许道明：《海派文学论》，复旦大学出版社1999年版。

② 壮一：《红绿灯——一九三二年的作家》，《文艺新闻》1932年第43号。

些重要的理论和思潮如马克思主义、弗洛伊德学说、进化论等，对这个时代的作家有着或多或少的影响，当然他们的理解各有差异，而且同时也会采撷其他的一些知识滋养。然而，如果我们继续追问作家为何会对这些理论和思潮有不同理解、为何在这之外又采撷了不同的知识滋养，我们就会发现不能完全从知识的角度来解释这种"似而不同"，从而又回到了"文化实践"的问题上。

在对海派文学进行总体研究时，研究者已经从多个角度阐述了其中的异域文化、文学影响的因素。严家炎先生的《〈中国新感觉派小说选〉前言》开海派文学研究之先河，将该派称为中国现代第一个现代主义的"独立的小说流派"，指出了其与西方现代主义文学之间的关联，文末特辟"新感觉派小说的倾向性问题"一节，批判了刘呐鸥、穆时英等人作品中"不健康的内容"①。只要和夏志清的《中国现代小说史》相关章节稍作对照，就会发现严家炎格外注重作品的社会意义及影响，作者在局部实际上也是直接和夏志清对话的。"倾向性问题"试图在文化政治的视野中审视新感觉派小说，既肯定了该派小说在表现题材、手法等方面的贡献，又不为其绚丽的技巧所迷惑，不局限于在美学范畴中定位对象。解志熙先生详细分析了"十里洋场""颓加荡"的"艺术狂欢"，断言"把唯美—颓废主义感官化、官能化，或者反过来说，把官能和声色刺激加以'艺术'的美化，是所有海派唯美—颓废主义者的共同倾向和自觉追求"②。李今的研究延续了这一思路，考察了西方世纪末唯美—颓废主义文学思潮对海派小说的影响，进而扩展到其对海派作家人生观、历史观和生活方式的影响③。的确，西方世纪末的唯美—颓废思潮在文学上当然有其尝试和表现，但它又不仅限于文学层面，最明显的就是对英国唯美主义曾经产生过重要影响的莫里斯的思想，他的"生活美化思想和以改造社会为基调的艺术见解"④，作为美学理想已经扩展至日常生活，甚而整个社会领域。周小仪先生正是从这里看到了唯美主义与消费文化不可分割的

① 严家炎：《〈新感觉派小说选〉前言》，载严家炎编《新感觉派小说选》，人民文学出版社 1985 年版。

② 解志熙：《美的偏至——中国现代唯美—颓废主义文学思潮研究》，上海文艺出版社 1997 年版，第 250 - 251 页。

③ 李今：《海派小说与现代都市文化》，安徽教育出版社 2000 年版。

④ 徐京安：《〈唯美主义〉序》，载赵澧、徐京安主编《唯美主义》，中国人民大学出版社 1988 年版。

关系。他以《莎乐美》和比尔兹利等为线索，细致地勾绘了王尔德、比尔兹利等人的中国私淑弟子们的创作及日常生活实践，认为"中国现代文学中的颓废派主要是西化的、城市化的，而且带有浓厚的现代物质生活的特点"①。这些研究成果对于全面理解海派文学的创作特征大有裨益，其中也体现出一个重要的研究趋势：将中国现代文学作品与中国社会现实、作家的生活和文化实践更多地联系起来。

正是基于这样的考虑，笔者在书中并没有专门处理异域文化、文学与海派文学之间的关系，尽管这些课题都非常有价值和吸引力。1933年，针对读者提的问题"若依作风派别来研究，如古典派，浪漫派的作家如何如何，普罗派的作家如何如何之类，也使得么？"郁达夫回复说："这可不大便利，因为中国各派的作家，都是在差不多的时候产生的，什么什么派的名字，系由西洋文学史里抄译而得，并不是因文学的社会背景，渐次进化而成，所以中国就根本没有什么古典主义的时代，浪漫主义的时代等等好说。若以时代为中心，而划分几期来研究，则文学与社会的关系，还可以明白地看出来，若只以表现形式如浪漫派古典派等外形来研究中国现代的文学，怕有点不大便利。"② 作为新文学重要的参与者和对西方文学有着广泛、深入研究的作家，郁达夫看得分外真切，他所关心的并不是某类作品的风格符合西方某个流派，而是一个作品与产生它的具体社会环境之间的关系，只有这样才能把握住一个时代文学的特征。

变形是文化传播和接受过程中必然伴生的现象。霍尔（Stuart Hall）曾用"编码/解码"来概括这一过程（以电视节目的传送过程为例）：

知识框架　　　　　　　　　　　　　　　　　　　　知识框架
生产关系—编码—作为有意义话语的节目—解码—生产关系
技术基础　　意义结构1　　　　　　　　　意义结构2　技术基础

霍尔指出，"编码和解码中的符码并非完美对称的"，"为了阐明含义层面的'误解'，我们必须通过符码求援于社会生活、经济和政治权力、

---

① 周小仪：《唯美主义与消费文化》，北京大学出版社2002年版，第200–201页。
② 郁达夫：《无事忙闲谈》，《现代》1933年第3卷第3期。

意识形态的秩序"①。在同一种文化中，文化的传播与接受尚且发生"误读"现象，更不用说对异域文化的接受了。在"编码/解码"过程中，编码当然对解码有一定的制约作用，但最重要的是分析被解读出来的意义，即上面图示中的"意义结构2"，而这一点只能从接受者的文化语境中去寻找。因此，我所界定的"摩登主义"就其与所模仿的社会思潮、实践关系而言，不是指它对模仿对象的变形，而是指它剥离了这些社会思潮、实践本该有的现实关注及实践诉求，最重要的是它失去了对中国现实的细致分析和深切关怀。"摩登主义"文学的追求者们当然也有自己的文化实践，或谋求商业利润，或一味趋新消费，然而都脱离了作为整体的中国社会现实。如果没有对中国现实的细致分析和通盘考虑作为基础，在文化接受过程中必然会丧失主体性，即便是原封不动地照搬了国外的最新文化、文学思潮，也只能是"摩登主义"的，因为它们必定不符合中国的现实需要。

林毓生批评过的文化借鉴过程中常犯的"形式主义的谬误"（formalistic fallacy）至今值得反复思考。所谓"形式主义的谬误"是指"把外国的一些观念从它们的历史的来源中切断，断章取义地变成了自己的口号"。"形式主义"包含两层意思："第一，它指称只做表面功夫的行为或只看到表面的思想；第二，'形式'二字在此处相当于形式逻辑中所谓'形式'的意义。""形式主义的谬误"的后果是"常常把我们自己想象出来的意义投射到这几个口号上"②。当然，避免"形式主义的谬误"的目的不是为了照搬西方模式，真正地学习、借鉴西方必须根据本土现实作以调整。"形式主义的谬误"并非只有"摩登主义"者才犯，但可以肯定的是，"摩登主义"者必犯"形式主义的谬误"。

一旦考虑到作家的文化实践，就不能囿于狭窄的视野，而是必须将同时代的一些重要的实践也纳入进去。在某种程度上，近些年海外的海派研究虽然形成了一定的热潮，但往往表现出对于宏大叙事的有意规避。叶文心在为其所编的《成为中国》一书所作的序中，评价了书中所收李欧梵的文章《都市上海现代性的文化建构：一些基本考察》和另外几篇海外

---

① Stuart Hall, "Encoding/Decoding". In C. Lee Harrington, Denise D. Bielby (ed.), *Popular Culture*: *Production and Consumption*. Malden: Blackwell publishers, 2001, pp. 125 – 129.

② 林毓生：《中国传统的创造性转化》，生活·读书·新知三联书店1988年版，第10 – 11、326页。

上海研究论文，他认为，这些研究都共享了一个有关现代性的看法："现代性关联着个人事务要胜于政治，关联着企求一种好的生活要胜于企求一个正义的社会，关联着一些私有企业的变革能力要胜于集体行动。现代性的形成不是由少数几个觉醒者策动革命政治而与过去断裂达致的，而是源于普通人日常实践的积累，源于他们作为出版商和读者、广告人和消费者、创新者和企业家等角色所从事的个人事务。现代性关联着无数人日常生活的物质转变，胜于少数几个精英为了某个精心描绘的目标而从事的有组织的动员。"① 李欧梵先生的文章事实上已经包含了《上海摩登》一书中的主要构思，所以叶文心的这段话拿来直接评价《上海摩登》倒也适合。这里涉及了精英们的现代性与通俗的现代性的关系问题，这种关系是极其复杂的，贯穿了中国的现代化实践，不但会因时间推移发生变化，即便是同一时间内，也会因不同的事例而有所不同。总的来看，正如汪晖先生所断言的，"这两个方面时而相互矛盾，时而相互配合，在一些重要的方面有着共同的前提"②。以往研究中片面强调精英们的现代性，对通俗现代性视而不见自然有大而无当之感，但是完全走向另一极端同样是成问题的。二者之间不能被简单处理成或此或彼的选择关系，更不能被视为完全对立的关系。譬如在30年代发生的"摩登破坏团"事件中，我们可以发现，"普通人"力量（"摩登破坏团"）与资本力量（国货运动）、政治力量（新生活运动）交织勾连，几者之间互相纠缠、依赖，同时也不乏压抑与紧张，展现出了这种复杂关系的一个侧面（详见第七章）。本质上看，"摩登"（通俗的现代性）的合法性基础——一元的线性历史进化观，某种程度上正潜隐在现代性的宏大叙事（精英们的现代性）之中，正因如此，"摩登"批判并不导向对现代性的全盘辩护，或者是在现代性之中进行孰优孰劣的甄别，恰恰是从一个侧面提供了现代性批判的途径。当然，这条路还很长。

---

① Wen - hsin Yeh，"Introduction：Interpreting Chinese Modernity，1900 - 1950". In Wen - hsin Yeh（ed.），*Becoming Chinese：Passages to Modernity and Beyond.* Berkley and Los Angeles：University of California Press，2000，p. 7.

② 汪晖：《死火重温》，人民文学出版社2000年版，第11页。

第二章　"摩登"考辨

　　"摩登"绝对可以算得上是理解 20 世纪 30 年代上海文化的一个关键词，今天，无论是在给研究性的专著还是一般的作品选本命名时①，人们依然乐于使用它。然而，正如在 30 年代一样，目前对"摩登"一词的理解仍然存在着混乱。在对李欧梵的《上海摩登》一书的批评中，旷新年指出，30 年代左翼文学"构成了上海摩登的最重要的内容"，是"另一种摩登"②，即把"摩登"当作了"现代"的同义词，而综观李欧梵的这部著作，也未将两词作严格的区分。实际上，尽管当时仍不时地有两词混用的情形，但更明显的趋势是，两词词义的分疏逐渐变得清晰起来。本章拟回到 30 年代的文本中，勾勒"摩登"一词词义演变的历史，这一段时间虽然不算长，却最终赋予了"摩登"渐渐固定的意义，所以重新回顾这一段历史，对廓清"摩登"的词义格外重要。有必要指出的是，这主要不是在语言学层面的探讨，"摩登"其实可以被视作不同力量斡旋的场所，这些力量所形成的合力主导了其词义变迁的过程。通过"摩登"的词义在 30 年代的演变轨迹，也可以看到文化实践中不同力量彼此竞争、依赖、纠缠的一个侧面。

第一节　从"Modern"的音译词到"时髦"

　　"摩登"一词，《申报月刊》第 3 卷第 3 号（1934）的"新辞源"栏中曾有解释：

---

　　① 如李欧梵的《上海摩登》（北京大学出版社 2001 年版）、陈芳明的《殖民地摩登：现代性与台湾史观》（麦田出版社 2004 年版）、陈子善编选的"摩登文本丛书"（浙江文艺出版社 2004 年版）及《摩登上海——30 年代的洋场百景》（广西师范大学出版社 2001 年版）、吴昊编选的《都会摩登：月份牌 1910s－1930s》（香港三联书店 1994 年版）等。
　　② 旷新年：《另一种摩登》，《现代文学研究丛刊》2004 年第 1 期。

摩登一辞，今有三种诠释，即（一）作梵典中的摩登伽解，系一身毒魔妇之名；（二）作今西欧诗人 James J. Mc Donough 的译名解；（三）即为田汉氏所译的英语 Modern 一辞之音译解。而今之诠释摩登者，亦大都侧重于此最后的一解，其法文名为 Moderne，拉丁又名为 Modernvo。言其意义，都作为"现代"或"最新"之义，按美国《韦勃斯特新字典》，亦作"包含现代的性质"，"是新式的不是落伍的"的诠释。（如言现代精神者即称为 Modern spirit 是。）故今简单言之：所谓摩登者，即为最新式而不落伍之谓，否则即不成其谓"摩登"了①。

这透露了如下两个信息：一、所谓"新辞源"，顾名思义，"摩登"是一个新近出现的词汇，而且"摩登"已经成为当时社会文化中的一个重要的词汇。《申报月刊》的"新辞源"栏介绍的大多是这样的词汇，如"文化统制"、"亚细亚生产方式"等；二、"摩登"的所指由三种逐渐固定为一种，即作为"modern"的音译使用。然而，该解释依照美国《韦勃斯特新字典》中"modern"的词义来解释"摩登"是想当然地把二者等同了，"摩登"虽是"modern"的音译词，但在汉语的语境中已经获得了相当不同的意涵。

英文"modern"一词在现代汉语中有三种译法：近代、现代和摩登②。刘禾把"现代"一词放在"现代汉语的中—日—欧外来词"类别中，即"由日语来翻译欧洲词语（特别是英语词语）时所创造"，然后再由日本传入中国；而"摩登"则归属"源自英语、法语、德语的汉语音译词"③。这当然是不错的，但是似乎忽略了"modern"的另外一个重要的译法——"近代"。这一译法如果按刘禾的分类方法，其实也应该算"现代汉语的中—日—欧外来词"类别。冯天瑜在其所著的《新语探源》里大致勾勒了这个词在意义上的演变过程。在中国古代汉语里，"近代泛指近现在的时段"。"日本人以之翻译 modern，指 17 世纪以降的世界近代

---

① "新辞源"之"摩登"条，《申报月刊》1934 年第 3 卷第 3 期。

② 《近现代汉语新词词源词典》里将"时髦"也当作了 modern 的译词，似不准确。见香港中国语文学会编《近现代汉语新词词源词典》，汉语大词典出版社 2001 年版，第 233 页。

③ 刘禾：《跨语际实践》，生活·读书·新知三联书店 2002 年版，第 388、395、440、452 页。

历史，或各国的近代历史（起始时间不一，如中国以 1840 年为开端，日本以 1853 年为开端）"，即"由泛指近期转变为确指某一时代"①。"近代"在 30 年代的中国有时也被用作"modern"的翻译，如："今人称女子之时髦者，辄指而目之曰，某也摩登！某也摩登！是语也，本西人所称近代之谓也。"② 而"摩登本来就是现代近代的意思"③ 一语，更是将三者等同使用了。至于用"近代主义"或"近代派"翻译西方的"modern-ism/modernist"④，也是顺理成章的事。不过，"近代"这一译法不如"现代"常见，而且其词义也与后者重合。这大概也是"近代"后来逐渐另有所指，退出与"现代"、"摩登"的竞争的主要原因。

这样，"modern"一词在 30 年代的译法主要只有两个，即"摩登"（音译）与"现代"（意译）。一般而言，汉语中外来词的音译出现得要早于意译，意译词出现后又会渐渐取代音译词而通行。刘禾认为，"在现代汉语中安营扎寨的欧洲—日本的外来词，初来乍到时往往要与直译（音译）进行竞争。……不久以后，翻译占了上风，取代了直译。这种现象的原因可能是汉语书写系统的表意性，因为这种特性使汉语更适合于意译或借译，而不是根据音节的直译"⑤。"摩登"与"现代"两种译法的情形则不同，"摩登"出现的时间晚于后者，且它出现后就与"现代"共存下来，这种"反常"需要借助于"摩登"出现的语境来解释。

《申报月刊》"新辞源"中提到最早使用"摩登"音译"modern"的是田汉，但是寻遍《田汉文集》（花山文艺出版社 2000 年版），也找不到田汉最初使用"摩登"一词的例证。这里也许是指由田汉编剧的电影《三个摩登女性》（1932），然而，田汉在创作这个剧本时，"摩登"已广为使用。之所以出现这样的误判，可能与电影媒体的强大影响力有关。事实上，"摩登"作为英文"modern"的音译词大概出现于 20 年代末期。田汉虽然没有最早在文章中使用该词，但还是可以看到他与这个词的深刻渊源关系。1928 年 2 月上海《中央日报》创立《摩登》副刊，由田汉主

---

① 冯天瑜：《新语探源》，中华书局 2004 年版，第 364 – 365 页。

② 刘祖恩：《时下女子的摩登病希望教育家有以诊治而预防之论》，《论语》1933 年第 13 期。

③ 杨天南（章克标）：《摩登无罪论》，《十日谈》1933 年第 7 期。

④ 例证可参见 ［日］宫岛新三郎《英美的新文学理论》，白河译，《微音月刊》1932 年第 2 卷第 3 期。

⑤ 刘禾：《跨语际实践》，生活·读书·新知三联书店 2002 年版，第 49 页。

编，同年 3 月 13 日出至第 24 期后停刊，刊名同时标出英文 "modern"，考虑到田汉作为主编的这一身份，中文刊名"摩登"很可能是出自田汉之手。① 1928 年秋冬，陈白尘、赵铭彝等人组织了名为"摩登社"② 的文艺社团，1929 年 6 月创办了《摩登》杂志，封面上除中文"摩登"外，还赫然写着英文 "modern"，并在第 1 卷第 1 期的《余话》中声称，"'摩登'（Modern）两字大家都已经认识它的意义，现在索性不要解释了"，足见他们是把"摩登"作为"modern"的音译使用的，在他们眼里不言自明的其实是"modern"的同义词。和《中央日报·摩登特刊》一样，《摩登》杂志也是把"摩登"用作了"现代"的意思。值得注意的是，摩登社成员同时"大多属于南国社"③，而且《摩登》上也刊载过田汉的作品，田汉曾在 1929 年的一篇文章中反复提及这个刊物和其中的观点④。"摩登社"及《摩登》杂志的名称极有可能受到过田汉的启发。

在一些作家笔下，也大致可以看到"摩登"出现的过程。郭建英 1929 年在为漫画《在游泳池里》所配的文字中写道："你知道 1929 年的美吗？被时代感染了的或洗礼过的 Modern boy 的眼里，好像 19 世纪式的、虚伪的、被胭脂搽得血红的、被雪花膏涂得白白的、被香水浸得喷喷香的脸是感不到什么刺激了。"用的是"Modern"的英文词。而在他同年创作的另一幅漫画《遗产》中的文字部分，已经开始使用"摩登小姐"一词⑤。从郭建英在 20 世纪 30 年代普遍使用"摩登"一词，而且"摩登"出现后，作家就很少再使用"modern"这一情形推断，"摩登"一词是在 20 年代末期开始逐渐流行的。类似的情形也可以在刘呐鸥的创作或翻译中看到，刘呐鸥 1927 年的日记就很有代表性，其中频繁用"现代"、"近代"、"modern"和日文"モーダン"（日语对 modern 一词的音译——笔者注）来形容青年，尤其是年轻女性的衣饰、仪态、举止⑥，但就是没有

① 《中央日报·摩登特刊》1928 年第 1 – 24 期。

② 《"社团简介"之"摩登社"》，载《中国新文学大系 1927 – 1937·史料·索引一》，上海文艺出版社 1989 年版，第 395 – 396 页。

③ 《余话》，《摩登》1929 年第 1 卷第 1 期。

④ 田汉：《第一次接触"批评家"的梁实秋先生——读〈看八月三日南国第二次公演以后〉》，载《田汉全集》（第 15 卷），花山文艺出版社 2000 年版，第 62 – 64 页。

⑤ 郭建英：《摩登上海：30 年代的洋场百景》，陈子善编，广西师范大学出版社 2001 年版，第 63、96 页。

⑥ 《刘呐鸥全集（日记集）》，彭小妍、黄哲英编译，台南县文化局 2001 年版，第 204、376、762 页。

用到"摩登"（编者则把日记中的一些外文原文改为"摩登"，从意思上来看虽然毫无影响，但是显然不利于读者一窥日记原貌，也未考虑到"摩登"一词出现的历史）。在 1928 年出版的译文集《色情文化》中，刘呐鸥翻译川崎长太郎的《以后的女人》里有这样的句子："警察厅的搜捕 Modern girl，Modern boy"①，而没有使用 30 年代习见的"摩登小姐、摩登少年"。徐霞村的《MODERN GIRL》（1929）也是如此②。1928 年 6 月创刊的《今代妇女》英文名为"The Modern Lady"，编者在《编后的几句话》里写道："'她'（指《今代妇女》这个刊物——笔者注）自称'摩登'modern 了"，然而从外表上无法判断"她是否摩登"，她时而"时髦"时而"复古"，编者的意愿是"希望'她'的思想，言论常常'摩登'"③。在这里，编者同时在"时髦"和"现代"的意义上使用"摩登"一词。

也就是说，在与田汉、"摩登社"成员们几乎相同的时间里，存在着一种与他们用法很不相同的"摩登"的用法。但必须提醒的是，在"摩登"出现之前，事实上已经存在着一种对"modern"的很不同的理解④，即以"modern"形容人在吃穿用度、行为举止、消费娱乐等方面的时髦，这从上文所举的郭建英、刘呐鸥、徐霞村等人的例子中完全可以看出来。在"摩登"一词产生之后，这种对"modern"的理解似乎一下子找到了落脚点，变成了 30 年代"摩登"的主要意涵，这部分的意涵也基本上被从"现代"中排除了。如果说"摩登"一词得以出现，和当时"modern"的译法尚不固定有关，那么它产生后得以迅速流传则源于其承载了和"现代"不同的义项。更根本的原因在于，20 年代末期以来上海都市文化尤其是消费文化的繁荣，社会、文化上的一类新潮消费现象需要寻找适当

---

① 《刘呐鸥全集（文学集）》，康来新、许秦蓁合编，台南县文化局 2001 年版，第 365 页。

② 徐霞村：《MODERN GIRL》，《新文艺》1929 年第 1 卷第 3 期。

③ 编者：《编后的几句话》，《今代妇女》1928 年第 1 期。

④ 笔者曾就 20 年代之前中文中是否出现过"摩登"一词的问题，请教过日本目白大学的陈力卫教授。陈教授是研究近代以来中日语言文字之间互动、交流的专家，他在回复笔者问题时说，清末"没有出现音译的'摩登'，'近代'、'现代'的译法也多见于 20 年代后的辞典"。陈教授同时根据 1902 年商务印书馆的《华英字典》、1908 年颜惠庆主编的《英华大辞典》，向我提供了上面关于"modern"、"modernism"二词的解释，如后者中对"modern"的解释为："a. 近时的，近今的，当世的；新的"；对"modernism"的解释为："n. 新式，时样，近今之风，新成之物，新发明之事"。足见自那时起，在对"modern"的理解中已经可以容纳不尽相同的含义了。特此向陈教授致谢。

的表达和命名。虽然在"摩登"之前,"时髦"一词已经存在,而且"摩登"和"时髦"在词义上有很大的重叠,但"摩登"一词的优点也是显然易见的:一、"摩登"所指的不是一般的时髦、潮流,而是紧跟西方的潮流,正如其发音暗示了和西方(比如 modern 这一洋词)的关联一样。换言之,与"现代"、"时髦"这些汉语中本来就有的词汇相比,"摩登"这个词传达了很强的外来意味,本身就显得很"摩登";二、也是通过与"modern"的关系,"摩登"同时保持着与现代、时代、现代化等的意义勾连,含有现代的、站在时代前沿的意味。总而言之,"摩登"的魅力在于它同时满足了时髦男女与西方、时代同步的想象。所以,当时有人单使用"摩登"尚嫌不足,还要加上"入时"① 一起合用。

第二节　词性色彩:从中性到贬义

20 世纪 30 年代"摩登"一词立即流行开来,频频出现在作家笔下,甚至直接成为作家议论的对象,其词义演变的轨迹是:词义变得狭窄,且逐渐获得了贬义色彩。按照《申报月刊》"新辞源"中的解释,"摩登"起初除作为"modern"的音译外,还有另外两个用法。然而,前一意义迅速扩张,使得另外两个意义湮灭无闻。上文中已经谈到,在 20 年代末期"摩登"一词刚出现时,有人在"现代"的意义上使用它,有人则在"时髦"的意义上使用它,可是到了 30 年代后一用法远远压倒了前者。这样,"摩登"之"时髦"的义项在与其他义项的竞争中占得上风,"摩登"的所指也就逐渐狭窄化并固定下来。1934 年,王定九出版《上海顾问》一书,试图囊括上海的衣食住行、求学、经商、诉讼等生活的方方面面,充当由外地来沪者的生活向导,"摩登"自然成为作者大谈特谈的话题。作者指出,"'摩登'是时髦的解释",含有"时间性"②。作者在书中多次提及"摩登",也都限定在这个意义层面上。同年出版的《新名词辞典》对"摩登"一词的解释部分代表了社会上对该词的理解:"Modern 之音译,义为'现代的'、'近代的',惟普通多含有时髦之意。"③

---

①　全增嘏:《论人性之改造》,《人言周刊》1934 年第 1 卷第 7 期。

②　王定九:《上海顾问》,中央书店 1934 年版,第 273 页。

③　邢墨卿编著:《新名词辞典》,新生命书局 1934 年版,第 159 页。

"摩登"的这种用法，时人有所记录和批判："摩登是现在社会最流行的一语……摩登 Modern 在英语不过现代之意，译为现代辞明义正，何等正办。无如一般洋泾浜学者，以现代两字不摩登，遂舍现代而不言，而摩登遂大摩登矣。浅识之人以讹传讹，遂至凡属离奇古怪浪漫风流之象，均以摩登称之。市招以之为名，刊物以之为号，摩登的本义果如是乎？"① 可见当时"摩登"词义已经多指"离奇古怪浪漫风流之象"，偏离"modern"原义较远了。正如林语堂在 1934 年指出的，"原来新就是摩登，然而在外国摩登二字，又不似现代中文用法，仅于女子之烫发及高跟鞋而已"。② "摩登"具有很强的吸引力，人们趋之若鹜，市招、刊物等争相以"摩登"为旗号。举凡好莱坞电影③、药品、布料④、服装⑤等，广告无不拉上"摩登"抬高身价。当时上海"不要说妙龄姑娘或者年轻男子无一不摩登，即使鸡皮鹤发的老婆婆，也有些心向往之呢"⑥。

可见"摩登"的摩登化绝不只是"一般洋泾浜学者"的发明之功，根本原因在于上文提到过的都市消费文化的勃兴。"摩登"一词进入社会生活、消费文化领域是其得以流行的至关重要的一步，它的和这些领域相关的义项始能迅速占据上风。"消费"在波德里亚看来，同时是生产性的，它生产着社会差别和阶层。因此，"消费"作为"区分价值的普遍编码机制"，在社会中充当着重要的意识形态功能⑦。质言之，摩登事物正是由于象征着一种高的社会地位、阶层才受到如此青睐的，反之，象征着高的社会地位、阶层的一切消费品都有可能成为摩登的事物，以至于"中国的所谓'摩登'的太太小姐们……以为价值贵的，穷人们备不起的就是'摩登'，人家没有的是'摩登'"⑧，倒正体现了摩登的本质。

无论是高的社会阶层还是资本主义的商品消费，"摩登"一旦和这些事物联系在一起，在左翼运动鼎盛的 30 年代自然难逃恶名。在 1933 年之

---

① 全人：《"摩登"》，《中华周报》1933 年第 104 期。

② 林语堂：《〈有不为斋丛书〉序》，《论语》1934 年第 48 期。

③ 如"黄金大戏院《胭脂虎》"广告，《申报》1930 年 8 月 1 日。

④ 如"梅浊克星"广告，《申报月刊》1932 年第 1 卷第 2 期；"三星棉织厂"广告，《申报月刊》1932 年第 1 卷第 3 期。

⑤ 如"老翻新娜时装公司"广告，《现代》1932 年第 2 卷第 2 期。

⑥ 若常：《旧》，《时代漫画》1934 年第 11 期。

⑦ ［法］让·波德里亚：《消费社会》，刘成富、全志钢译，南京大学出版社 2001 年版，第 89 页。

⑧ 程尚俊：《怎样才配称为摩登家具》，《艺风》1933 年第 1 卷第 12 期。

前，"摩登"尽管已经多被用来指称时髦事物，其词性色彩尚不太明显，有时反倒带有使用者夸耀、羡慕、向往等感情色彩在内。这一时期内，商品在广告中常冠以"摩登"二字，也说明了这一点。郭建英则写出《摩登生活学讲座》这类文章来，引导青年男女们如何过上摩登的生活。田汉在回忆创作电影剧本《三个摩登女性》（1932）的动机时说："那时流行'摩登女性'（Modern Girls）这样的话，对于这个名词也有不同的理解，一般指的是那些时髦的所谓'时代尖端'的女孩子们。走在'时代尖端'的应该是最'先进'的妇女了，岂不很好？但她们不是在思想上、革命行动上走在时代尖端，而只是在形体打扮上争奇斗艳，自甘于没落阶级的装饰品。我很哀怜这些头脑空虚的丽人们，也很爱惜'摩登'这个称呼，曾和朋友们谈起青年妇女们应该具备和争取的真正'摩登性'、'现代性'。"[①] 作家试图赋予"摩登"以积极、正面的意义，《三个摩登女性》的主题是："只有真正自食其力，最理智、最勇敢、最关心大众利益的，才是当代最摩登的女性！"[②]

田汉的努力注定只能付诸东流，这实际上是一项不可能完成的任务：如果"摩登"等同于"现代"则很可能被后者取代，所以它必定只能以不同于"现代"的意涵而存在。有意思的是，田汉本人随后也在"时髦"的意义使用这个词了，他在谈到谷崎润一郎笔下的女性时说，"封建的良妻贤母（如朝子），资产阶级的摩登女郎（如干子），都没有什么好，都是恶。我们要求的是另外一种'善'的女性。"[③] 如果说左翼作家在争夺"摩登"词义时以失败而告终，那么"摩登"的"恶名"则与左翼作家的批判分不开。左翼作家中如茅盾、张天翼等人都对"摩登"大加挞伐，这使"摩登"迅速获得了主要的负面意涵，例如茅盾宣称当时追求"颓废享乐"的"摩登男女"只求"肉体的官能的刺激"，正在"走上了没落，走上了毁灭"[④]。30年代国民党政府推行的新生活运动和此起彼伏的爱国浪潮、国货运动更是推波助澜。显然，"摩登"与本时期国民党推行

---

① 田汉：《〈三个摩登女性〉与阮玲玉》，载《田汉文集》（第11卷），中国戏剧出版社1984年版，第464页。

② 田汉：《三个摩登女性》，载《田汉全集》（第10卷），花山文艺出版社2000年版，第94页。

③ 田汉：《谷崎润一郎评传》，载《田汉全集》（第14卷），花山文艺出版社2000年版，第454页。

④ 茅盾：《春来了》，《良友》1933年第76期。

的新生活运动是有抵触的。比如新生活运动的主要文献之一《新生活须知》中，关于"新生活中之衣"有如下的要求："莫趋时髦"、"选料国货"、"体勿赤裸"① 等。这样的要求与洋派、时髦和大胆的"摩登"式样格格不入。此外，新生活运动中，最高当局曾经"通令禁止妇女烫发"，而"烫头发是摩登中万万不可缺少的要素"②，也表明了这一点。这种冲突在 1934 年 3 月杭州发生的"摩登破坏团"事件中以戏剧性的方式表现出来：其成员打着提倡国货的旗号，在游艺场所用镪水、剪刀等破坏摩登女性的衣服。事件一发生，经报纸报道立即引发了不小的波动③，一时间"摩登"几乎面临人人喊打的困境。

应该说，在"摩登"词义固定的过程中，批判性、否定性的力量格外重要，这样，"摩登"和"现代"的词义分疏就越来越明显。虽然早在 1930 年，一些鼓吹民族主义文艺的御用文人即以"摩登的文艺家"诋毁左翼文艺工作者④，但毕竟不太普遍。大概在 1933 年之后，"摩登"的名声急遽下降——与国民党政府推行新生活运动的时间（1934 年）基本一致，这绝不是巧合，这时候以"摩登"骂人因而也分外多了层政治意味。"摩登"成为骂人的专用"术语"："对于时髦小姐，可以骂她'摩登'"⑤；宣扬民族主义文艺、与左翼文学运动针锋相对的刊物《矛盾》因而也把"摩登"的帽子扣到了"唯物辩证法"的头上⑥；到了 1935 年，《杂文》与《文饭小品》打笔仗时，双方互相以"摩登"攻击对方，《文饭小品》说对方的汉字拉丁化、简笔字等主张"摩登"，《杂文》则回应说，"只有一方面穿着一九三五年式的西装，另一方面叫青年去读《庄子》与《文选》才是特种的'摩登'"⑦，分明是指推荐青年读《庄子》与《文选》的施蛰存。

"摩登"此时依然经常性地被用来形容年轻、时髦的女性，但明显残留着男性关于"摩登伽女"的记忆。"摩登伽女"是佛典里"摩登伽族的

---

① 蒋介石：《新生活运动之要义》，转引自关志钢《新生活运动研究（附录二）》，海天出版社 1999 年版，第 289 页。
② 郁慕侠：《上海鳞爪（续集）》，上海沪报馆出版部 1935 年版，第 138 页。
③ 曾迭：《摩登破坏》，《十日谈》1934 年第 25 期。
④ 文艺月刊社同人：《达赖满 DYNAMO 的声音》，《文艺月刊》1930 年第 1 卷第 1 期。
⑤ 郭明：《新名词》，《人言周刊》1935 年第 1 卷第 3 期。
⑥ 林予展：《文人无行》，《矛盾》1933 年第 2 卷第 1 期。
⑦ 维华：《落空》，《杂文》1935 年第 3 期。

淫女",因见阿难而起淫心,请母亲诵神咒蛊惑阿难,正要行乐时为佛所救[1],也即前引《申报月刊》中所指的"身毒(印度——笔者注)魔妇"。"摩登伽女"无疑激发了男性作家们对当时衣着时髦、具有性的诱惑力的女性的"恶"的想象。甚至在30年代,偶尔还能见到以"摩登伽女"作为"摩登女郎"替代词使用的情形,如《摩登官僚》一文就很有典型性:"摩登官僚……一见摩登伽女,立即拜倒裙下,于是左拥右抱,出入富丽洋房,驰骋十里洋场,开口讲礼义廉耻,闭口讲国货应该提倡"[2],大有物以类聚的意思。值得一提的是,即使像新感觉派这样的都市洋派作家,此时笔下也对"摩登"增添了些许的讽刺。曾经为青年"开设"《摩登生活学讲座》的郭建英,这时也把"现代美"与"摩登"区分开来,"现代美绝不是只在外观上加以摩登的修饰,就会简单产生的东西。它须由女子内心美和外部美综合的结晶"[3]。此外,"摩登"在小报中也是声誉不好[4],如果小报能够部分地反映市民阶层的价值观念的话,这在某种程度上也可以代表市民阶层对于"摩登"的态度。广告的转向提供了了解这种转变的一个很好的侧面,例如,杭州的典当行业不失时机地挂出"不收摩登衣服以赞助新生活运动"的招牌[5]。此举虽有一定的迷惑性,仔细一想却很荒谬,因为靠典当度日的有几人能有摩登衣服,而衣着摩登者又有几人需要靠典当度日呢?所以这一举措不过是拿"新生活运动"的噱头哗众取宠罢了,可"摩登"一朝失势由此却也可见一斑。此时,尽管"摩登"有时被用来指涉或形容的事物较为宽泛,不单限于物质消费方面,但在具有负面意涵这一层面上却又是相通的。

第三节　"摩登"与"现代"的纠缠

单从文本的层面看,自30年代前期以后对"摩登"的谴责声一片,一定会给人以错觉,以为"摩登"只能在狭小的缝隙里生存,或者只能

---

[1] 杨宽:《摩登论》,《知识与趣味》1939年第1卷第2期。

[2] 《摩登官僚》,《人言周刊》1934年第1卷第15期。

[3] 郭建英:《求于上海的市街上》,《妇人画报》1934年第17期。

[4] 李楠:《晚清、民国时期上海小报研究》,人民文学出版社2005年版,第172–193页。

[5] 《典当同业之赞助新生活运动,热心可佩》,《十日谈》1934年第38期。

获得很有限的发展空间。然而，结合社会、经济、文化等多方面来看，其实对"摩登"的谴责日见频繁，未尝不正是社会上"摩登"现象越来越普遍的一个反映。事实也正是如此，30年代的报刊杂志，尤其是通俗、画报类的杂志，对"摩登"事物的介绍热情一直不减，只要以"新"、"现代"为名，避开"摩登"这一字眼，比如国外最新式的服装、香水、最新的电影、现代的生活方式等，就可以畅行无阻了。也就是说，"摩登"的恶名显然并未殃及"新"与"现代"，没有丝毫影响中国人求新和现代化的激情。

　　这一时期为摩登辩护的作家，也多是把"摩登"向"现代"靠拢，为前者正名，主张"摩登化不是别的，不过是彻底的革新而已"，所以"摩登化"非但重要，简直还"可以救国"①。在"摩登破坏团"事件中，汪精卫出面声明"'摩登'是现代的意思，'摩登'并不是有害民族的一种倾向"②，风波才得以平息。表面上看，这些观点和"摩登破坏团"成员对摩登的态度截然相反，其实都是挪用了"爱国"、"救国"等名目，不过一者用来谴责摩登，一者用来颂扬摩登罢了。赋予"摩登"合法性的正是"新"、"进步"等现代性叙事本身，从这个角度看，"摩登"和"现代"的关系是非常暧昧的，既存在歧异又有不少的重叠。以"现代"为"摩登"张目的做法源于"现代"的正面意涵，考察西文"modern"的词义演变作以对照也颇有启发性。雷蒙·威廉斯描述了modern一词词性色彩的演变："19世纪之前的用法，大部分都具有负面的意涵。……Modern的负面意涵及相关的词一直持续存在着，但是在整个19世纪，尤其很明显地在20世纪，有一个运动使modern的词义演变朝向正面意涵。"③"现代"一词在20世纪进入现代汉语，中间经由日文的转译，其明显的正面意涵应该说是与同时代"modern"一词在西文里的正面意涵相呼应的。在现代中国，或许正是由于有了负面意涵的"摩登"的承担，才使得"现代"如此正面和纯粹。

　　"摩登"与"现代"词义上的分野，也对应了"现代性"的不同侧面："现代性也可以分为精英的和通俗的，这种二分法也可以说是现代性

---

① 天南（章克标）：《摩登救国论》，《十日谈》1933年第9期。
② 曾迭：《"摩登破坏"的重演》，《人言周刊》1935年第2卷第23期。
③ ［英］雷蒙·威廉斯：《关键词：文化与社会的词汇》，刘建基译，生活·读书·新知三联书店2005年版，第308－309页。

的标志之一。……精英们的现代性主要表现为不断创造现代性的伟大叙事，扮演历史中的英雄的角色，而通俗的现代性则和各种'摩登的'时尚联系在一起，从各个方面渗入日常生活和物质文明。……这两个方面时而相互矛盾，时而相互配合，在一些重要的方面有着共同的前提。"① "摩登"与"现代"之间的暧昧关系体现了两种现代性之间的复杂纠缠。作为精英现代性的新生活运动与左翼文艺运动，它们之间的矛盾尽管难以调和，但在对通俗现代性的压抑方面却如出一辙。然而，同为反摩登，国民党政府非但未能将摩登现象与社会阶级关联起来，反而希望以此平息阶级斗争学说的影响。对"摩登"的压制，必然也会威胁西方国家及其资本力量在中国的利益，对于国民党政府而言，又不敢过于损害它们的利益，更关键的是，国民党统治集团多处于社会的上层，是摩登时尚的消费者和制造者，所以"摩登破坏团"出现在杭州而非摩登风气最炽的上海是耐人寻味的——上海正是西方利益和国民党统治集团及其家眷云集之地。处于这种种力量的掣肘之中，使得国民党政府的反摩登只能流于一种姿态，闹出一些笑话就在所难免了，比如新生活运动大会或国货动员大会上请摩登女郎剪彩，或是名媛闺秀、电影明星跳舞募捐救国等，这些都是国民党政府在改造社会过程中自相矛盾、步履维艰的写照。

对于后发展的半殖民地国家的知识分子来说，"现代的诱惑"强大而持久。陈芳明认为，在面对"迟到的现代性（belated modernity）"问题时，"常常使殖民地知识分子思索要如何急起直追"。根据急起直追的方式，又可以分为批判和模仿、复制两种态度和选择②。"摩登"被赋予负面意涵，也表明了在 30 年代中国的现代化实践过程中的两种批判性倾向：一是对西方以消费为特征的物质文明、生活方式的抵抗，二是对一味表面仿效西方的警醒。这是中国在现代化实践过程中创造出的宝贵财富，既学习西方又抵抗西方，在抵抗之中展现自身的主体性，从而寻求并最终创造出一种超越西方的现代之路。由于与中国的现代化实践息息相关，"摩登"也常常成为诸种力量之间斡旋的场所，其词义、词性色彩的变迁，既是这些力量所形成合力作用的结果，也映射出当时政治、社会、文化诸种力量之间的复杂纠缠关系（详见第七章）。

---

① 汪晖：《死火重温》，人民文学出版社 2000 年版，第 11 页。
② 陈芳明：《殖民地摩登：现代性与台湾史观》，麦田出版社 2004 年版，第 55 页。

第三章 "摩登主义"：日常生活的美学

近些年，关于民国时期上海的研究成果层出不穷，一幅生动的上海都市文化景观已经被细致地勾绘出来。对此间所产生的文学的研究也从中受益匪浅，那种把文学孤立出来的研究方式已经为人鄙弃了。然而，值得注意的是，上海都市文化并不能仅仅被当作文学产生的现实语境，或作家所置身的文化空间，更不能仅仅以某种方式拓宽、替代原先的文学研究，而应进一步发掘这种文化空间的形成之于文学所产生的作用、意义。譬如，海派都市文学和左翼等其他都市作品产生于相同的文化空间之中，但却表现出相当不同的品质，这差异便在于作品、作家与环境发生作用的方式的不同。吴福辉先生在比较了海派小说与《子夜》、《日出》等都市题材作品后认为，"可以说，在现代的中国，再没有任何一个流派会像海派那样能从现代物质文明的层面上，能从现代文化与传统文化交替接续的意义上，来表现都市了"。都市在海派小说那里，第一次"独立地真正成为审美对象"。海派不是一般性地领会到了都市的现代美，它"放弃了旧的评价标准，引进了新的都市文化价值观念"①。这里事实上还可以引出一些有待探讨的问题：上海的摩登消费娱乐场所是如何成为审美对象的？为什么恰恰是都市生活的这些内容构成了海派都市文学的"风景线"？诚然，物质文化和洋派的生活方式从来都不只体现为"物质性"的一面，而是同时被赋予了不同的价值内涵。那么，它们在海派都市文学作家那里承载了什么样的价值观念和追求？这种价值观念是如何被构造出来的？

笔者认为20世纪30年代上海的时尚生产在其中发挥了重要的功能，需要从时尚生产体系、媒介技术和海派都市文学的关系等角度回答上面的这些问题。前二者不只是后者的载体、工具，事实上，时尚刊物上有时也刊载非海派的创作，像《良友》画报上并不缺少茅盾、郁达夫、老舍等

---

① 吴福辉：《都市漩流中的海派小说》，湖南教育出版社1995年版，第144-146页。

人的文字。我想强调的是，时尚刊物和海派都市文学一起建立了日常生活的美学。所谓"日常生活"，借鉴自列斐伏尔，当然也保留了他在"日常生活"（everyday life）和"每天生活"（daily life）之间所作的区分："每天生活是从来就存在着的，但充满着价值与神秘。而日常一词则表示这种每天的生活已经走向了现代性：日常作为一种规划当中的对象物，是通过一种等价交换的体制，一种市场化与广告，即市场而展现出来的。"① 日常生活是伴随着 19 世纪"竞争资本主义的出现和世界贸易的扩张"而出现的，是资本、市场对社会操控、规划的产物。时尚在这种操控中占据非常重要的地位，列斐伏尔说，"时尚通过拒绝日常生活的方式来控制它，因为日常生活不可能成为时髦的"。时尚杂志不是时尚的附着物，而是时尚的生产者，"在现代意义上，时尚是与时尚杂志一同诞生的"。② 本章即以时尚杂志为中心探讨时尚是如何使"新"、"摩登"本身变成了商品，同时又通过商品美学使其成为美学对象的；并且探讨海派文学的生产与这些时尚杂志的关系，在其背后媒介技术以及报刊媒介的特性又是如何发挥作用的。

第一节 时尚、商品美学与日常生活

一 时尚生产体系：以时尚杂志为中心

20 世纪 30 年代时尚杂志最突出的特征是其封面女郎，正文中也包含了丰富的摩登女郎照片。以《良友》为例，在其长达 20 年的办刊历史中，封面除了少数政治要人如孙中山、蒋介石、冯玉祥等外③，绝大多数都是女电影明星、歌舞明星、体育明星或名媛闺秀的玉照。不少研究者认为，这些女性形象处于被看的地位，满足了男性读者的窥视欲。封面女郎承担的这种功能固然不容否认，但是如果一本刊物主要以女性读者为对象

---

① 刘怀玉：《现代性的平庸与神奇：列斐伏尔日常生活批判哲学的文本学解读》，中央编译出版社 2006 年版，第 39 - 40 页。

② Henri Lfefbvre, *Everyday Life in the Modern World.* New York：Harper & Row, Publishers, 1971, pp. 38, 165 - 166.

③ 政治要人/男人只有在非常时期才会出现，如《中山先生纪念特刊》、抗战时期。抗战爆发后，《良友》在连续几期刊出男性封面后，不久便改为鲁迅所称的"摩登女将"——穿白大褂的女医护或托枪的"密丝"，最终又让位于"摩登女郎"。

呢？这时，封面女郎就主要体现为时尚的展示者，她传达着最新的衣饰、发型潮流，以及相应的生活方式的信息。事实上，30 年代杂志的繁荣——1934 年被命名为"杂志年"，给杂志界带来的最大变化之一即是对杂志内容和受众群体的细分，出现了大量的学生类、妇女类、体育类、电影类等刊物。这一趋势从良友公司出版的几种杂志中也能清晰地看出来，1926 年创办的《良友》画报对读者、内容的定位尚不清晰，而之后创办的如《银星》、《妇人画报》、《今代妇女》、《体育世界》等刊物的内容都较专一，预设的读者群体也较明晰。尤其是随着上海的畸形繁荣，社会上出现了一批有钱有闲的新式家庭主妇和名媛闺秀，供她们消遣娱乐同时提供一些着装、化妆以及家庭装饰方面潮流信息和指导的妇女类时尚杂志应运而生。例如叶秋原主编《今代妇女》时对刊物的定位是："取材务求能迎合新家庭的主妇和时下的名媛底兴趣为前提。"① 由此可见，杂志种类的激增带来的不是受众的减少，而是新的受众群体的发掘。

此类刊物的定位决定了其对封面女郎的深刻依赖，封面女郎既是时尚的载体，又暗示了刊物本身的内容和读者对象。马国亮接编《今代妇女》时曾试图去掉封面女郎，改用"粉笔彩画"②，但最终未能如愿，估计是服膺市场规则占了上风。如果说 20 年代的时尚刊物封面基本上是女明星的天下，那么到了 30 年代，名媛、闺秀和女学生的照片也开始跻身其中。《良友》画报在创办之初声称"本报不易登刊女明星，然亦不可全无，每期不过仅介绍一二而已"③，但是早期封面几乎全是女明星。该刊第二期封面所用影星王汉伦的照片实际上已经在第一期的内容中出现过，说明照片来源的匮乏。到了 1928 年，良友图书公司创办另一份画报《今代妇女》时，编者已经自豪地宣称，刊物中所登照片"不是名媛即是闺秀，均属上流人物"了④。最典型的是《玲珑》，该刊一度以本埠名媛闺秀或女学生照片作封面，以好莱坞女明星作封底，二者争相辉映。这时在上海一些女校如圣玛莉亚女校、慕尔堂女校、工部局女子中学等接受西化教育的女学生们的照片，开始频繁占据杂志的封面和内容。以好莱坞女明星为主体的西方女性，第一时间地将美国、欧洲最新的时尚信息传递到上海，

---

① 秋原：《编者案头》，《今代妇女》1929 年第 11 期。
② 马国亮：《编者语》，《今代妇女》1930 年第 23 期。
③ 梁梦痕女士照片的文字说明，《良友》1926 年第 2 期。
④ 编者：《编后对读者说话》，《今代妇女》1928 年第 6 期。

从最新的发型、时装、装饰品到生活休闲的每一个细节，都成为上海摩登女郎竞相模仿的对象。名媛闺秀和女学生诸如张芸英（张静江女儿）、张乐怡（宋子文夫人）、周淑苹（沪上邮票大王周今觉的女儿，有中西女学"皇后"之称）等人登场为封面女郎，是时尚文化的一次关键飞跃，原因不仅在于这些身份显赫的女性"现身说法"有着更强的说服力和诱惑力，更在于时尚从此堂而皇之地与某种身份地位和生活方式关联在一起。相比之下，早期承载时尚文化的影星、舞女甚至于妓女大多出身卑微，她们对时尚的追求也往往源于职业、生计等方面的需求。

这里还需要特别强调两种照片。一种是好莱坞明星们的群体造型照片。由于有声电影技术的发明，好莱坞电影中歌舞片大为盛行，世界上第一部有声电影——华纳电影公司1927年出品的《爵士歌王》即是歌舞片，30年代更是见证了歌舞片狂飙突进式的发展。歌舞片中充斥着各种群体舞场面，因而电影杂志上的群体造型照片也比比皆是。如《摄影画报》第356期刊载的环球公司的《夜世界》里玉腿林立的歌舞场景。类似的造型照片在《良友》上也可以见到，而且很快被上海娱乐明星们模仿。像《玲珑》第95期上刊登的一组上海新月歌舞剧社社员们舞姿的照片，大部分都是群体造型，带有很明显的模仿痕迹。这些着装、发型、动作整齐划一，甚至连表情也别无二致的女演员们，尤其是她们裸露的身体，无疑带给受众极强的视觉冲击，给人以时尚已呈铺天盖地蔓延之势的印象。

另一种照片是女性的男装照。这股"男装风"也是由好莱坞吹来，最著名的是派拉蒙公司1930年出品的《摩洛哥》中黛德丽经典的男装打扮。《良友》第76期和《玲珑》第96期都宣布了1933年欧美女性流行穿男装的消息，其实在此之前，这些时尚刊物已经刊载过一些女性的男装照片。如在《今代妇女》1930年第15期中，题为"夏志勤女士戏穿男装"的照片占据了整整一个页面（此人的照片三年以后又登上了《玲珑》的封面，那时她刚从崇德女校毕业），《良友》1931年第61期则刊登了阮玲玉在《一剪梅》中的男装剧照，1932年的《玲珑》上也多次出现女性男装照片，既有女演员也有女学生，令人印象深刻的是第71期中的"汉口三位小姐扮三个流氓"，为了让形体效果上更酷似男性，她们有的粘上了胡须，有的手上拿着香烟。当时上海的现实社会中女性着男装是否风行不得而知，但至少在时尚刊物上掀起了不小的波澜。这类照片给读者的震憾效果绝不亚于摩登女性的群体造型照片。在中国社会，京剧中有男子作女性装扮演旦角，现代社会似乎将此颠倒了过来；在晚清时期，刊物上虽常能见到妓女的男装照片，但那毕竟仅限于社会上某个特殊的群体，现在大中学生、名媛闺秀也竞相穿男装示人了。时尚常常以偏离常规乃至反常规的方式显现自身，这种"震惊"体验也构成了都市人日常生活经验的主要内容之一。

　　时尚杂志中摩登女郎照片的来源，大致可分为以下几种途径：其一，刊物摄影记者的作品。其二，亲朋好友、熟人和其他出版物赠送。包天笑曾回忆自己在民国初期办刊物过程中面临的困难，其中一条即是女性照片难以索求，主要靠亲朋好友赠送他们的妻妹、熟人的照片，这些人大多受过西方教育或高等教育，思想上较为开通①。到了 30 年代，这种情形得到了很大改观，但赠送仍然不失为获得女性照片的渠道之一。其三，杂志征集。《良友》、《今代妇女》、《玲珑》等刊物都反复征求女性照片，如征求照片一直是《良友》征稿启示中的重要内容，且所出酬费不低，甲种每幅一元至十元（文字稿的甲种稿酬为每千字五元）②。然而，这种办法收效不佳，部分是因为女性不愿以照片示人，部分则是不愿将自己的照片和金钱挂钩，名媛闺秀也并不需要靠照片来赚取金钱。《良友》曾经因为未征得一位女中学生完全同意便用了其照片而被严厉责备，正如编者所言，当时社会上一般人的心理仍然以为"凡刊在画报的女人像，除了鹤发鸡皮的外，都是下流，坏品，贱格"③。《玲珑》则采用同时刊登文章作者照片的办法，收效就好得多，这种情形也当算作刊物征集所得，刊物需要为照片支付费用，不过因为和稿费合在一起，名目上更好听一些。《玲珑》上写明："欢迎你们的投稿，能附照片更妙，酬金特别从优"④。其四，照相馆、电影公司提供，尤以沪江、卡尔登等照相馆为多。看上去和今天的情形不同，当时照相馆常常可向刊物赠送其所摄的人物照片，可能是照相馆已与照片主人之间有协议在先。其五，国外的明星照片则多取自外国时尚杂志，这些杂志在当时的上海可以通过如中美图书公司等经营外文书刊的公司或书店订阅、购买，例如位于上海环龙路的红鸟书店就是一

---

① 包天笑：《钏影楼回忆录》，大华出版社 1971 年版。
② 《〈良友〉征稿启示》，《良友》1926 年第 1 期。
③ 《编者之页》，《良友》1926 年第 11 期。
④ 《征稿启示》，《玲珑》1931 年第 1 期。

家专售法文书籍及杂志的书店，"每星期均有新书运到"①。

在以上五种方式中，第一、二种方式带有偶然性，后三种最为常见，不过，第三种也有其局限性。这样一来，后两种就成了照片来源的最主要途径。照相馆、电影公司向时尚杂志供应照片（名媛闺秀、明星的照片或电影剧照），双方互惠互利，前者借杂志提高知名度、做变相广告，后者则获取了源源不断的图片材料，从而在整个时尚生产体系中结成为利益的共同体。以《玲珑》第1、2期为例，除未标明来处的照片外，几种来源的照片数量如下：照相馆提供5幅、私人赠送3幅、文章作者照片9幅、记者所摄4幅、读者投寄2幅。这其中并未包括大量的好莱坞剧照或明星照，它们应该是来自上海的电影院或转载自外国的时尚杂志。仅仅两期杂志的统计很难说明问题，碰上运动会之类的大型活动，照相馆提供的照片就更多，例如在王开照相馆"包办"了1931年的全国运动会的摄影后，《玲珑》上的有关运动会的照片就几乎全来自它。此后不久，王开、沪江、卡尔生等几家大照相馆的广告战便进行得格外激烈。

照相业存在着竞争与垄断，电影业则更加明显。当时的研究者将上海电影院的发展划分为五个时期：雷玛斯称雄时代、卡尔登和奥迪安的对立、中央影戏公司的崛起、1928－1932年间之膨胀、联合电影公司与联怡公司的对峙。除了在第一个时期内西班牙人雷玛斯一枝独秀外，随着更多的国外和国内资本的加入，竞争越来越激烈和白热化，在1928－1932年的五年间，单是顶级的电影院就有光陆、大光明、南京、新光、兰心、国泰六家。竞争使得这些电影院在软硬件方面都痛下功夫，电影院不断地翻新改造，座位、灯光、音响、空调等设备都具备了相当高的水准，整个建筑富丽堂皇、豪华气派，从《良友》1931年第62期上刊登的《上海的影戏院》的一组照片中便可见一斑。这些建筑大多采用欧美风格，如南京大戏院用的是雷纳桑古式风格，新光的建筑采用西班牙和意大利的中世纪风格，都极富异域情调。软件方面的竞争也十分激烈，从而促使了影片公司与电影院之间的联合与垄断。奥迪安在与卡尔登的竞争中，正是由于掌握了派拉蒙公司影片的配给权从而占得上风，南京大戏院曾经夺得了米高梅公司巨片的专映权，国泰先是专映米高梅的名作，后来又加上了华纳和哥伦比亚的片子。在国产影片方面，联华、天一、艺华三大影片公司的

---

① "红鸟书店"广告，《文学》1935年第4卷第1期。

新片首映权都曾集于金城一家。新势力的崛起和旧势力的衰落，不断地上演着不同利益集团的分化与重组，大电影院的垄断是其大致的趋势①。

这种竞争使得美国的新片得以在最快的时间内传到上海，而且好莱坞的影片也成为上海观众所观影片中比例最大的一种。上海观众不久便对好莱坞电影及其明星相当熟悉了，《良友》第37期曾刊登了六幅女明星的照片，未注出姓名，让读者猜是谁，只有在本土观众相当谙熟这些明星时，此举才能收到效果。《玲珑》的一位读者以亲身经历告诫上海的电影观众，不要再向西方明星写信索求签名照片了，那样只会"白丢了邮函费"，原因是写信求赠照片的人数激增，这位读者就曾收到派拉蒙公司几个明星的回复，称如果索求照片须附寄一美元，否则不寄②。这说明影迷的规模已经小成气候。为了在竞争中占得先机，电影院、电影公司、时尚杂志等资本力量必然寻求联合，这就使得时尚杂志上所介绍的影片、明星带有很强的选择性。观众耳濡目染的因而就是拥有雄厚资本力量支撑的好莱坞电影及明星了。

麦克卢汉曾经把美国电影形象地比作"像罐头一样出口到世界各地"的"罐装的美梦"③。除了向外输出美国的生活方式和价值观念外，对于好莱坞电影与美国时尚工业之间的共谋关系，研究者也作过详细的阐述。在20年代末期开始的经济萧条中，好莱坞电影工业却一枝独秀，并带动了相关的时尚生产和消费。这注定了好莱坞电影必然以制造时尚、刺激时尚的生产与消费为自己的目标。上文提及的女性男装热就是这样的时尚，"女性职场的需求，以及女性从事运动和休闲现象的越趋普及，促使时尚工业转向争取女性消费男士时尚"④。上海的时尚杂志也需要从其和时尚工业关系的角度去观察，它们虽然无法像好莱坞电影那样带动一套完备的时尚工业体系，但是其目的却也不是将最新的时尚讯息带给读者这么简单。

一个常见的误解是以为时尚、休闲类杂志必然更受读者欢迎。其实在

---

① 《上海电影院的发展》，载上海通社编《上海研究资料续集》，中华书局1939年版，第532—541页。

② 病莺：《不要白丢了邮费》，《玲珑》1931年第1卷第11期。

③ ［加拿大］麦克卢汉：《理解媒介》，何道宽译，商务印书馆2000年版，第359页。

④ 周慧玲：《表演中国：女明星，表演文化，视觉政治，1910—1945》，麦田出版社2004年版，第145页。

20世纪30年代的上海，刊物中销量最大的却是《生活》周刊，它的销量创刊时为二千余份，只用了三年时间即增加到四万余份；自1929年改为杂志形式之后，销量很快攀升到十二万份，最后竟达到了十五万份以上，"为中国杂志界开一新纪元"①，要远远高于同时期《良友》画报的四万多份。时尚、休闲类刊物由于刊登较多的图片、使用较多的铜版纸，其成本较一般杂志要高，因而定价不菲，有读者就曾抱怨《今代妇女》"薄薄的几页纸，而售价这么高"②。这类刊物也曾试图努力扩大市场份额，《玲珑》曾试出过普通版，"用普通报纸所印售价特廉"③，《良友》曾由月刊改为半月刊，售价减半，但也只维持了很短的时间又改回原样。制约时尚、休闲类杂志销量的根本因素不是售价，而是其读者定位。一开始它们就将眼光放在有钱有闲阶层身上，在当时的上海这些人毕竟只是少数的特权阶层。

尽管销量达不到最大化，也被有的读者批评为"不多登贫民生活"、"贵族化"④，但是时尚、休闲杂志却不会因此作出调整。它们的理想读者仍然是名媛闺秀、仕绅名流，不光是因为他们能买得起杂志，更重要的原因在于他们愿意并且能够消费得起杂志上所介绍的时尚。时尚杂志的赢利主要依靠的不是其销量，而是广告收入；时尚消费品愿意在时尚刊物上登广告，因为这里有潜在的消费者。编辑之所以反复宣传刊物受欢迎、销量大增之类的话，也多是为了吸引广告商的眼光。相比之下，纯文艺类刊物上时尚消费品的广告几乎没有，甚至连广告也很难见到，因而杂志的运营常常是举步维艰。比如"上海的读书杂志本来是较为价廉的，但是不叫读者过于负担而由出版者拼命赔累，毕竟弄到现在不得不坐下休息了"⑤。时尚杂志的境况要好得多，以随机抽取的1934年新年第一本《良友》（第84期）和《玲珑》（第126期）为例，上面所登广告商品的种类及版面大小如下：

《良友》（总42版）：上海电力公司（1/4）、美术摄影专集（1/8）、

---

①　韬奋：《生活史话——一九二五——一九三七年》，载张静庐辑注《中国现代出版史料乙编》，中华书局1955年版，第320页。

②　《为我们说几句话》，《今代妇女》1928年第2期。

③　《编辑者言》，《玲珑》1931年第26期。

④　梁得所：《编后语》，《良友》1930年第48期。

⑤　《一九三三年的上海杂志界》，载上海通社编《上海研究资料》，中华书局1936年版，第405页。

《中华景象》（1）、散拿吐瑾补品（1/4）、天厨味精（1/4）、白金龙香烟（1/4）、德国家禽函授学校（1/4）、利夫氏学生用水彩颜色（1/4）、先施公司邮寄部（1/4）、维也勒毛绒（1/4）、司各脱乳白鳖鱼肝油（1/4）、柯达电影镜箱（1/2）。合计：3.25 版面。

《玲珑》（总 64 版）：大同照相馆（1）、《电声周刊》（1/4）、美美公司自制皮夹（1/4）、美美公司自制服装（1/4）、逸园跑马场（1）、《摄影画报》（1）、ABC 西装公司（1/2）。合计：4.25 版面。

《玲珑》上刊有广告价目表，全版每期 24 元、1/2 版每期 12 元、1/4 版每期 6 元。以此计算，则《玲珑》这一期的广告收入总共有 78 元（与《玲珑》同出自一个公司的《摄影画报》的广告未计算在内）。《玲珑》单期定价为"大洋一角"，此广告收入相当于近千本刊物的价值。两个刊物上所载广告的种类也值得注意，尤其是《玲珑》上的广告商品和娱乐场所，几乎都是追求摩登的男女青年必备和常常光顾的。

另一点需要特别注意的是，时尚杂志不仅仅为时尚消费品做广告，其背后的公司也往往兼营一些时尚消费品。比如良友公司同时印行彩色明星照片，售价每幅二角①。30 年代杂志界新出现的另一变化即是一些商业资本的注入。如《玲珑》、《摄影画报》的出版者三和公司是一个实行多种经营的商家，下设进出口部、代办部、信托部、委销部、出版部、门市部、食品部、消费合作部等多个部门，销售明信片、唱片、摄影器材等商品，承接广告、代为推销货物等业务②。这些公司经营的产品、承接的业务都是与刊物内容、广告息息相关的，因而时尚杂志也为背后的公司带来了很多的无形收益。

二　作为商品的"新"与"摩登"

列斐伏尔说："时尚的主要特征是其对适应（adaptation）的冷漠，它的目标既非人的身体也非社会活动，而是事物的变化和消亡"③。这决定了时尚要不断地制造出"新"，在这里，"新"具有两个层面的含义，一层是指新奇的事物，另一层是就时间性而言的"新"。对上海的摩登男女而言，西方最新的时尚潮流无疑满足了这两个条件。20 年代的美国爵士

---

①　"彩色明星相片"广告，《良友》1930 年第 51 期。

②　"三和公司"广告，《玲珑》1931 年第 27 期。

③　Henri Lfefbvre, *Everyday Life in the Modern World*. New York：Harper & Row Publishers, 1971，p. 166.

文化制造了一批"高举双臂'飞'舞'波'动、双脚踩着鸟儿般'查尔斯顿舞'步的'飞波姊儿'"，所谓"查尔斯顿舞"据说是源自美国南卡罗来纳州查尔斯顿邻近小岛上非裔居民的街舞，这种原本带有很强下里巴人色彩的舞蹈一经在纽约演出后，立即成为社交名媛的最爱，被上层社会挪用为自身社会身份的象征。"飞波姊儿"的齐耳短发等造型灵感可能是来自于当时刚出土的埃及法老，据周慧玲研究，美国好莱坞明星布鲁克丝的经典"飞波姊儿"造型出现不久即在上海有了其效仿者，大概在1926年便出现在上海的流行刊物中，从该年《良友》黎明晖的短发封面照片到刊物中的"高露洁"的"广告女郎"身上，都迅速留下了它的印记，中间几乎没有时间差①。

时尚强化了一种线性的时间观念，在这里"新"意味着一切，此时的"新"在下一刻就变为"旧"，由被追逐迅速地沦为被鄙弃的命运。欧美的时尚在上海不断地掀起波澜，此起彼落地更迭着。时装、发型、化妆品自然不用说了，即便是休闲方式如打高尔夫球、骑马、游泳等也是如此，甚至兴起于德国、美国等地的裸体运动也不乏效仿者，除了上海，在哈尔滨等城市也有裸体主义的追随者②。《玲珑》第56期在为好莱坞电影的一幅剧照所配的文字中说："这是最新式的男女热爱时的表情。"连表情也和时间联系了起来，有了新旧之分。

在时尚杂志占据主角的当然是好莱坞明星，除此之外，它们也不忘介绍其他地方的生活与时尚，《良友》、《今代妇女》、《玲珑》都刊载过菲律宾、吕宋、古巴等处的"花后"——选美冠军照片，一年一度的菲律宾嘉年华尤受关注。这些内容使得时尚杂志上弥漫着浓郁的异国情调。《玲珑》第3期刊登了一幅好莱坞女明星使用中国扇子的照片，编辑在照片说明中指出："中国人总以用舶来品为荣，好莱坞的电影明星何不独然，她也以为用中国扇子是时髦"。《良友》第60期则在同一页刊登了好莱坞明星用中国筷子吃饭和一位明星作日本妇女装扮的照片。美国米高梅电影公司拍摄的《福地》（改编自赛珍珠的名作《大地》）则让好莱坞明星们穿上中国服装，演起了皇后皇帝，片中当然少不了美籍华裔的好莱坞明星黄柳霜，《玲珑》上特选了一幅黄柳霜在电影中与外国人接吻的剧

---

① 周慧玲：《表演中国：女明星，表演文化，视觉政治（1910 - 1945）》，麦田出版社2004年版，第129、118 - 120页。

② 《哈埠之亚当夏娃》，《玲珑》1933年第3卷第17期。

照, 一幅其乐融融、天下大同的场景①。不管是 20 年代在美国风靡一时的爵士文化, 还是好莱坞明星身上的中国、日本装饰, 这些异域情调很快便由好莱坞电影和其明星带到世界各地, 异域和本土非常奇妙地融合在一起, 一种虚假的 "世界主义" 最先、最成功地在好莱坞电影那里实现了, 然后又直接投射到了时尚杂志上。异域情调是时尚对 "新" 的无法餍足的追求过程中的必然产物, 它使得时尚的新奇和变化效应最大化。

时尚对新趋之若鹜, 决定了它不会满足于现有的事物, 而是制造出新的流行趋势。《玲珑》上一段时期内连载叶浅予的妇女新装图, 根据女性的职业、着装季节和场合作细致划分, 这些绘图除了带来新的服装潮流外, 在发式、饰物等细节方面也不放过, 都体现出紧随西方时尚潮流的即时性。后来, 这个栏目进一步发展, 由上海时装研究社和叶浅予合作完成, 前者提供文字说明, 后者配画, 叶浅予也一度被聘为该刊的美术编辑。叶浅予所作的新装图在《良友》、《万象》、《时代》等刊物上也多次出现, 这一作者群还包括万籁鸣、方雪鸪等人, 一般都是学习绘画出身, 有时也会在新装图中融入自己的想象力和艺术素养。《今代妇女》上也辟有介绍室内和花园装饰的栏目, 上面所登的照片也大多转载自欧美杂志, 带有明显的异域色彩。

如果说, "在现代展览中 (人种和民族的博物馆、世界事件等), 日常生活被呈现为幻象。对这种幻象的再现至关重要的是一种异国情调: 不是每天的 '日常生活', 而是 '他者' 的日常生活"②, 那么时尚也酷似于这种现代的展览, 借由异国情调构筑出日常生活的幻象。并不矛盾的是, 正由于时尚脱离每天生活, 它才迫切地需要在自身与每天生活之间建立起一种虚假的联系。时尚杂志反复征求女性的生活照片即说明了这一点, 如《今代妇女》编辑声明 "本刊对于女学生生活照片极欲搜罗刊登"③,《玲珑》向读者征求生活照片以及女明星的 "有趣生活"④ 方面的文字材料。《良友》第 86 期的封面, 是胡蝶牵马并手持高尔夫球杆的 "生活" 照片, 第 101 期则开设 "小家庭学" 栏目, 请电影明星叶秋心表

---

① 《这是中国人吗?》,《玲珑》1933 年第 3 卷第 13 期。

② Ben Highmore, *Everyday Life and Cultural Theory: An Introduction.* London: Routledge, 2002, p. 14.

③ 编者:《编后对读者说话》,《今代妇女》1928 年第 6 期。

④ 《编辑者言》,《玲珑》1932 年第 43 期。

演家庭布置等方面的情节拍成照片登出。通过这些方式，时尚把自身伪装为真实生活的必需品。

在时尚的生产与消费之间，广告起着至关重要的作用，它的措辞大致着力于两个方面：其一是强调时尚之于每日生活的重要性；其二是建立起一种商品美学，赋予时尚产品炫目的光环，向消费者允诺美丽、年轻、健康、高贵等神话。时尚杂志的封面女郎便是没有广告语的时尚用品广告，它暗示了消费者只要拥有这些时尚用品，就能像封面女郎一样光彩照人。当然，广告词大多数时候是不可或缺的，它将商品、图片等信息统合起来。如韦廉士清导丸广告称："昔时化装每借重于脂粉，近时则不然。凡大方闺秀，均以保全皮肤之天然美为尚。"这便是它的标题中所说的"近代妇女化装之美术化"，清导丸可以避免便秘，这是美容的秘诀（《良友》第33期）。睫毛夹广告标题则是：新发明之美眼机，破天荒之美人具。上面是一幅好莱坞女明星照片，下面则是一个中国女郎正在使用产品的图画，承诺只要用了美眼机，就能拥有"外国女明星之美目"（《良友》第61期）。

即使是商品牌子这样的细节，所用的词语也是经过精心选择的，洋货的译名虽多根据音译，但在汉字选择上颇费心机，竭力传达出一种美感或联想，比如蔻丹、蜜丝佛陀等，也不乏本国公司或国产品牌起名有意带上外国味的。同一件商品的广告也非使用一成不变的语言、图片，像《良友》上刊载的三花香品的广告，在第116期上的标题是"沪上各界闺秀名媛一致乐用三花香品"，下面是多幅名媛照片，并配上了简要的文字介绍她们的姓名、职业，最重要的是她们的美丽秘诀。到了第118期该产品广告措辞换成了"女大学生称许三花香品"，仍然是附加照片及简要的文字。该刊上的蜜丝佛陀化妆品广告更富于代表性，其广告词非常简短——"在好莱坞之电影明星都爱用蜜丝佛陀美容品"，广告的主体部分是正在敷用该产品的好莱坞电影女明星，其风情万种之形象绝不亚于银幕上的影像或画报上的照片，广告中的女明星也是每期更换，先后有玛林玛许、琼哈劳、琴逑罗吉丝、卡洛朗白等人。同样是舶来品，三花香品和蜜丝佛陀化妆品的广告策略相当不同，一者是竭力追求"中国化"，一者是力图保留"洋味"；一者侧重于其和日常生活的关联，一者突出浓郁的异国情调。然而，在建立商品美学方面它们如出一辙，通过文字、图片、美女照片营造出精美绝伦的意境。这些广告即使拿来做刊物的内容，也都恰如其分。换言之，如果说一本时尚杂志从头至尾就是关于时尚消费品和时尚生活的广告，也恰如其分。

摩登消费品的广告还把自身和某种生活方式、社会地位联系起来。沙利文茶店说饮茶要有四美——茶味美、点心美、地方美、人色美，关于最后一条，该店声称其"光临之客，不是香闺淑媛，便是豪阔绅商，个个都是温文尔雅的"（《良友》第 35 期）。因而来此喝茶既是身份地位的象征，也有可能邂逅绅商淑媛。司丹康美发霜的广告也是如此，"上等理发店，皆用真正司丹康"（《良友》第 55 期）。李欧梵认为出现在刘呐鸥小说中的这个化妆品是"一种流行的男性发油"①，实出于误解。其实它的主要消费对象是女性，"女子研究美发者，最信任司丹康"（《良友》第 57 期）。一旦这些消费品都关联着某种社会身份、地位和财富，那么这些消费品之间也就有了相关性。波德里亚洞察了广告的这种本质逻辑："广告的大众传播功能因而并非出自其内容、其传播模式、其明确的目的（经济的或心理的），也不是出自其容量或其真正的受众（尽管这一切都具有一定的重要性并构成其支持），而是出自其自主化媒介的逻辑本身，这就是它参照的并非某些真实的物品、某个真实的世界或某个参照物，而是让一个符号参照另一个符号、一件物品参照另一件物品、一个消费者参照另一个消费者。"② 正因为如此，柯达电影镜箱的广告就同时拉上了巴黎时装，"钩心斗角之柯达电影镜箱，争妍赛艳之巴黎时装，一而二，二而一"（《良友》第 59 期）。这些物品、符号指向相同的生活方式，也是广告所竭力渲染和允诺的生活方式，因而也指向了这种生活方式背后的价值观念，带有强烈的意识形态功能，如珂路拿（高露洁）牙膏广告鼓励及时行乐和消费的广告词："人生行乐耳"（《良友》第 23 期）。

然而，波德里亚没有注意到广告中另一种参照方式，即将两种不太相关的事物生硬地进行比附的情形。如雀巢巧克力打出赠送电影明星五彩照片的广告："电影明星照相，仪态万千，为人人所爱好。雀巢老牌巧克力糖，香甜可口，亦为人人所嗜食。"该巧克力包装内附有明星照片，收集齐全者还可以得到明星美术放大照片（《独立漫画》第 9 期）。四马路上

---

① 李欧梵：《上海摩登——一种新都市文化在中国 1930－1945》，北京大学出版社 2001 年版，第 208 页。

② ［法］让·波德里亚：《消费社会》，刘成富、全志钢译，南京大学出版社 2001 年版，第 134－135 页。

中西大药房则拿阮玲玉的死做广告，采用生硬的比附方式："人言可畏，害死了阮玲玉；今年盛暑，又将害死些什么？"① 金龙牌香烟自称"为最名贵之国货香烟"，"热心爱国者、常用脑力者、讲究交际者、游览名胜者不可不吸"（《良友》第11期）。最奇异的当数天发祥皮货局的广告词："年来市面不大景气，农村又宣告破产，百物低贱，尤苦无人问津。即皮货出产区域，亦受此众大影响，货价较往年特别低廉。故本局此次在口外所收之货，皆甚便宜，兹亦以极低廉之价格出售。请各界君子在此提倡国货之年头，多多采用纯粹国产之皮裘，挽回利益，国计民生，两受其益也。"② 这段广告挪用了当时常见的社会、经济分析文章的语调与模式，结论却只在证明皮裘的物价低廉，令人啼笑皆非。但凡重大的社会事件、思想潮流无不可以被广告据为己用，变成促进产品销售的工具。时尚所标榜的"美"、"自然"、"健康"等也未尝不可以看做是对这些话语的挪用。30年代上海社会兴起的各种时尚运动，如游泳、日光浴，多喜挪用"强国保种"等宏大话语作为自己的护身符。到了国家危难时刻，这种挪用会达到极限，一切活动都被冠以"爱国"的名衔，吸烟救国、娱乐救国、读经救国、脂粉救国，甚至于打麻将救国，层出不穷。

挪用社会思潮诸如"启蒙"、"解放"、"革命"、"救国"等作为自身合法性的基础，也是时尚杂志常见的姿态。作为一种特殊的消费品，时尚杂志再次显现了自身与其他时尚商品间的同质性。如《玲珑》打出"鼓吹男女平权和自由解放"的旗号，标榜自己"为发表妇女意见之喉舌"③，事实证明不过是哗众取宠的噱头。编辑甚至有意表现出与男性为敌、攻击男性的"激进"姿态，换取女性读者的喝彩。如征求暴露"男子的丑态"方面的稿件，并把"向男子进攻"列为刊物的目标之一④。编者在第63期《编辑者言》中声称，刊物常收到一些男性来信，抱怨《玲珑》"太偏袒女子"，编者的回复是"我们置之不理"⑤。事实上，《玲珑》并不关心女性的真正解放和独立，其旨趣倒在"御夫术"，甚至于《怎样玩玩男子》这类题目。其貌似激进的态度为的是同时吸引男女读者的注意，它

---

① 《准风月谈》，《漫画界》1936年第5期。
② "天发祥皮货局"广告，《社会月报》1934年第1卷第5期。
③ 《编辑者言》，《玲珑》1931年第39期。
④ 《玲珑》1932年第48期。
⑤ 《编辑者言》，《玲珑》1932年第63期。

一方面肆意攻击男性，另一方面又在其姐妹刊物《摄影画报》上开辟“不平则鸣”栏目，鼓励男性读者发泄自己的不满①，试图达到双赢的目的。

无论采用何种手段，时尚杂志、时尚商品广告的最终目的是要把“新”、“摩登”出售给读者，在这一过程中，“新”和“摩登”变成了商品。“新”、“摩登”是时尚消费品广告最常使用的措辞之一，尤其是在“摩登”的名声没有变坏之前。《良友》上正文中直接使用“摩登”一词的情形并不多见，倒是消费品广告乐此不疲。维也勒毛绒、上海电力公司、四七一一玉容霜、旁氏白玉霜、蔻丹美指油都曾称摩登女子或摩登家庭爱用这些产品。《玲珑》上则有一个相对固定的栏目——“摩登居室的布置”，此外还有“摩登器具”、“晒台上摩登式的布置”等方面的介绍。到了1933年底时，则改用“现代家具”、“现代室内装饰”等字眼，但介绍的内容仍然与此前一致。“摩登”中包含的“新”、“时尚”等义项与这类消费文化的兴起有着直接的关系。“新”、“时尚”、“摩登”瞬息万变，这是由时尚生产和消费的特性决定的，时尚工业注定要频繁变换时尚的内容，以刺激新的消费需求。在这里，是商品与生产决定了需求与消费，而非需求与消费决定着商品与生产。

因此，“摩登”、“时尚”的本质在于变化，它只是一个单纯的时间变量，与消费与需求无关，甚至与内容也无关。离开时间，“摩登”便毫无意义，这也是30年代上海的时尚产品普遍被冠以时间限定的原因。曹聚仁写道：“海派的术语中，有所谓 X 式 Y 式的，诸如一九三四式的汽车，一九三四式的旗袍，在商业竞卖中，就叫作‘行情’。”② 王定九则在《上海顾问》中使用了“半摩登”一词，他建议初来上海的人，从经济的角度考虑不必置办太摩登的用具，因为“没多时，摩登的已不摩不登”③。这样看来，追逐时尚者所消费的与其说是具体的物品，毋宁说是“新”、“时尚”和“摩登”本身。正如当时有人所批评的，都市人对于“摩登”的追逐，源于摩登装饰“既可以作为性的诱惑，也可作身份、财富或势力的表示”。而从生产者角度来看，在现代社会“资本主义的经济制度，也是‘摩登’的唯一支持者”。资本家利用“摩登”倾销商品，于是

---

① 《为男子鸣不平》，《玲珑》1932年第46期。
② 曹聚仁：《续谈“海派”》，《申报·自由谈》1934年1月26日。
③ 王定九：《上海顾问》，中央书店1934年版，第514、273页。

"'摩登'便成了资本主义唯一的商品"①。

质言之，消费"新"和"摩登"就是消费时间性，是借摩登商品而获得的一种与时代同步的心理满足。促使"新"与"摩登"成为商品的是线性的、稍纵即逝的现代时间概念，是所谓的现代性。马克思说，"一切坚固的东西都烟消云散了"，这句话被马歇尔·伯曼借用作了谈论现代性的著作的标题。从根本上看，如果没有现代性，没有因现代性而起的强烈的时间意识和对当下的深刻体验，"摩登"将无从谈起。

第二节　时尚杂志与海派文学的生产

一　时尚与作家的互动

沈从文在《论穆时英》中评价说，穆时英的文字，如果"前有明星照片，后有'恋爱秘密'译文，中有插图，可说是目前那些刊物中标准优秀作品"②。这里所说的"刊物"即是时尚、画报类的消遣读物，沈从文指出了当时这些刊物上所登文章的一般形态，但是他没有提及问题的另一方面：时尚杂志同样非常需要这类作品。《良友》问世后即面临这样的问题，"来函纷纷，均嫌良友无短篇小说"③。此后，《良友》应读者要求开始增刊短篇小说。其实《良友》自创刊以来，即有鸳蝴派小说的连载。但是，这显然不能满足刊物读者的需求。自新文化运动以来，尤其是白话文进入学校课堂之后，一批具备接受新文学基础的读者已经渐渐成长起来，而他们正是时尚杂志的主要受众。

《玲珑》在办刊过程中最短缺的也是新文艺作品，读者来信强烈要求刊登文艺作品，该刊据此作出调整，不断增加文艺作品的分量，但是它无法约到知名作家的作品，最多只有像金满成的创作，有时只得翻译一些外国作品充数。这可能是由于编者的人脉关系的限制，加上其版式过小，只欢迎四五百字左右的创作，通常一个短篇都需要连载。为了增加稿源，《玲珑》在1933年举行百期纪念征文，开列出十四个题目：我的暑期生活、暑期与妇女工作、中国妇女现在与将来、我理想中的伴侣、不幸妇女的呼声、

---

① 杨宽：《摩登论》，《知识与趣味》1939年第1卷第2期。
② 沈从文：《论穆时英》，《大公报·文艺》1935年9月9日。
③ 《本报无短篇小说》，《良友》1926年第4期。

我的家庭、什么是真的恋爱、我的男朋友、怎样做母亲、新婚的第一夜、
从学校到社会、夏的公园、爱情的一课、开学礼①。从这些题目中很难得出
规律，尤其像"中国妇女的现在与将来"、"不幸妇女的呼声"等主题俨然
是提倡妇女解放的严肃刊物才有的题目。然而，这些题目被引向了女性的
日常生活，尤其是家庭生活和私生活。这和《玲珑》反复征求女性的生活
照片是一致的，上文提到过，正因为时尚无关乎每日生活，它才迫切需要
在自身与每日生活之间建立起一种虚假的联系。这在《玲珑》的一个相对
固定的栏目"玲珑信箱"中集中体现出来，上面选登的多是女性在生活中
遇到的一些具体问题，如丈夫有外遇、三角恋爱之类的麻烦。与其说是帮
助读者解决这些问题，不如说是将其展示给所有读者观看。这类事例通常
具备小说的曲折性，而且比小说要真实可信。从百期征文的评比结果看，
《玲珑》编者是明显偏重于小说的，长度相仿的小说与散文相比，前者获得
的奖励会更大。应征小说《新婚的第一夜》获得第二名，也是本次征文的
最高奖项——奖金十五元的首奖看来只是一个虚设。小说以第一人称描述
了作者"新婚的第一夜"的感受，不乏"乳峰"、"狂吻"之类的字眼②，
撩拨读者的性想象。编者的偏好在其中表现得非常鲜明。

　　叶秋原在接编《今代妇女》后的第一期，即约来了刘呐鸥的小说《两
个时间的不感症者》。他在该期的《编者案头》中谈到了对刊物改进的设
想："此后不仅在图片上应该努力，打算还须有较为优美而灵颖的文字作
品。因为优美的文字可以给灵颖的主妇和时下的名媛在寂寞的下午，在家
中很舒适的消磨过去。"编者承诺以后要约来如刘呐鸥、邵洵美、傅彦长、
凌黛、杜衡、施蛰存、戴望舒、徐蔚南等"名人的名作"③。叶秋原只编了
两期即离任，否则这个刊物倒很有可能成为一个新的海派都市文学的阵地。

　　时尚杂志的读者为什么如此渴求文艺作品呢？单纯地以对文艺的兴
趣、消磨时光之类的原因是无法解释的。事实上，如果说时尚杂志介绍的
生活、时尚、装饰都还是一盘散沙的话，那么文艺作品恰恰让这些内容融
为一体，让它们都活动起来了。海派都市文学最常见的叙述是都市背景下
的摩登男女故事，它的爱情主题显然是时尚杂志无法通过明星照片、私生
活等内容所能完全提供的，即便明星的隐私和绯闻能弥补一些，但是就曲

---

① 《本刊百期纪念征文》，《玲珑》1933 年第 3 卷第 27 期。
② 晴波女士：《新婚的第一夜》，《玲珑》1933 年第 116 期。
③ 秋原：《编者案头》，《今代妇女》1929 年第 11 期。

折性和细节的质感而言，显然海派都市文学有着更大的优势。文学作品还有另外一个优势——激发想象，这可以比之为上节提到的时尚杂志上常见的"新装图画"。余慕陶在谈到小说的诸多好处时说，有一种小说"除掉满足我们一般的知识欲以外，我们起码还可以捉住比进跳舞场去同可望而不可为的舞女跳舞，或进电影馆看专逗半裸体的电影明星，克莱拉宝……还来得更肉感、更实际！因为作者的描写绝不输于实体的表现！"① 小说描写可以比看舞女和电影上的半裸女星更肉感、更实际，听上去似乎有些难以置信，但是，如果说色情最终是一种精神刺激，那么本身即作为精神想象活动的小说无疑能引发更广阔、自由的联想，从而达到更大的刺激。

海派都市小说的故事发生背景常在繁华喧闹的街市和灯红酒绿的消费娱乐场所，吴福辉先生据此将刘呐鸥等人的创作概括为"非家庭化小说"，认为其顺应了洋派人士社交生活的文化形态②。除此之外，这类小说中关于时尚消费品的描写也值得注意。如叶灵凤在《禁地》中用八段文字不厌其烦地描绘了一个独居男性的房间，里面摆满了流行的女性用品：仅香水就有五瓶——三瓶 Houbigant，用途说明上分别写着 Lotion（洗液——笔者注，下同）、Perfume（香水）和 Toilet（厕用）；一瓶 Piver，一瓶 Cappi。此外还有粉盒、纸盒、"涂脸的 Enbeaufe"、"时下流行的涂发的 Stacomb（司丹康）"、"修饰指甲的 Cutex（蔻丹）"和"一小盒 Nail Polish（指甲油）"，最后一种物品"在目下一般时髦妇女的妆台上还不常遇见"。无怪乎"凡是第一次到这间房里来的人，见了都会猜想房子的主人必定是位芳年的女士"③。作者对这些流行化妆品如数家珍，最重要的是他细致地描绘了这些物品的精美之处，为它们涂抹了一层炫目的光辉。这个段落如果拿去应征香水、发油或指甲油的征文一定是很受广告商的青睐，事实上，流行消费品的确也举办征文活动，为产品造势，如福尔摩斯牌香烟就曾在《玲珑》上刊载过征文启事，要求中包括："用新式标点尤佳"、"内容以福尔摩斯为主，以本烟牌为背景者最佳"等项④，新式文艺和消费品就这样联合到了一起。

黑婴的《忧郁姑娘》写发生在"沙利文"的一场邂逅，故事本身写

---

① 余慕陶：《现代学生与现代小说》，《现代学生》1932 年第 2 卷第 1 期。
② 吴福辉：《都市漩流中的海派小说》，湖南教育出版社 1995 年版，第 46 页。
③ 叶灵凤：《禁地》，载《灵凤小说集》，现代书局 1934 年第 4 版，第 427－428 页。
④ 《福尔摩斯香烟征文启事》，《玲珑》1931 年第 1 期。

得很仓促、草率，值得注意的是小说开篇的街景描写：

> 跟了街灯一同地亮了起来，国货公司的时式的陈列橱的 Neon light 吸去了一对对挽臂而行的男女。里头的女店员却嘻嘻地笑在三星牌的牙膏上面，一只鹅蛋形的脸，朝着那些患了色情狂的青年；牙齿是匀整而且洁白的，聪明的管理员有意把她摆在这里，还教她不妨对顾客们说：
>
> ——你瞧，我的牙齿……我是用三星牌的呀！
>
> 可是我却永远不想到国货公司去。因为我没有情人；因为我所用的东西全不能在那里买到——譬如固龄玉牙膏吧，应该到惠罗公司去找的。①

这段文字除了渲染一个都市街头游荡者的心境之外，和后面故事情节基本上是脱离的，但是却清晰地传达了"我"对洋货和国货的好恶。这篇小说发表于《妇人画报》上，自从郭建英 1934 年接编这份刊物以后，它几乎成了海派都市作家的一个大本营。鸥外·鸥、徐迟、刘呐鸥、施蛰存、穆时英等都有作品刊出，当然也少不了郭建英本人为这些作品所配的带新感觉风的漫画。《妇人画报》上更多的作品题材限于男女情爱（鸥外·鸥、徐迟等人此类的作品很常见，且语言精雕细琢，如鸥外·鸥的《股份 ISM·恋爱思潮》）、女性美、表情美、唇之造型、裸腿、Waltz、情书，以及消费品如香烟（像章志毅的《女人与烟》、张丽兰的《纸烟的秘密》）、香水（张丽兰《香水的感情》）、春药、乳罩等。《妇人画报》勾勒出了一幅都市时尚的画卷，弥漫着浓烈的脂粉气息（陈子善先生将该刊中的作品编选结集，就命名为《脂粉的城市》）。

有必要指出的是，这些关于人体器官如唇、腿、乳等描写的文章之所以得以产生，和时尚工业有着直接的关系。经过"五四"启蒙运动，人的身体被发现并被赋予了重要的地位，它不再是封建时代那个欲望与罪恶的渊薮，而是变成了解放、独立与自由的象征。鲁迅《伤逝》中子君的名言"我是我自己的，他们谁也没有干涉我的权利"，曾经有着振聋发聩

① 黑婴：《忧郁姑娘》，载陈子善编选《脂粉的城市——〈妇人画报〉之风景》，浙江文艺出版社 2004 年版，第 184 页。

的力量，鼓舞着一批批青年去争取个人的自由权利。然而，从宗法礼教中解放出来的自由的身体迅速被时尚工业所俘获，摇身一变成为波德里亚所说的"最美的消费品"："在消费的全套装备中，有一种比其他一切都更美丽、更珍贵、更光彩夺目的物品——它比负载了全部内涵的汽车还要负载了更沉重的内涵。这便是身体。"[①] 一旦进入时尚工业的流水线，身体不仅切断了与礼法、家庭、社会的联系，甚至于个人的情感、欲望也被从其中清除殆尽。穆时英笔下的"白金的女体塑像"——"一个没有羞惭，没有道德观念，也没有人类的欲望似的，无机的人体塑像"，既是一个纵情声色之后虚脱的身体，一个都市狂流中病态的身体，也是作为时尚工业中标准部件的身体。时尚工业中的身体已经很难再被称为"身体"，它已不再是一个有机"体"，而是被拆解成一堆七零八落的器官，换言之，就是不断细分的时尚工业中的一个个孤立的生产单元。

《良友》、《今代妇女》、《玲珑》等刊物都热衷于介绍世界美女、各国花后评选活动及图片，紧接着是学校皇后、篮球皇后、"康克令"（一种美国钢笔品牌）皇后等的介绍，终至发展到手、腿、背、眼睛等器官的选美。器官不仅被从身体上分离出来，而且还树立了美的范本，人们对身体的关注开始转向对于身体的焦虑，除了求助于各种各样的时尚产品外别无他法。显然，这一系列活动背后的强大推动力正是时尚产品的生产与消费。《今代妇女》在 1930 年 5 月便根据当年流行光腿预测了夏季的"两样投机生意"——修脚的保安刀和美足霜[②]。和杂志对受众的细分多少有些相似的是，时尚工业对人体的分割，制造了层出不穷的新的消费需求。正是在这样的背景下，时尚杂志上的文艺作品对人体（尤其是女体）器官的描写开始大量出现。

这些作品将人体、时尚流行色和都市景观融为一体，通过字词选择、句式变换等渲染了一种情调，充分调动阅读者的感官，给其以刺激和愉悦，这是单纯消费时尚商品所无法获得的。对中日新感觉派作品非常熟悉并且创作过多篇新感觉风作品的由稚吾对此有精到的观察："描写的具体化是一种进步，但把这事的本身当作文字的目的，就不免陷入最轻浮最浅薄

---

① ［法］让·波德里亚：《消费社会》，刘成富、全志钢译，南京大学出版社2001年版，第139页。

② 《预料今年夏季的两样投机生意，当女人们光腿盛行的时候》（漫画），《今代妇女》1930 年第 17 期。

的形式主义。中国最近一般模仿日本新感觉派的作家，就有这种危险的倾向。……中国现在这一支作者创造出许多很新的形式，利用许多巧妙的形容词汇，如'蔚蓝色的梦'，猩红热症的回力球场，紫色的 Traumerei。……因为新感觉派是注重在感官的，是属都会的，或至少是接近都会性的，而最适宜的也是都会情调的描写；再因为这一般作者大多是比较侵透了都会性的人，或以一种不很纯洁的动机，利用人类在本能上的官能的嗜求，所以在他们的作品当中，似乎离了'年红灯'、'吉士牌香烟'、Traumerei（其实这很不能与官能的氛围调和）、'紫丁香'、'梦幻的少女'等，就不能成为好文。"由稚吾将这派作家的创作态度称为"新优浮主义"①："但丁、Lyly 的 Euphues 于当时一般高贵的仕女还有了实际影响，中国这种'新优浮主义'的结果，也许除增加一批迷于官能享受的'摩登'男女之外，多添一种文坛的不治之症。"②

　　由稚吾的论述很有针对性，"蔚蓝色的梦"、"猩红热症的回力球场"、"紫丁香"、"紫色的 Traumerei"等都是中国新感觉派作家穆时英、叶灵凤、黑婴、禾金等人小说中常见的词句和意象，叶灵凤有篇小说干脆就以《紫丁香》为题。就增加摩登男女对于时尚消费品和官能享受的膜拜而言，这些作品具有类似于时尚商品广告的功能，不啻为艺术化的、无形的商品广告。

　　事实上，相同的作家在《妇人画报》上与在纯文艺刊物上所发作品的区别是非常明显的，例如施蛰存为《妇人画报》所写的《圣诞艳遇》在作家整个创作中也算是比较例外的。鸥外·鸥、徐迟则同时是现代主义诗歌的身体力行者，这种同时用两种笔、自由穿梭于先锋与通俗之间的写作姿态即便到了烽火连天的 40 年代也不乏其人，徐訏和无名氏便是其中最典型的代表。不从文学生产的角度去理解这个问题，而单纯地试图在先锋与通俗之间寻找某种必然联系，将注定是徒劳的。也就是说，正是 30年代一批时尚、消遣类的刊物如《万象》、《小说》、《文艺画报》等的产生，才孕育了大量的海派消费文学。

　　这里涉及问题的另一方面，即时尚杂志对作家书写方式的制约和影响。时尚杂志上的作品要求文字"优美而灵颖"，文字成为内容之外重要

---

① "优浮主义"（Euphuism）是指一种流行于 16 世纪末 17 世纪初的文体，其特点是语言做作、浮华、绮丽。

② 由稚吾：《现代中国小说中之几种倾向》，《中山文化教育馆季刊》1936 年秋季号。

的消费内容。穆时英《被当作消遣品的男子》中的摩登女性宣称："我喜欢读保尔穆杭，横光利一，堀口大学，刘易士——是的，我顶爱刘易士。"本国的作家她则喜欢"刘呐鸥的新的话术，郭建英的漫画，和你那种粗暴的文字，旷野的气息"。曾经红极一时的《茶花女》被认为是祖母的读物，而《娜娜》和《罪与罚》则是"一服良好的催眠剂"。从摩登女性的阅读趣味上看，她之所以喜欢刘呐鸥等人的作品或漫画，在于它们是像"雀巢牌朱古力糖，Sunkist，上海啤酒，糖炒栗子，花生米"一类的消费品，能带来精神上的刺激与愉悦。这段内容某种程度上也可以看做是穆时英本人对于自己一类的作品特征的一个宣言，语言是至关重要的一个区分维度。无论是新鲜的俏皮话，还是浮华、绮丽的文风，都具有时尚意义的"新"与"摩登"，从而代表着某种身份标志。

《良友》上曾刊发了一篇题为《被抛弃的男子》的小说，采用了穆时英这篇小说的反题，小说中的女性拒绝了介绍她读《被当作消遣品的男子》的男性[①]。两篇小说主题上截然相反，却共享了一个判断：读《被当作消遣品的男子》一类作品的人是追求新鲜、刺激与享乐的都市摩登男女。直到1934年，禾金创作的《造形动力学》仍然体现了这样的预设。女主人公书架上放置的文学书有：《都市风景线》、《公墓》、《紫丁香》、《四十二纬度》、《一九一九》、《再会吧，武器》、《大错》、《支那夜莺》、《死的胜利》，全是中国新感觉派作家和他们所偏爱的外国作家的作品。写作《再会吧，武器》的海明威是叶灵凤此时最痴迷的作家之一，不过，海明威在他那里与杜司·帕索斯一样，仅仅意味着"崭新的艺术形式"而已。《现代》的编者曾介绍说："叶灵凤先生近日读美国新作家 Dos Passos、Hemingway 诸人作品甚勤，几至废寝忘食。今日交来新作一篇，拜读一过，觉得这些崭新的艺术形式已经在他底笔下大大地起了作用了。"[②]这里提到的"新作"是指叶灵凤发表在该刊上的《第七号女性》，叶灵凤是如何阅读帕索斯和海明威的不便蠡测，但从《第七号女性》来看，两位作家很有可能还是被读成新感觉风了。《造形动力学》中女主人公的转变——"给叶琳染了色"，开始倾向于马克思主义，也是透过读物来表现的，她书架上同时放置的一些带有"叶琳"印章的社会科学书籍最终战

---

① 斐儿：《被抛弃的男子》，《良友》1933 年第 80 期。
② 编者：《社中日记》，《现代》1933 年第 2 卷第 3 期。

胜了新感觉派的作品。有意思的是，这种严肃的信仰转变也被用俏皮的话术表现出来——"染了色"①。这些情节出现在新感觉派作家自己的作品中是意味深长的，说明他们清楚地知道哪些人爱读他们的作品，也许在创作之初他们心中就已经有了理想受众——摩登男女。

然而，海派都市作家对摩登男女尤其是摩登女郎的印象与其说得之于现实，毋宁说得之于好莱坞电影和时尚杂志。刘呐鸥笔下那些短发、行为大胆，甚至有着男性一般健壮的身体和肌肉的女性，更像是时尚杂志中的宠儿。20 世纪 20 – 40 年代的女性美标准与今天的相当不同，一般以匀称、健壮为美，在中国由于运动热、救国热和"强种保国"等思潮的推波助澜，"健美"也渐受推崇。30 年代崛起的一代女影星如黎莉莉、王人美都以健康、野性的银幕形象而受到欢迎。穆时英小说中的女性形象与电影具有更近的姻亲关系，《被当作消遣品的男子》中的蓉子和 *PIERROT* 中的琉璃子是其中主要的两种类型，她们几乎就是克莱拉宝和嘉宝的翻版。

克莱拉宝因 1927 年在好莱坞影片 *IT* 中大胆、放浪的演出而被称为"热女郎"。1934 年《良友》画报曾以《银幕上的十个热女郎》为题刊登了克莱拉宝、珍哈劳、艾霞、胡萍等十位中外明星的照片与漫画②。可见，"热女郎"形象主要由电影女明星承载的。嘉宝则被称为"神秘女郎"，将演员塑造为某种类型，并将这些角色类型混同于演员本人，这是好莱坞电影明星体制的经典策略。30 年代上海电影对女演员的形塑也基本上带有这种特点。有趣的是，有"东方好莱坞"之称的上海电影虽然处处追随着好莱坞，但却缺少像克莱拉宝和嘉宝这样的"恶女"形象，尤其是大牌女星，更不愿意"自毁前程"。相比之下，悲苦的、忍辱负重的、天真无邪的女性形象要多得多。可以说，男性作家们的"恶女"想象主要来自好莱坞电影和时尚杂志。前文曾谈过，有的时尚杂志如《玲珑》传达出女性已经逸出男性控制的强烈印象，其中充斥了"御夫术"、"怎样玩玩男子"之类的文章。

海派都市文学作品对女性身体的展示也完全是时尚杂志式的。和时尚杂志上的摩登女郎一样，这些作品中的女性身体也既是时尚的载体，又满足了男性读者的窥视欲，而且更能撩拨他们的情色想象。例如曾虚白在

---

① 禾金：《造形动力学》，《小说》1934 年第 9 期。
② 《银幕上的十个热女郎（白鹭作漫画肖像）》，《良友》1934 年第 84 期。

《三稜》中对熟睡中女性身体的细描："纱窗帘映着月光把全屋子涂上一片匀净的乳色。质夫侧身细看；黄澄澄的龙须席上衬着倩娘半裸的肉身，像金盘中盛着的雪藕，格外觉得白皙明润。两条海鳗般的臂膀，蜿蜒地出没在亮晶晶散发的雪浪里。左右腋窝，坟起两条圆致致的肌肉，环抱当胸，捧住一对鼓鼓的乳峰，随着呼吸的起伏，微微抖动。齐腰系一条水绿色薄纱短裤，凹陷的腰肢在纱影里弧突成丰隆的臀部。"① 很自然地，作家接下来写到了男主人公的性幻想。曾虚白在这里通过调动名词（颜色）、动词和形容词，竭力营造出一种供读者性幻想的意境，极尽渲染、撩拨之能事。最重要的是，作家笔下的这个女性正在酣睡，浑然不觉，不会逃走也不会反抗，一任男性读者窥视。

　　类似的描写在海派都市文学中可谓不胜枚举，例如徐蔚南在《都市的男女》中对女性浴后的脚和乳的精细描绘。和新感觉派作品不同的是，徐蔚南小说中的男主人公成功识破了女性的阴谋，是老谋深算的战胜者②，而新感觉派作品讲述的几乎都是男性在摩登女郎那里挫败的故事。鲁迅在《上海文艺之一瞥》中说："佳人才子的书盛行了好几年，后一辈的才子的心思就渐渐改变了。他们发现了佳人并非因为'爱才若渴'而做婊子的，佳人只为的是钱。然而佳人要才子的钱，是不应该的，才子于是想种种制伏婊子的妙法，不但不上当，还占了她们的便宜，叙述这各种手段的小说就出现了，社会上也很风行，因为可以做嫖学教科书去读。这些书里面的主人公，不再是才子＋（加）呆子，而是在婊子那里得了胜利的英雄豪杰，是才子＋流氓。"③ 徐蔚南的这篇小说完全可以当作鲁迅这段话的注脚。叶灵凤的《浴》有过之而无不及，全篇都是关于女性入浴及其性心理的，男性读者不仅可以窥视女性的身体，还能逼视她的内心世界。小说中有一处描写极其真实，女主人公露莎在读了描写女性性心理的小说后，时时觉得"后面有人在向她窥看"，"她回头向后面望了一望，她又怕自己这样的举动有人在窥探"④。连对男性窥视的防范也可能会被窥视，换言之，窥视的目光是无法防范的，它似乎无处不在却又无法被捕

---

① 曾虚白：《三稜》，世界书局 1933 年版，第 3 页。
② 徐蔚南：《都市的男女》，真美善书店 1929 年版，第 1 - 30 页。
③ 鲁迅：《上海文艺之一瞥》，载《鲁迅全集》（第 4 卷），人民文学出版社 1981 年版，第 292 页。
④ 叶灵凤：《浴》，载《灵凤小说集》，现代书局 1934 年第 4 版，第 73 - 85 页。

捉到。通过大量的电影镜头、杂志图片和文学描写，女性身体完全袒露于男性充满色情与欲望的目光之中。

二　"集纳主义"与海派文学生产

"集纳主义"或"集纳"译自英文 Journalism。在英文中，Journalism 的含义相当丰富，既可指新闻事业、新闻材料、新闻学科、新闻报道；又可指报纸杂志，以及报刊文字所特有的风格。显然，很难找到一个准确的汉语词汇与其对应，这也是"集纳主义"一词得以产生的前提。创办于 1931 年的《文艺新闻》在第 60 号开设了"集纳版"，之所以用"集纳"而非"新闻学"作为 Journalism 的翻译，啸一在该版发表的文章《集纳正名》中解释得很清楚："为什么不称新闻学而要称'集纳'呢？这有两点理由：其一，Journalism 的解释是：一切有时间性的人类生活之动态的文字、图画、照像等，使之经过印刷复制的过程，再广遍地传布给大众，使大众在生活行为上，受到活的教育，而反映于其生存的进取与努力。其二，因此，这学问，就不仅是'新闻学'而已；经营或编辑杂志，或别种类此的书籍等，只要具备印刷、广布、时效这三大原则的条件，就都是属于此的。"[1] 作者非但突出了文字之外的图画、照片，还强调了"集纳"的时间性和大量印刷复制的特点，以及对现代生活和大众的影响。

众所周知，中国现代文学的发生与繁荣和报刊媒介息息相关，关于二者间关系的研究也屡见不鲜，但多是把报刊视作文学的载体或作家谋生的工具，似乎报刊是中性、透明的，很少从报刊这一媒介本身特点的角度去探讨其对文学的制约作用。在西方，从本雅明、麦克卢汉到雷蒙·威廉斯，都曾对文学、艺术与媒介、技术之间的关系表现出强烈的兴趣，并为我们留下了研究的典范。这一研究领域被遮蔽与把 Journalism 仅仅理解为"报刊"、"新闻"也有一定关系，只有替之以"集纳主义"，将报刊媒介、新闻、广告、大量印刷复制、即时性等视为一体，才能更好地理解文学与媒介及其背后技术的关系。集纳主义与文学的关系极为复杂，探讨起来需要很长的篇幅，笔者在后面的章节里还将陆续谈到 30 年代的杂志生态、本埠新闻与海派都市文学的关系，这里主要从集纳主义的"时间性"和媒介技术角度谈它与海派文学生产的关系。

在 30 年代文学中，左翼文学对集纳主义某种程度上还心存警惕与戒

---

① 啸一：《集纳正名》，《文艺新闻》1932 年第 60 号。

备，然而，文艺大众化的诉求又让左翼文学不能对集纳主义施诸大众的巨大影响力视而不见。片冈铁兵的《新兴小说的创作理论》中特别提到了"普尔乔亚作家"和 Journalism 的关系，"他们不过是被 Journalism 所操纵的玩偶罢了。他们是玩偶。服役于他们的阶级，服役于布尔乔亚，为他们奔走"。无产阶级文学作家应该正确对待 Journalism："我们只是利用 Journalism，并不是在其中雀跃。有时 Journalism 也许给我们以好的待遇。但是，我们并不沉溺于其中。"① 左翼文学看到了集纳主义中所埋藏的大众解放的潜能，本雅明和威廉斯著作中的某些主题在这里得以浮现，它一方面批判资本主义的集纳主义，另一方面呼唤真正的集纳主义。左联的外围刊物《文艺新闻》单从名称上看已经突出了"新闻"在其中的分量，先后刊登过《关于工厂壁报——给在厂的兄弟》、《如何看报——给在厂的兄弟》等文章。即便如此，它仍然在很小的篇幅中开辟出"集纳版"，同时展开对上海报纸的批评。天猿在《看，上海的"报"》中指出，上海的新闻托拉司已经成为资本主义的企业，它的发展为的是"维护资本主义的政权、社会制度、法律、道德、礼教、文化等，以达其最后的目的：穷凶极恶的加紧的向奴隶们剥削；并丝毫不放松地压迫大众，唯恐奴隶们'翻身'起来'造反'。所以，我们假如再要问一句：新闻托拉司主要的中心任务是什么？——是'愚民'（!!)。"②

《文艺新闻》的创办者袁殊本人即是新闻研究工作者，他在《上海的报纸之批评》一文中，从报纸广告与新闻的比例、画报照片、副刊文字等角度展开了对上海报纸的全面批判。其立足点乃是报纸的性质和意识形态，上海老牌报纸如《申报》、《新闻报》最早都由外国人创办，当时这些报馆的主人也是"洋奴买办阶级，依附帝国主义而存在的资本家"。资本家经营报纸目的只为赢利，从而造成了报纸的"商业化"，广告是报纸的主体，新闻只是附属品。同时，上海的报馆都设在租界内，依靠帝国主义的庇护，不能传达大众反抗的声音③。可见，左翼文学作家主要是从意识形态的角度来看待、批判集纳主义的，而对集纳主义本身的特质缺少更深入的剖析。相比之下，海派文学虽然缺少对集纳主义的直接论述，但是其中却留下集纳主义的深刻印记。

---

① 片冈铁兵：《新兴小说的创作理论》，《现代文学》1930 年第 1 卷第 2 期。
② 天猿：《看，上海的"报"》，《文艺新闻》1932 年第 60 号。
③ 袁殊：《上海的报纸之批评》，载《学校新闻讲话》，湖风书局 1932 年版，第 115－149 页。

　　30 年代出现了报刊的繁荣，而书籍出版则极度衰落。报刊可以刊登广告分担成本，与书籍相比价格远为低廉，这固然是杂志在与书籍竞争中处于优势的重要原因之一，但是另外一个重要且常被忽略的因素是，书籍和杂志其实是两种不同的媒介。正如麦克卢汉所说，"书籍是一种个人的自白形式。它给人以'观点'。报纸是一种群体的自白形式，它提供群体参与的机会"①。这意味着写一本著作和为报纸、期刊撰稿是两种相当不同的写作方式。

　　现代报章文学肇始于梁启超"新民体"，又被称为"新文体"。胡适在《五十年来中国之文学》中将其"魔力"归结为四点：文体解放、条理分明、辞句浅显、富于刺激性，"笔锋常带情感"。②"新民体"因"宣传"而生，从其浅显、富于煽动性等特点可以看出，它与报刊这一媒介是紧密相连的。及至 30 年代，随着文学与报刊关系的进一步深入，产生了"集纳主义"或"新闻体"风格的文章。当时出版的《新名词辞典》里将"集纳主义"和"新闻体"视作同义词，并解释为："因为新闻杂志是以大众的读者为标准，所以新闻杂志上的文章作品，常是以大众的意识、大众的常识为基础，不叙述高深的独创见解，而唯把握时流，以迎合一般的趣味。这种文章体裁，称新闻体。"③"新闻体"的产生，既源自报刊媒介的约束，也体现为作家创作时的自觉追求。张若谷在回顾其十五年的创作历程时说："我的写作，几乎都是离不了报纸，大半都是急就章式的文字，收印在集子里的，都是没有失去时间性的作品。我在执笔时，常牢记着我的文字写给报纸的一般读者看的，所以文字力求通俗浅显，常用轻快亲切的笔调。"④

　　30 年代兴起的幽默、小品文热便是此时杂志、报纸副刊、小报繁荣的结果。章克标在谈到当时随笔小品的风行时，将随笔、小品统称为"杂文"。作家解释说，"杂字用作杂志之意，是说适合于杂志登载的文章，就是 Journalism 之意"。"杂志是给一般人阅读的消闲的，杂志要合大

---

　　① ［加拿大］麦克卢汉：《理解媒介》，何道宽译，商务印书馆 2000 年版，第 256 页。
　　② 周木斋：《梁启超和报章文学的关系怎样？》，载傅东华编《文学百题》，生活书店 1935 年版，第 449 页。
　　③ 邢墨卿编著：《新名词辞典》，新生命书局 1934 年版，第 140 页。
　　④ 张若谷：《十五年写作经验》，谷峰出版社 1940 年版，第 9－10 页。

众的兴趣"①。章克标特别指出，此时报刊上流行的"随笔小品"与古代"讲究练句修词造意"的随笔小品是不同的概念，两者名同而实异，毋宁说前者是应报刊杂志流行而产生的一种新的文体。一般对30年代小品文的研究多将视野局限在以周作人、林语堂等人为代表的流派上，集中探讨的也多是其与明末小品间的渊源关系，而未注意到这一波强劲的小品文热潮首先是与《论语》、《人间世》、《宇宙风》等一批消遣性杂志的兴起相伴生的现象，其范围和性质都要广阔得多。

学术界通常将20年代中期鸳蝴派文学的繁盛看做是一次回光返照，其实鸳蝴派文学并未从此绝迹。30年代的幽默、小品文热，以及画报类、电影类大量消闲刊物的蜂起，显示了新旧文学之间壁垒的松弛，不少新文人事实上继承了鸳蝴派的衣钵，就此而言，不如说鸳蝴派文学重新焕发了新生。同时，鸳蝴派的主将之一张恨水凭借《啼笑因缘》在30年代获得了前所未有的成功。有人洞察到《啼笑因缘》得以流行的一个原因是"由于布尔乔亚汜的 Journalism 与商业主义相结合后的作用"②。的确，这部小说虽然主题、人物、情节结构基本上未能超出礼拜六小说的窠臼，但也表现出了一定的新变，无论是摩登女郎何丽娜，还是关氏父女到关外抗击日本兵的情节，都是作家努力求新求变的明证。这些新变也和它在报纸上连载有很大关系，是报纸这一媒介形态对作品提出了求新的要求。值得注意的是，1932年淞沪战争之后，最早在文学中回应这一历史事件的不是左翼文学，而是鸳蝴派文学、民族主义文学和一些都市作家。最活跃的要算鸳蝴派文人，张恨水、徐卓呆、程瞻庐等人都在各大小报刊大做"国难小说"③。黄震遐的《大上海的毁灭》、穆时英的《空闲少佐》、张若谷的《战争·饮食·男女》也直接以沪战作为题材。报纸要求时效性，必须对社会事件作出及时回应，也制约了其中文学的写作方式。

30年代上海报刊最显著的变化是画刊、画报的涌现。上海报纸上的插图最早只见于广告，新闻则没有图片。此后，《中外日报》在新闻间隙加入少量木刻讽刺画。1909年，报纸上开始出现铜版图。《时报》在1920年开设"图画周刊"，铜版纸印刷，画质精良，随报纸附送。1930

---

① 章克标：《论随笔小品文之类》，《矛盾》1934年第3卷第1期。
② 毛一波：《〈啼笑因缘〉的解剖》，《文艺新闻》1930年第4号。
③ 钱杏邨：《上海事变与鸳鸯蝴蝶派文艺》，载《现代中国文学论》，合众书店1933年版，第114页。

年，《申报》、《新闻报》也纷纷效尤，创设"图画周刊"。1932 年《晨报》自创立之日起，即设有"图画周刊"①。半图半文的画报，自 1926 年《良友》画报创办以来，30 年代诞生了如《今代妇女》、《妇人画报》、《玲珑》、《摄影画报》、《文艺画报》等一大批杂志。其趋势为：插图或画报的逐渐增多，图画题材也经历了由生物、风景画向人物画的过渡，这背后最主要的推动力是印刷技术。木刻画粗糙模糊，不适宜表现新闻题材。铜版画成本高昂，限制了画报的普及。有了石印技术，才相应地产生了《点石斋画报》一类的画报。及至照相铜版出现，时事、名人照片才能被生龙活现地搬到报刊上。戈公振认为照相铜版"舆图画以一大革新"② 实不为过，因为它将摄影术和报刊媒介进行了成功的嫁接。

　　照相铜版必须在铜版纸上才能完全显现出它的优势，这种纸"纸质幼滑，最宜于印画，印出来的成绩往往和原来照片无大差别"，不过，它的缺陷是成本高昂，"价钱比道林纸差不多贵一倍"。③ 作为中国现代最负盛名的图画杂志，《良友》一直试图在图片质量和其成本之间寻求平衡，先后试验过"橡皮版彩色精印"、锌版铜版"两色套印"等印刷技术。30 年代国际上金贵银贱对银本位的中国经济产生了巨大冲击，加上中国当时的纸和墨主要依赖外国进口，于是经济上的动荡就直接在刊物的形态上留下了印迹。锌版较铜版便宜，但印刷质量却逊色得多，《良友》仅试验一期即告失败。在图片质量相当的前提下，寻找成本低廉的印刷技术成为当务之急。影写版的出现解决这个困境，它的优势是可以在价钱远较铜版纸便宜的道林纸上印刷出令人满意的图片效果。在"一·二八"沪战中商务印书馆遭到毁坏，由商务印书馆承接影写版业务的《良友》也受到牵连，不得不暂时改用高成本的铜版纸和铜版印刷，为降低成本，该刊连续两期暂时改用小版本。因此，一本刊物的形态几乎就是当时中国社会、历史的缩影，从其中也能看出国内外经济、政治和技术等是如何微妙地勾连在一起的。

　　《良友》开始使用影写版是在 1930 年的第 46 期，也恰在这个时间上海报刊中画刊和画报数量开始了迅猛增长，当然不是巧合。有人在 1935

---

① 《上海新闻纸的变迁》，载上海通社编《上海研究资料》，中华书局 1936 年版，第 390 页。

② 戈公振：《中国报学史》，商务印书馆 1935 年版，第 263 页。

③ 梁得所：《编辑余谈》，《良友》1929 年第 36 期。

年谈到"一半文字一半图画的刊物之增多"的原因时，认为"客观上是因为美术印刷术之发达"①，可谓一语中的。影写版使得高质量、低成本的图画类报刊的普及成为可能。《良友》这一期的卷头是《全国运动会的印象》，大小十余幅照片被交错重叠地印在满满一页上。这种风格在以往是很少见的，以往当然也有照片叠印的情形，但照片多是规则地排列且数量较少。无法判断这种风格是否由影写版促生的，但有一点是肯定的：印照片的代价大大降低了，照片的数量自然就可以大幅提升。正是这种风格产生了该刊上后来让读者"很感兴味"②的《都会的刺激》和《如此上海——上海的声光电》，比较一下它们与之前第 30 期上所刊登的上海街景及夜景的照片，就会发现二者虽然题材相近，效果却迥然有别。多幅图画被叠印在一起，应当被视作一幅图画，它要传达的是某种整体印象，而非突出其中的某个个体。这种手法在 30 年代被频繁使用。如《时代漫画》上刊登的图画《父母的血汗来促进的都会娱乐生活》，画面中一对年轻男女的背影上叠印了杂乱、零碎的报纸新闻标题或内容，依稀可见"舞女"、"妇人服毒"、"人肉市场"、"捉奸"、"春光泄露"、"堕胎受重罚"等字样，远景则为外埠寄到新新旅舍的汇票和摩天大楼的照片③。《独立漫画》上一幅剪贴漫画同样从报纸上取材，选取多幅关于人与狗的新闻标题及图片叠加而成，传达了都市中的下层人民生不如狗的主题④。

通过照片或新闻拼贴来表现一个整体印象，是海派作家尤其是新感觉派作家创作的重要灵感来源。这派作家大多生长于城市，对乡村生活相当陌生，同时对新媒介技术非常着迷，不断尝试用新的表现手法传达他们的都市体验。刘呐鸥，这位被称为最初"意识地描写都市现代性的作家"⑤，就将他的唯一一部小说集定名为《都市风景线》。然而，只有到了他的后继者穆时英、黑婴、禾金等人那里，"都市风景"——那些纸醉金迷的夜生活场景和繁华气派、紧张刺激的消费娱乐场所才真正大量进入作品，成为审美对象，借鉴的也是电影蒙太奇和场景拼接手法，勾勒出都市生活的整体景象。

画报上比比皆是的都市照片还发现了都市的"美"。本雅明认为，技

---

① 恺：《奢侈的消闲的文艺刊物》，《文学》1935 年第 4 卷第 3 期。
② 编者：《愚人节里的话》，《良友》1934 年第 87 期。
③ 陈孝祚：《父母的血汗来促进的都会娱乐生活》，《时代漫画》1936 年第 29 期。
④ 龚啸岚：《人狗之间》，《独立漫画》1936 年第 9 期。
⑤ 壮一：《红绿灯——一九三二年的作家》，《文艺新闻》1932 年第 43 期。

术并非人眼的延伸，而是一种全新的构造："使用放大镜并非单单为了看清楚'根本'看不清的东西，而是要使该东西的全新构造显现出来。同样道理，慢镜头所显现的并非仅仅人所共知的运动主题，而是在这些熟悉的主题中发现完全陌生化的运动主题"①。借助于摄影术等媒介技术，都市的"全新构造"得以呈现。在都市夜景照片中，只有灯火辉煌的繁华区域和消费娱乐场所才能进入观看者的视野。都市鸟瞰图则突出了雄壮宏伟的摩天大楼，《良友》第 40 期刊登了上海繁华区域的鸟瞰照片，永安、新新、先施三大百货公司矗立在画面中央，显示出了其作为都市中心的地位。明暗、高低等的反衬也是这些照片中重要的主题；《良友》第 74 期曾以"都市的明暗"为题刊登了三组照片，跑狗场里的狗与街头妓女、华堂宴饮的阔佬与争先恐后领救济稀粥的人群、国泰大戏院里散场的衣着华丽的人们与路边饥饿的老乞丐，都形成了鲜明的对照。这种"天堂"与"地狱"的对照图在当时的画报上非常普遍，也容易让人想起穆时英的《上海的狐步舞》之类的作品。

　　一个向来为人忽视的事实是，画报上的作品大多都配有插图。今天的各种文学选本基本上把这些插图当作可有可无的东西省略了。这些插图尽管往往不是出自作品的作者之手，但是它们与作品结合在一起才构成了完整的成品形式，读者也是将它们当作一体去接受的。因此，插图就不能仅被当作文学作品的一种陪衬。曾经就有读者特地写信给《良友》杂志，询问该刊第 123 期中所载小说《搬家》中的插图，其中女子的衣襟扣向了左边，是上海的新时装还是插图作者黄苗子弄错了②。插图既是某些信息的载体，也决定了读者阅读作品时的特定方式。它打破了方块字密密麻麻的单调排列，带来了视觉上的变化，也消除了阅读上的疲倦感。黑婴的小说《当春天到来的时候》长不过两页，却配上了大小共 12 幅插图，均匀散布在小说中，使整个文本错落有致。即便是这些插图也被设置成不同的形状，如长方形、椭圆形和圆形等，显示了编辑者的良苦用心。

　　更重要的是，插图能够充分调动读者的感官，这也是新感觉派作家所竭力追求的效果。"新感觉派注重'感觉'的装置与'表现'的技巧"，所谓"'感觉'的装置"是指"各人所感觉的不同，各人都可以拣选最切

①　[德] 本雅明：《技术复制时代的艺术作品》，胡不适译，浙江文艺出版社 2005 年版，第 144 页。

②　聂荣：《新装典型》，《良友》1937 年第 125 期。

适的字句，把这些字句装置起来，表现自己的感觉"①。新感觉派作品在营造"新的话术"方面是相当自觉的，练字、词性活用、倒装句、通感、长短句、消极修辞等统统被用来服务于感觉的表现。除此而外，在作品中插入新闻或广告、字体及字号的变化、段落的参差变化，也是常见的手法，它们和插图一样起到了分割文本的作用，造成空间上的变化和视觉上的跳跃感。黑婴的《回力线》标题上方即是中央运动场回力球的广告和对阵图，下面配以黄苗子的插图，一个运动中的黑色人体图置于黑白网格之中，传达了很强的运动感。文中还加入了大号黑体字新闻标题，既表现了报纸新闻的原初形态，又形象地表现出男主人公看到回力球比赛结果时的震惊②。禾金的《造形动力学》、《副型忧郁症》中也不乏黑体大字号的新闻标题和插图。无疑，作家们普遍从报纸新闻、广告和画报图片中受到了启发。新感觉派作家对电影的兴趣以及在创作中对电影表现手法的借鉴，也需要从这个角度——传达创作主体的感觉和调动阅读者的感官来理解。正如研究者所断言的，"科技在某种特定的意义上构成了现代主义美学"，"技术装置可以储存、传输、复制感觉资料，同时表达出新的感觉和认识领域，感知和理解在这样的历史情境中被重构"③。

麦克卢汉认为："今天普通报纸的版面并不以先锋派的方式表现为象征主义和超现实主义。但是报纸曾经较早地给艺术和诗歌的象征主义和超现实主义以启示，任何人读福楼拜和兰波的作品都可以发现这种影响。如果当报纸形态去看，乔伊斯的小说《尤利西斯》和艾略特《四重奏》之前的任何诗歌都更容易赏析。"④ 这个说法既饶有趣味，也富于启发性。整体而言，海派都市文学的风格更像一本时尚杂志，或者说得具体一点，像那上面的广告。无论是标题、语言风格，还是字体变化、插入图片等文本错落的形式，都最早地在广告中出现了。当然，海派都市文学所广告的并非某种单一的时尚商品，而是由时尚、商品生产与消费所组织的日常生活。此外，广告对重要社会事件和时代新兴思潮的摩登化、时尚化挪用，也在海派文学那里清晰地表现出来，体现为对新兴、尖端的异域和本土文

---

① 谢六逸：《新感觉派——在复旦大学讲演》，《现代文学评论》1931 年第 1 期。

② 黑婴：《回力线》，《文艺画报》1935 年第 1 卷第 4 期。

③ Sara Danius, *The Senses of Modernism: Technology, Perception, and Aesthetics.* Ithaca & London: Cornell University Press, 2002, p. 3.

④ ［加拿大］麦克卢汉：《理解媒介》，何道宽译，商务印书馆 2000 年版，第 269 页。

学、文化思潮的趋附。下面以新感觉派文学为个案对此进行分析。

第三节　现代主义抑或"摩登主义"？
——新感觉派作家的文学实践

　　严家炎先生发表于 1985 年的《〈新感觉派小说选〉前言》是新时期以后国内新感觉派研究的开山之作，其中的一些观点影响深远，作者对新感觉派"现代主义的小说流派"① 的定性几乎成为后来研究者的共识。有的论者即使是不满于"新感觉派"这个概念，希望以"三十年代现代派"② 代替，却也是强化了新感觉派作为现代主义流派的面貌。近些年，有不少研究者指出了以西方文学或文化思潮概念来指称中国现代创作或思潮时潜在的陷阱。如彭小妍认为只有对五四文学中"写实"、"浪漫"等标签进行重新评估，"我们对五四文学形式的多样性才会有进一步的认识"③。用西方的文学概念指称中国现代文学创作的确会引起一定的误解，某种程度上掩盖了中西文学之间的真正差异，对"现代主义"而言也是如此。

　　"新感觉派"和"新感觉主义"等概念也面临着挑战，作为历史上的概念④，它们的存在有很大的合理性。然而，有必要指出的是，这两个概念在当时的内涵是相当泛化的。林徽因也被人称为"都市的摩登的新感觉派作家"⑤，"都市的摩登的"这两个形容词被放在了"新感觉派作家"之前，大体上也体现了使用者的理解。最典型的是张若谷的看法，他认为《水浒传》中鲁提辖拳打镇关西一节"和近代文学中的新感觉派作品一般无异"⑥，代表了对"新感觉主义"最宽泛的理解。近些年又有一些作家不断地被放进新感觉派的名称下，势必会胀破这两个概念范畴。如陈子善

---

① 严家炎：《〈新感觉派小说选〉前言》，载《新感觉派小说选》，人民文学出版社 1985 年版。
② 方长安：《论三十年代现代派小说》，《文学评论》1998 年第 2 期。
③ 彭小妍：《超越写实》，联经出版事业公司 1993 年版，第 4－5 页。
④ 楼适夷曾经把施蛰存的创作特征称为"新感觉主义"，见适夷《施蛰存的新感觉主义》，《文艺新闻》1931 年第 33 号。
⑤ 巴旦杏：《文人避暑青岛》，《十日谈》1934 年第 36 期。
⑥ 张若谷：《十五年写作经验》，谷峰出版社 1940 年版，第 54 页。

认为，"可以毫不夸张地说，郭建英其实是'新感觉派'中的一员"①，综观郭建英的创作、翻译，加之其与中国新感觉派作家的交往密切，这个判断无疑是正确的。王德威则把张若谷也置于这一流派名下②，这个看法本身有待商榷，却可以引发一系列的思考：

其一，由于通常把徐霞村、禾金、叶灵凤等偶尔创作过一些带新感觉派特征作品的作家也列入新感觉派名下，按此逻辑则这派作家的阵容势必还要扩大。笔者就发现一些不太出名的作家曾创作过此类的作品，比较典型的如由稚吾的《夜的疟疾》、《快速生活症》和《感觉之外的感觉》③，从最后一篇作品内容来看，作者对中日新感觉派作品是非常熟稔的。后两篇作品发表于1935－1936年，这能丰富我们对新感觉派后期发展的认识。《感觉之外的感觉》虽然本身用的是新感觉派的文体，题旨却是讽刺耽读新感觉派文学的青年。也就是说，新感觉派在后期的发展中，从内部也萌生出反拨的因素。这些作家偶尔尝试创作新感觉派风格的作品说明了什么，尚有待进一步分析。其二，新感觉派作家所接受的异域文学或文化的影响之间有无某些共同的特征？也就是说，新感觉派作家在接受上有无体现出选择的倾向性？众所周知，即便是那些通常被视为新感觉派代表作家的人，也都创作过一些非新感觉派作品，尤其是前期多曾经模仿过左翼作品或介绍过马克思主义的文艺理论，刘呐鸥和穆时英后期则是把主要兴趣转移到电影方面，这个转变过程有无逻辑可寻？其三，新感觉派作品和其他海派作品之间存在什么样的关系？它们有哪些共同的特征？能否找到一个更恰当的概念去指称更广泛的文学现象？要回答这些问题，需要厘清新感觉派作家文学实践的特征，并把其放置到与其他文学——异域文学和中国左翼文学的关系中去考察。

一 追逐"新兴"与"尖端"

毋庸置疑，中国新感觉派作家受到了日本新感觉派及西方现代主义文学的影响。然而需要详细分析的是：这些影响源以什么样的形态被接受、

---

① 陈子善：《摩登上海的线条版——郭建英其人其画》，载郭建英《摩登上海：三十年代洋场百景》，广西师范大学出版社2001年版。

② 王德威：《如何现代，怎样文学？——十九、二十世纪中文小说新论》，麦田出版股份有限公司1998年版，第277页。

③ 由稚吾的三篇小说分别发表于《夜的疟疾》，《小说》1934年第12期；《快速生活症》，《文学时代》1935年第1卷第1期；《感觉之外的感觉》，《文学时代》1936年第1卷第4期。

接受者的心理机制以及当时的文化语境是怎样的？值得注意的是，对中国新感觉派作家影响较大的，除日本新感觉派作家和谷崎润一郎、佐藤春夫、堀口大学等人外，西方则是保尔·穆杭（Paul Morand）、杜司·帕索斯（John Dos Passos）、维尔托夫（Dziga Vertov）等人，他们大都不是通常所说的现代主义的代表作家，虽然在西方文学史上名声不大，却在当时享有盛誉。今天已很难想象，在 20 世纪 20 年代，保尔·穆杭的作品甚至吸引了庞德的兴趣，庞德曾翻译了他的《夜开着》*Open All Night* 及《温柔货》*Fancy Goods*，另一现代主义的代表作家普鲁斯特则欣然为译本作序，只是因为出版商的变故而未能及时出版①。中国当时的文学报刊对他们也表现出很大的介绍的热情，不过，这些作家很少被冠以现代主义作家的名号来介绍，偶尔有人把穆杭称为"法国新感觉派名作家"②，显然是从中日新感觉派逆推过去，想当然得出的结论。赵家璧在一篇介绍美国文学的文章中，把帕索斯的风格称为"社会的写实主义"③，更是与"现代主义"相去甚远。

中国 30 年代最重要的两种文学期刊《现代》和《文学》都介绍过帕索斯，尤以《现代》最为着力：其第 4 卷第 1 期刊登了帕索斯的照片，同期刊有赵家璧的介绍文章《帕索斯》，到了第 5 卷第 6 期"美国文学专号"时，帕索斯更是成了最重要的角色，除了再次刊登作家的照片外，赵家璧在文章中把帕索斯比喻为新进作家中"一颗明亮的晓星"，认为他发展了马克·吐温以来的写实主义，并特别提到了作者的新鲜的手法"开末拉所见"（The Camera Eye），即把"自己的生活经验和感想"融入到小说中。同一期还刊登了杜衡专门介绍帕索斯的文章《帕索斯的思想和作风》，也是特别提到了帕索斯的"影戏眼"手法（即赵家璧所译"开末拉所见"），同时提到帕索斯"企图着使他的作品成为时代的记录"④。这种介绍的热度是一般作家很难享有的，连左翼的《文学》杂志上也说，"我们虽没有译过他的东西，但对他的东西，但对他的名字无疑的是很热

---

① Breon Mitchell, "Introduction". In Paul Morand, *Fancy Goods & Open All Night*. Translated from the French by Ezra Pound. New York：New Directions Publishing Corporation, 1984.

② 西门：《世界文坛及其他》，《大陆》1934 年第 2 卷第 8 期。

③ 赵家璧：《美国小说之成长》，《现代》1934 年第 5 卷第 6 期。

④ 杜衡：《帕索斯的思想与作风》，《现代》1934 年第 5 卷第 6 期。

悉的"①。

据赵家璧回忆，穆时英曾从他那儿借阅过帕索斯的《一九一九》②，黑婴也在回忆中称穆时英的《中国一九三一》和帕索斯的这部作品之间的相似性，甚至在两部作品的题目之间也"不无蛛丝马迹可寻"③。如果说《中国一九三一》尚未完全吸收帕索斯的表现手法，只是表现出和帕索斯一样的记录时代的雄心的话，那么到了《上海的季节梦》中④，作家已经开始有意识地运用"影戏眼"的手法，足见作家对帕索斯的接受形态和介绍者的着眼点是完全一致的。《一九一九》英文版出版于 1932 年春⑤，穆时英的《中国一九三一》则自 1932 年 11 月开始在《大陆》杂志上连载，作家对新的文学接受之快实在令人惊叹。

当时的文学报刊当然更少不了穆杭的报道，多是关于他新近文学活动的消息，如他的《一九〇〇》和《纽约》大获成功⑥，穆杭的《不夜天》还在上海大戏院上映过⑦，也有他参与电影《吉诃德老爷》编剧的消息⑧。介绍穆杭最为着力的要数新感觉派作家和戴望舒等人了，刘呐鸥等主办的《无轨列车》第 4 期几乎可以算作穆杭专号，前三篇文章都是关于穆杭的，除了刘呐鸥译的《保尔·穆杭论》，还有戴望舒翻译的穆杭的两篇作品。戴望舒还在徐霞村主编的《镕炉》上发表过他所译的穆杭的《洛迦特金博物馆》。中国作家介绍穆杭的热情并没有到此消失，直到1934 年叶灵凤主编《万象》时，穆杭再一次成为关注的对象，前三期中即两次刊载了穆杭作品的译文，分别是张崇文译的《死的艺术》和张若谷译的《回声，请你回答》。更重要的是编者叶灵凤在第 1 期《编者随笔》里的评价，他将穆杭称为"拥着世界声誉"的作家⑨，和《无轨列车》中对穆杭的评价一样是非常高的。后者曾把穆杭称为"法国现在站

---

① 《帕索斯的不景气剧本》，《文学》1934 年第 3 卷第 3 期。
② 严家炎：《穆时英长篇小说追踪记》，《新文学史料》2001 年第 2 期。
③ 黑婴：《我见到的穆时英》，《新文学史料》1989 年第 3 期。
④ 这是本人新发现的一篇穆时英的小说佚作，参见拙作《穆时英的小说佚作〈上海的季节梦〉》，《中国现代文学研究丛刊》2006 年第 6 期。
⑤ 赵家璧：《帕索斯》，《现代》1933 年第 4 卷第 1 期。
⑥ 分别见汪倜然《现代世界文坛新话》，《现代文学评论》1931 年第 1、2 期合刊；徐霞村《最近的世界文坛》，《现代文学》1930 年第 1 卷第 2 期。
⑦ 张若谷：《张若谷致赵景深信》，《真美善》1929 年第 3 卷第 5 期。
⑧ 《书与作者》，《现代》1933 年第 2 卷第 4 期。
⑨ 凤（叶灵凤）：《编者随笔》，《万象》1934 年第 1 期。

在第一线的作家"①　和"法国文坛的宠儿而且是万人瞩目的一个世界新兴
艺术的先驱者"②。

　　虽然前后相隔六年之久，但我们看到刘呐鸥、叶灵凤们对穆杭的追崇
仍然集中于其作为新兴艺术先驱者及声誉上。刘呐鸥本人曾翻译过《保
尔·穆杭论》，我们很难知晓译者对这篇论文的认可程度。不过，刘呐鸥
在日记中曾表达了对穆杭的《U 先生》的看法，与一般推测不同的是，
刘呐鸥对这篇作品的评价并不高，认为"舞台在国外，所以有些新味，
不然和'志异'那类的朽物一样东西"③。同样令人惊讶的是，刘呐鸥对
日本新感觉派的代表作家横光利一的作品也颇有微言，他觉得《皮肤》
比《春天乘着马车》要好④，但就是《皮肤》这一篇小说也是"只可看
Style，内容是 nonsense"⑤。这说明刘呐鸥后来被称为"中国新感觉派"
文学的缔造者，甚至"横光利一第二"，某种程度上不够准确。在中国作
家方面，刘呐鸥对张资平的《苔莉》评价不错，认为除了"表现手段的
不至和日本文的影响的过多"这两层，张资平"是个好的作家"⑥。如果
说刘呐鸥等新感觉派作家希望创作出的理想作品就是张资平小说那样的情
节、故事和性欲的描写，加上穆杭、横光利一等人的表现手法，大致也能
成立。

　　有论者认为，在电影方面苏联电影人维尔托夫对刘呐鸥的影响，与文
学上的保尔·穆杭具有同等的重要性⑦。在刘呐鸥所写的"影戏漫想"里
有一篇是专门谈维尔托夫的，题目就叫《影戏眼》，在作者看来，"影戏
眼"是"比织接（即蒙太奇——引者注）更进一步"的手法，他很推崇
这种表现手法，认为"'影戏眼'是具有快速度性，显微镜性和其他一切
科学的特性和能力的一个比人们的肉眼更完全的眼的"⑧。因此，上面提
到的一些作家对帕索斯的介绍中也反复强调"影戏眼"手法就绝非巧合，
刘呐鸥、穆时英后期兴趣完全转向电影也并非没有先兆。正如李今所言，

---

① 刘呐鸥：《列车餐室》，《无轨列车》1928 年第 3 期。
② 《列车餐室》，《无轨列车》1928 年第 4 期。
③ 《刘呐鸥全集（日记集）》，台南县文化局 2001 年版，第 280 页。
④ 同上书，第 690 页。
⑤ 同上书，第 744 页。
⑥ 同上书，第 316 页。
⑦ 康来新、许秦蓁编：《刘呐鸥全集（影像集）》，台南县文化局 2001 年版，第 132 页。
⑧ 《刘呐鸥全集（电影集）》，台南县文化局 2001 年版，第 267 页。

"电影对中国新感觉派的影响不仅仅限于个别的手段和技巧，而且涉及题材内容以及现代小说的整体范式带有根本性变化的某些特征"①。随着包括好莱坞电影在内的都市流行文化与新感觉派小说之间关系的研究的深入，中国新感觉派文学与高调现代主义文学之间的关系就渐行渐远。

众所周知，新感觉派的代表作家基本上都曾经历过一个追随左翼文学思潮的时期，或翻译马克思主义的文艺理论书籍，或创作带普罗色彩的作品。这一时期并不像通常想象的那样短暂，有研究者指出穆时英的《中国一九三一》受到了同时期的左翼文学如茅盾的《子夜》和丁玲的《水》等的影响②。下文笔者将要探讨新感觉派作家的文艺观，那时我们将会发现其与左翼文艺观之间的勾连关系要更加复杂。值得注意的是，新感觉派作家几乎在同一时期内还进行新感觉主义的都市作品的创作，穆时英就同时写"两种完全不同的小说"③。这两者之间是如何并行不悖的？我们可以从施蛰存后来的供述里得到一些启发，据他回忆，刘呐鸥当年喜欢"新兴文学"和"尖端文学"，"高兴谈历史唯物主义文艺理论，也高兴谈弗洛伊德的性心理文艺分析"，"当时在日本流行的文学风尚，他每天都滔滔不绝地谈一阵"。④ 也就是说，这些文学都是因为新、流行而被接受的，意识形态倒是其次的事。

综上所述，我们可以大致归纳出新感觉派作家的选择异域文学或文化时的倾向性：他们所选择的往往是日本或西方发达国家最新的文艺思潮、最新进的作家、最流行的作品以及最新的表现手法。"新兴"和"尖端"是取舍的重要标准，是否为现代主义作品并不重要，或者可以说，现代主义作品受到关注是因为它们符合了这个标准。正因为如此，国外最新的流行文化——从最新的外国流行杂志到最近的好莱坞电影，也可以进入他们的视野。电影之所以备受青睐，是由于其"表现方法是自由的"，是"艺术界的革命儿"⑤。在所谓尖端艺术中，尤以表现五光十色的都市生活的

---

① 李今：《新感觉派和二三十年代好莱坞电影》，《中国现代文学研究丛刊》1997 年第 3 期。

② 旷新年：《穆时英的佚作〈中国一九三一〉》，《杭州师范学院学报》（社会科学版）2003 年第 4 期。

③ 穆时英：《〈公墓〉自序》，载《穆时英小说全编》，学林出版社 1997 年版，第 613 页。

④ 施蛰存：《我们经营过的三个书店》，载《沙上的脚迹》，辽宁教育出版社 1995 年版，第 13 页。

⑤ 《刘呐鸥全集（电影集）》，台南县文化局 2001 年版，第 246 页。

作品最受欢迎。这自然是因为在他们看来，与亘古不变的传统生活相比，都市生活是新的，且预示了社会的未来方向。

二　"摩登主义"

一旦进一步追问新感觉派作家为何会表现出上述的接受倾向，就涉及他们的接受心理机制，以及塑造这种心理机制的文化语境了。决定新感觉派作家选择新兴、尖端文艺思潮的，首先是他们的文艺观——"文艺是时代的反映"，因而"好的作品总要把时代的色彩和空气描出来的"[1]。这是刘呐鸥 1928 年在所译的日本短篇小说集《色情文化》的前言里所申述的观点，直到 1933 年，刘呐鸥仍然断言："艺术是时代的反映，不但内容和形式也是跟时代而走的"[2]，所以"艺术反映时代"可以说是他们贯穿始终的一个文艺观，正是时代的日新月异提出了艺术革新的要求，也为艺术革新提供了合法性。如果套用传统的内容/形式二分法，那么这种革新的要求包括艺术的内容和形式两个方面，二者不能分开或有所偏废，前文提到的刘呐鸥本人在日记中表露出的对穆杭、横光利一的不满，正是从这一点出发的。

以往对新感觉派文学的一个误解便是将其认定为纯技巧派或"为艺术而艺术"的派别，事实上，新感觉派文学和左翼文学共享了许多重要的文艺观，从艺术的大众性到艺术的意识形态性、宣传性、教育性。刘呐鸥说："艺术应该有大众性，应该是有社会现象，生活意识的反映，或创造 Utopia 或暗示理想的生活方式，这些话可别以为是大发现。从来所谓好的艺术作品哪一个没有作者底时代意识社会背景的投射。"[3] 刘呐鸥认为艺术的这些特性是古已有之，当然不对，但恰恰说明这些艺术观已经被他内化、自然化了。同样的，穆时英在评述"一九三五年之国产电影"时也表现出类似的艺术观点："电影是教育大众的工具！好好利用它，在中国陷入极度危难的今日，它的重要性是更加不容忽略的呀！"作者批判了几种"畸形的"电影发展方向："仿照了好莱坞的侦探风气"的电影，"充满了复古空气"的电影，"睡在鼓里似的用女人的大腿和酥胸来吸引观众"的电影，同时称颂沈西苓的《上海二十四小时》"洋溢的反帝热情是可佳的"。反过来，费穆的《天伦》尽管表现手法"极优秀"，却因为

---

[1] 《刘呐鸥全集（文学集）》，台南县文化局 2001 年版，第 229 页。

[2] 《刘呐鸥全集（电影集）》，台南县文化局 2001 年版，第 307 页。

[3] 同上书，第 304 页。

"有着最腐旧的主题"而受到批评①。这种对好莱坞电影恶劣风气等的不满在刘呐鸥的系列电影评介文章及电影实践中都可以找到先声。

有必要指出的是，尽管新感觉派和左翼文学在"文艺反映时代"的艺术观上有某些重合，然而，二者在什么代表这个时代以及如何表现时代上存在很大的差异。首先，"文艺反映时代"恰恰没有使新感觉派作家坚持走现实主义的文学道路。刘呐鸥比较偏爱创造社作家的作品，他读了《小说月报》和《创造月刊》后，觉得前者"坏得很"，"比较起来还创作月刊里头的东西好得多"，他尤其点出了张资平和郁达夫的作品②。"文艺反映时代"不只是忠实地再现，还应"露着这些对于明日的社会，将来的新途径的暗示"③。表现新的社会理想以及实现的途径也是左翼小说同时关心的问题，然而不同的是，新感觉派作家从一开始就显露出对描写"资本主义社会的腐烂期的不健全的生活"的特殊兴趣④，在他们笔下也缺少真正的劳动阶级和下层民众，尽管如刘呐鸥所说"影戏眼"手法的优势在于"表现一整个的'人生'，一个都市的聚团生活"⑤，但是下层民众却逸出了他们的视线。新感觉派作家把醉生梦死的都市生活当作了时代的本质，他们用来形容时代的字眼是"机械"、"速度"、"运动"、"分裂"等。表现对象的差异自然也就导致了表现手法上的不同，刘呐鸥所译的《保尔·穆杭论》中对穆杭创作的一些概括，如生动表现时代、不只表现时代的外貌，而且表现人的精神状态、对都市急忙的生活的兴趣、不单客观表现，还融入作者自己的生命原动力、表现手法的多样化和新鲜感，如新鲜的语术、诗的幻想、影像的色彩、影戏流的闪光法、印象主义、感觉主义的特征等⑥，几乎可以原封不动地挪用来概括中国新感觉派文学的创作。

30 年代最重要的两种思潮——马克思主义和精神分析学说，在对新感觉派作家创作的影响上可谓平分秋色，它们的吸引力和共同点在于提供了一种思想的深度模式：历史唯物论和阶级斗争学说指明了人类社会历史

---

① 伐扬（穆时英）：《一九三五年之国产电影》，《十日杂志》1936 年第 12 期。
② 《刘呐鸥全集（日记集）》，台南县文化局 2001 年版，第 424 页。
③ 《刘呐鸥全集（文学集）》，台南县文化局 2001 年版，第 230 页。
④ 同上书，第 229 页。
⑤ 《刘呐鸥全集（电影集）》，台南县文化局 2001 年版，第 268 页。
⑥ 《刘呐鸥全集（文学集）》，台南县文化局 2001 年版，第 439 页。

嬗递的规律和资本主义社会的本质；潜意识、力比多等则洞明了人的精神中长期以来不为人知的领域及其根本性的力量。尽管二种学说在某些论述上不无抵牾，如社会人与生物人的尖锐对立，但是它们都能让作家们透过纷繁复杂的人类和社会表象，看到其背后的某种"本质"，唯新是求的新感觉派作家因而也就习焉不察。在追求深度模式这一点上，我们看到新感觉派文学和左翼文学再次表现出某种相似性。

其次，在"文艺反映时代"这一观点的背后，隐藏着的是时代（社会）—文艺（文化）一元论的看法。从 20 年代末期到整个 30 年代，虽然社会达尔文主义开始式微，但其所传达的社会的线性进化发展观却为风靡一时的马克思主义所强化。随之，艺术发展必然也就遵从某种线性进化轨迹。颇为有趣的是，从相似的一元论及艺术线性发展观立场出发，新感觉派作家和左翼作家得出的结论竟颇为不同。在茅盾那里，"现实主义即使不再处于国际文学潮流的最前沿"，但是"现实主义恰恰满足了某种当前的本土需求，他尤其希望现实主义写作能够激励作家系统地观察广阔的社会历史运动，而不仅仅通过小说宣泄个人哀怨"，对现实的关注也使得茅盾能够调整他原先的文学自然进化论观点[①]。而新感觉派作家则尽量撷取文艺线性发展链条最前端的思潮和手法，落伍的恐惧和对现代的追求混杂在一起成为他们无法摆脱的情结。刘呐鸥声称"在这机械的二十世纪若不借点机械的助力，艺术是会落在人后而成为一种不接近实际生活的古玩品了"[②]，不难体会到其中透露出的焦虑。反过来，艺术上的"现代"则给予了他们某种心理补偿，达到了一种和世界、时代同步的满足。正如史书美所言，书写现代主义满足了中国的世界主义者们与西方同步的"想象"。不过，她指出了"这种对话的虚假性"，因为它只是一种单边事件，书写现代主义并不能保证达致现代性[③]。新感觉派作家和左翼作家代表了中国作家在现代性实践中两个不尽相同的侧面，由于前者只看到了中国社会的一个局部，必然导致了他们在路径选择上偏差。以往过于强调新感觉派文学与左翼文学的对立和差异，而对他们某些共性的层面关注不

---

① 安敏成：《现实主义的限制：革命时代的中国小说》，江苏人民出版社 2001 年版，第 39 页。

② 《刘呐鸥全集（电影集）》，台南县文化局 2001 年版，第 246 页。

③ Shu－mei Shih, *The Lure of the Modern*. Berkeley and Los Angeles：University of California Press，2001，p. 374.

足，无论如何，两者之间的歧异、重叠关系还有待进一步考量。

　　至于新感觉派与西方现代主义的关系，如果按照通常对现代主义的认识，那么新感觉派文学无疑和西方高调的现代主义有着很大的差异。从作家的创作态度上看，欧文·豪曾对现代主义进行过经典的概括，他认为现代主义存在于对流行方式的反叛之中，它是对正统秩序的永不减退的愤怒攻击。现代主义一定要不断抗争，但绝不能完全获胜；随后，它又必须为确保自己不成功而继续奋斗①。从作家与大众的关系看，约翰·凯瑞（John Carey）在《知识分子与大众——1880 – 1939 年的文人知识分子的傲慢与偏见》一书中认为，现代主义产生于文人知识分子对大众崛起的恐惧，现代主义即是一种拒绝大众的姿态，现代主义文本的晦涩等特征也可以从这方面得到解释②。西方现代主义者因而被塑造为遗世独立、高高在上的形象，与这种形象相比，中国新感觉派作家有着很大的差距：虽然他们对资产阶级生活也有暴露，但同时流露出偏好、欣赏的态度。中国新感觉派文学非但没把自己的成功当作敌人去克服，反而是屡屡陷入自我重复，甚至是抄袭之中。这些都反映出作家创作态度的不严肃。被称为"中国新感觉派圣手"的穆时英就曾被读者"告发"有作品抄袭了池谷信三郎的《桥》的片断③，同时他的作品里自我重复的情形也为数不少，如《中国一九三一》中的一部分只稍作改写，题名《田舍风景》发表；《上海的季节梦》中的一些章节原封不动地挪至《墨绿衫的小姐》等。

　　至于主题、意象上的重复，包括作家之间相互模仿，更是屡见不鲜，从而带有了流行文化大量生产复制的特征。黑婴、禾金等后期新感觉派作家对穆时英的模仿，从语言、主题到结构、技巧都是显而易见的。黑婴的《未完的故事》与穆时英的《夜总会里的五个人》相当近似，有意思的是，恰如题目所示，这是一篇"未完的故事"，作者在篇尾附言道："对于这么一篇东西叫我扔掉我又不愿意。为什么呢？一，已经有了六千字长，且花了不少精力；扔掉岂不……太可惜？二，对于这一种风格到此刻我还有一些偏爱。……总之，现在我是决意让她成为一篇没有完的小说。……至于

---

　　①　Irving Howe, *Decline of the New*. New York：Harcourt, Brace & World, 1970, pp. 3 – 4.

　　②　John Carey, *The Intellectuals and the Masses：Pride and Prejudice among the Literary Intelligentsia*, 1880 – 1939. Chicago：Academy Chicago Publishers, 2002, p. 21.

　　③　《读者的告发与作者的表白》，《现代》1933 年第 3 卷第 2 期。

我自己，我在刻苦努力探求着新的东西，对于这一篇自然是不会满意的。"①
作品写不下去，已经预示着这派创作走入了死路，作家却并未完全觉醒，
仍然"偏爱"这种风格，这与真正的现代主义是格格不入的。在前文中，
笔者已经探讨过新感觉派文学与时尚生产、流行文化间的关系，需要补充
的是，这些作家本身也是流行文化的生产者。刘呐鸥写通俗的电影剧本，
施蛰存在小品文走红时与人合编《文饭小品》，叶灵凤和穆时英则在画报
流行时创办了《文艺画报》等，例子不胜枚举。

　　因此，用"现代主义"统括中国新感觉派文学的创作特征并不能完
全体现这派作家在文化实践过程中不同于西方的独特性。换言之，不论是
探讨中国新感觉派文学与西方现代主义的异或同，都不能只局限于"现
代主义"的框架内，而是应当兼顾到中国新感觉派的其他文化实践，从
而在整体上对其定性。解志熙先生在其近著《摩登与现代》中试图以
"摩登主义"概括这派文学的总体特征，"把来自西方的'Modern'和
'Modernism'当作时尚而加以复制，使之流行，以迎合大都市市民阶层追
逐时髦和新鲜刺激的文化—消费口味。这样一种复制'现代'所以貌似
'现代'，但不免使'现代'时尚化以至于庸俗化的文化消费和文学行为
方式，就是'摩登主义'"②。"摩登主义"是作者借用的一个历史概念，
浦江清曾经在1932年的日记中使用过"摩登主义"一词，指过分欧化的
文学创作，并举徐志摩作为这种风格的代表③。更早一些，朱云影也曾以
"摩登主义"概括日本的"新兴艺术派"：

　　　　形成艺术派的最大要素，便是摩登主义（Modernism）。……摩登
　　主义，实不外消费底文化的现代帝国主义阶段上的再生产。于此，
　　Nonsense（无意义）Eroticism（色情文化）以至于消费底机械之速度
　　赞美，便发生了。于此，建筑或装饰，家具等的 Rococo 样式之复活，
　　与殖民地异国情调（黑人踊，支那料理，麻雀）之流行，也必然地
　　招致了。摩登主义的发源地，是号为高利贷资本国家的法兰西，战后

①　黑婴：《未完的故事》，《新时代月刊》1934 年第 6 卷第 1 期。
②　解志熙：《摩登与现代——中国现代文学的实存分析》，清华大学出版社 2006 年版，第
304 页。
③　浦江清：《清华园日记　西行日记》（增补本），生活·读书·新知三联书店 1999 年版，
第 61 页。

流传到金融资本最发达的美国，不久又传到日本。这种文化形式后，不但金利生活者，即小市民层也被其影响，专意模仿，摩登主义的潮流便是这样形成的。

摩登主义文学，大体有三种倾向，一是 Eroticism 文学，一是 Nonsense 文学，一是织入近代文明之精髓的科学或机械的文学。前二者虽已盛行，而织入科学或机械的文学，却不过在所谓新尖端作品上模糊地现出这种倾向，尚无明显地具备那特征的作品及以那倾向自任的作家，所以摩登主义的作品，在现在，只尽于 Eroticism 与 Nonsense。

摩登主义的倾向，限于消费方面，是不生产的，专以浪费机械文明的利益为能事，所以从那倾向里现出的艺术形态——Eroticism 文学与 Nonsense 文学，必然是极端个人主义的，生活解体的，颓废的，消极的。盖在资本帝国主义社会，一种力量动摇，一种力量以新锐之势跃起，在这两者击冲之际，失却了把握现实的力量的无所归依的小市民层，势不得不从现实游离，逃往幻想的梦的世界，从性生活方面抓住皮相的题材，而追求刹那的神经末梢的刺激。"色情"与"无意义"，便是这样成为他们的摇篮。

摩登主义作家的天国，是东京的银座，浅草，新宿，所谓"魔鸽"（Modern girl）"魔仆"（Modern boy）跳梁的都会欢乐地带，那地带里的电影馆，咖啡店，酒场子，百货店，大建筑，跳舞厅，总之，是浮华的游乐场，热闹的消费面。……那些作品中，虽不无一脉诉于都会人洗练了的感觉的新鲜味，却无野生的健康，更不用说击破生活的怒涛以建设何物的力量。他们作品的主题，全是关于所谓都会文学的尖端性。但这种尖端性，浮游于消费面的享乐，对于一般大众有什么关系呢？①

作者从社会基础、作家的现实困境、内心世界和生活方式等角度详细解释了"摩登主义"文学产生的原因及其主要特征。这些解释用来概括中国新感觉派作家的生活、社会心理与创作几乎分毫不差。事实上，日本新兴艺术派中的一些作家即由日本新感觉派分化而来。朱云影所归纳的

① 朱云影：《日本新兴艺术派批评》，《读书杂志》1931 年第 1 卷第 6 期。

"摩登主义文学"在殖民地国家所表现出的粗陋的模仿性以及它的两种主要倾向——Eroticism（色情）文学、Nonsense（无意识）文学，也与中国新感觉派作品尤其相近。施蛰存曾经坦承自己所受的异域文学影响："三十年代，西欧文学，正在通行心理分析，内心独白，和三个'克'：Erotic，Exotic，Grotesque（色情的，异国情调的，怪奇的），我也大受影响，写出了各式仿制品。"① 虽然朱云影的"摩登主义"一词是作为 Modernism 的译词，但是作者放弃当时已经存在的"近代主义"、"现代主义"这些现成的翻译，显然是有意而为之。从他所谈论的内容来看，包括建筑、装饰、家具等的洛可可风格以及殖民地的异国情调等方面，已经远远超出通常所说的"现代主义"范畴了。"摩登主义"概念巧妙地借用了"摩登"与"现代"两词形同实异的关系，传达了这派文学和"现代主义"、"现代"之间虽交叉纠缠但本质上貌合神离的复杂关联。"摩登主义"，一言以蔽之就是一种追赶时髦的文学写作与文化消费方式。

正是由于抱着消费主义与赶时髦的态度，现代主义、革命文学和流行文化才能在中国新感觉派作家那里并行不悖，没有丝毫的紧张。他们其实并不关心"现代主义"、"革命"这些文学或社会思潮应有的实践目标，不是借它们来回应中国社会的现实问题，而是将其从异域社会和文化的语境中剥离出来，断章取义地"消费"了。"摩登主义"代表了一些后发达国家的知识分子在追求现代性时的一种倾向——脱离社会现实，盲目追随西方新潮文化，或粗浅理解、趋附中国社会的新兴思潮。从这个角度看，"摩登主义"就不仅仅是中国新感觉派所独有的特征，可以毫不夸张地说，自从近代中国开始追赶、学习西方以来，它就已经同时出现，只不过在 20 世纪 30 年代的上海表现得更为显著一些罢了。此时，随着中国社会上新思潮的涌现和上海消费文化的繁荣，前者提供了"摩登主义"充分的原材料，更重要的是，新思潮变成了合乎规格的商品后就可以在后者中成功地兜售以换取金钱。"摩登主义"概念的引入，显示了这种文化现象与社会新思潮和消费文化间的勾连关系，并将其置入到近代以来一直或显或隐存在的文化支脉中，为通过文化与文学关系历史地考察新感觉派文学勾勒出一个广阔而复杂的坐标。可以纳入到"摩登主义"范畴中的文学现象俯拾皆是，无论是革命、"左"倾还是爱国、抗日，都不缺少附着于

---

① 施蛰存：《我有好几个"自己"》，《新民晚报》1998 年 6 月 26 日。

其上的"摩登主义"文学。最典型的便是消遣时尚类的杂志上的一些文本，那里是它们的大本营，正如前文已经指出过的，新感觉派作品中不少也是在其中发表的。为了进一步阐明"摩登主义"文学与其所趋附的社会、文学思潮之间的差异，笔者在下一章中将以"革命"摩登为例来分析这个问题。

第四章 "革命文学"与"革命"摩登

这里所使用的"'革命'摩登"一词,包括从"革命文学论战"到20世纪30年代左翼文学思潮兴起期间所有对这些思潮的摩登化模仿。它紧紧地附着于"革命文学"等思潮之上,所以,只有厘清"革命文学"的本质、在"革命"摩登与"革命文学"的关系中,才能把握"革命"摩登的特征。革命也罢,无产阶级运动也罢,都是实践。这决定了"革命文学"以及后来的无产阶级文学必然富含着强烈的实践诉求或实践性,但是它们又不等于实践本身。因此,判断一种文学是否革命的标准,并不在于创作者是否真的参与到革命运动之中,而在于其实践性。文学的实践性包含两个层面的意义:一是文学作为意识形态,必然要参与意识形态的斗争之中,是一种意识形态内的实践;二是指文学活动关联着具体的社会改造运动和目标,其中最重要的是对于社会现实的洞察与分析,因为社会改造运动的策略、路径、主要依赖力量、障碍等一切方面几乎都是由现实来决定的。正是在深刻洞察、分析社会现实这一点上,文学具有了与革命、无产阶级运动相通的可能性,而非仅仅把自身角色定位于为这些运动摇旗呐喊或规划宏伟蓝图,定位于它们的附属物。

在现代历史上,对"革命文学"的认识经历过不少的曲折。起初,"革命文学"的界定在其提倡者那里也是模糊的,"革命文学"的特质是伴随着具体的革命实践、在论争中逐渐清晰起来的。因而,"革命文学论战"中创造社与太阳社之间的论争,以及太阳社、创造社与鲁迅、郁达夫、茅盾等人之间的论争,都需要被重新估量,而不能像通常那样视作浪费的论争。"理论斗争"是后期创造社引入马克思主义的唯物辩证法和文艺观的重要方式,这种斗争虽然存在意气之争、争文坛地盘等一些不妥当之处,但归根结底是理论实践的重要组成部分。今天重谈"革命文学"也同样需要将其放置于当时的理论实践过程之中。

第一节 何为"革命文学"?

一 "同情"?"热情"?"情绪"?

在 1928 年的"革命文学论战"中,"革命文学"的起源通常被追溯到 1926 年甚至更早的时候。在《怎样地建设革命文学》一文中,李初梨将郭沫若 1926 年 4 月发表于《创造月刊》上的《革命与文学》称为"在中国文坛上首先倡导革命文学的第一声"①。这一说法立即招来钱杏邨的反驳,他认为当得起这一称号的应该是蒋光慈。蒋光慈在《新青年》上发表的《无产阶级革命与文化》、1925 年在《觉悟》上发表的《现代中国社会与革命文学》、1924 年创办"专门提倡革命文学"的《春雷周刊》、1925 年先后出版的革命歌集《新梦》与小说集《少年飘泊者》(创作时间更是早在 1920 年和 1922 年),都被当成了例证。钱杏邨指出,即便李初梨因为在日本没有注意到这些作品或刊物,那么,蒋光慈在《创造月刊》上发表的"革命文学的创作"《鸭绿江上》等作品也不该被忽视②。这个争论后来被视作创造社、太阳社争夺"革命文学"话语发明权的纷争,然而,论争的双方都没有仔细推敲 1928 年兴起的"革命文学"与此前的"革命文学"到底是否为同一事物。尤其是后来钱杏邨本人也多少改变了自己的说法,在《现代中国文学论》中,他开始承认郭沫若出版于"革命时代"的诗集《前茅》(大多写于 1923 年)"有一部分是表现了他对普洛革命的认识,并显示了他的普洛的倾向",这样,"普洛革命的鼓号,在中国的文艺里,最先是由郭沫若从他的诗里波送出来了","这是中国普洛的最初的代言人"。在同一篇文章中,钱杏邨还把1928 年之前的"革命文学"提倡之功归之于《中国青年》杂志,这个刊物"是一贯提倡'革命文学'的"。钱杏邨同时注意到《中国青年》初期"表现了一种畸形",即一边在提倡"革命文学","而所登的创作诗歌,却完全不能适应他们的主张"③,表现出理论与创作的脱节。

---

① 李初梨:《怎样地建设革命文学》,《文化批判》1928 年第 2 期。

② 钱杏邨:《关于现代中国文学》,《太阳月刊》1928 年第 3 期。

③ 钱杏邨:《现代中国文学论》,载《现代中国文学论》,合众书店 1933 年版,第 14 – 15、20、32 页。

　　考察一下 1928 年之前的《创造月刊》也大概能发现类似的脱节现象。以刊登了郭沫若的《革命与文学》的《创造月刊》第 3 期来看，同期还刊发了梁实秋的文章《拜伦与浪漫主义》，这说明后来由于"革命文学"论战而导致的知识分子阵营的新的分化与重组此时尚不明显。《创造月刊》第 4 期上有成仿吾的《革命文学和他的永远性》，此后类似的理论文章便不再出现，直到第 8 期刊出了"《文化批判》月刊出版预告"以及"《创造周报》改出《文化批判》月刊紧要启事"，正文中则有麦克昂（郭沫若）的《英雄树》，同时登出了第 9 期的"要目预告"，成仿吾的《从文学革命到革命文学》赫然列于首篇，表明创造社正在酝酿一场大的变革。《创造周报》复刊曾经是创造社与鲁迅团结合作的一个计划，此时突然改出《文化批判》是意味深长的。从郭沫若、成仿吾在此前后所写的文章里也能发现鲜明的变化，郭沫若的《革命与文学》对"革命文学"的界定是相当宽泛的，"凡是表同情于无产阶级而且反抗浪漫主义的便是革命文学"。郭沫若的论述方式也值得注意，他在得出"革命文学 = F（时代精神）"和"文学 ＝ F（革命）"这个结论之前，其实调用了不少心理学、生理学（如作家气质）等方面的知识作为依据，认为倾向于文艺的人多为神经质气质，这些人"感受性锐敏"，往往能够预感到时代的趋势；"革命时代的希求革命的感情是最强烈最普遍的一种团体感情"，"革命时期中容易产生悲剧"，这些都决定了革命时期会造就文学上的"黄金时代"①。虽然郭沫若特别强调了"反抗浪漫主义"，但从其行文中仍然可以感觉到浓厚的浪漫主义气息。文学家、诗人被封为时代的预言者。这种自命不凡的使命感直到后来"革命文学论战"兴起，还残留在"革命文学"提倡者的意识中。鲁迅说他不喜欢创造社作家（郁达夫除外）身上的"创造气"很大程度上便是指这一点——"总是神气十足，好像连出汗打嚏，也全是'创造'似的"②。

　　相似的，成仿吾发表于 1926 年 6 月的《革命文学和他的永远性》的开篇一句话竟然是"文学的内容必然地是人性"，人性的进化以及积极、消极划分构成了他所谓的"革命文学"的基础。"对于人性的消极的一类，有意识地加以积极的主张，而对于消极的一类，有意识地加以彻底的

---

　　① 郭沫若：《革命与文学》，《创造月刊》1926 年第 1 卷第 3 期。
　　② 鲁迅：《〈伪自由书〉前记》，载《鲁迅全集》（第 5 卷），人民文学出版社 1981 年版，第 3 页。

屏绝,在这里有一种特别的文学发生的可能。这便是所谓革命文学。"在成仿吾看来,属于人性的正面的内容有"真实、正义、仁爱等",人性是进化的而且有其"永远性"。他得出的"永远的革命文学"的公式是:(真挚的人性)+(审美的形式)+(热情)=(永远的革命文学)。与"永远的文学"的公式相比,不过是添加了"热情"一项而已,似乎只要有了这种"特别有感动力的热情",文学立即一跃而为"革命文学"了①。显然,成仿吾这时的观点与后来"革命文学论战"中梁实秋的"人性论"文学观有部分的重合。

1927年1月,成仿吾又发表了《完成我们的文学革命》,相比之下,这篇文章反响更大。这段时期成仿吾将"革命文学"、"文学革命"交叉使用,说明"革命文学"的主张在他这里仍然是朦胧的。但是,成仿吾所说的"文学革命"已经部分偏离了"五四"时期这个概念所特有的含义,从别人对《完成我们的文学革命》一文的回应中,成仿吾更加深刻地觉察了这一点。在《文学革命与趣味》中,成仿吾答辩道:"我所谓文学革命,在我的意思以为是毫无疑义,指的是数十年来无意识地发动,十余年来才有意识地运动起来的,我们民族觉醒运动中的一部分的工作。……我的那篇文字里头,假使'文学革命'要加注解才能通过,那就'文学'二字都恐怕非加注解不可。"作者又指出,"革命是一种有意识的跃进。文学上的革命也是如此。""我们新兴的文学,在创作心理上应该是纯粹的表现的要求,在批评上应该是一种建设的努力。我们努力表现新的内容,创造新的形式,我们努力于批评的建设。我们尤其应该注重新的精神与新的生活,在生活上,我们打倒一切的 Canon,打倒一切资产阶级及 Petit Bourgeois 的趣味,我们要在我们的生活上做一番彻底的革命。"② 后面的这些文字已经具备了作者后来那篇名文《从文学革命到革命文学》的雏形,也许成仿吾觉得与其为"文学"、"文学革命"这些既有的概念加上连篇累牍的注解,不如重起炉灶使用"革命文学"这个更有震撼效果的新词。《洪水》第3卷第35期刊登了《创造周报》创刊号将于1928年1月1日出版的消息,不过刊物内容付诸厥如,主编者为成仿吾、王独清、郑伯奇和段可情,成仿吾的名字列于首位。其实成仿吾此时已赴日本,从

---

① 成仿吾:《革命文学与他的永远性》,《创造月刊》1926年第1卷第4期。
② 成仿吾:《文学革命与趣味》,《洪水》1927年第3卷第33期。

他寄给国内朋友的信中可以知晓，《从文学革命到革命文学》一文的腹稿已经完成①。接下去发生的是，1928 年 1 月 1 日《文化批判》代替《创造周报》出版，编者成员也面目全非。然而，从成仿吾本人的"蜕变"中，我们还是能看出他的所谓"革命文学"和"五四"的"文学革命"之间的复杂纠缠。

　　什么是"革命文学"这个问题一开始就并不清晰，郭沫若、成仿吾早期求援的"同情"或"热情"在"革命文学论战"中仍然被延用了一段时间，甚至也见诸太阳社成员的文章。杨邨人在反驳成仿吾《全部的批判之必要》时也强调了情绪的重要性："一个革命家不但应该具有正确的革命理论，而且还要有实际的行动。要有实际的行动，如果没有革命的情绪是不行的，是终于要反动的，是投机分子。换言之，没有革命情绪，就没有实际的行动。"② 真正为"革命文学"注入新的内容的是创造社后期成员冯乃超、李初梨、彭康等人。《创造月刊》上预言《文化批判》"将在新中国的思想界开一个新的纪元"不算夸张之词，后期创造社成员主办的这个刊物高举着列宁"没有革命的理论，没有革命的行动"的信条，一开始便准备"贡献全部的革命的理论"③。

　　以《创造周报》复刊计划的夭折和"《创造周报》改出《文化批判》"为开端，知识分子阵营开始了新一轮的分化。如果说在"五四"时期，知识分子分化的主要依据是新与旧，那么此时则主要体现为意识形态之间的紧张对立。从"革命文学"提倡者斩钉截铁的论断中也可以明显感受到当时的时代气息："我们现在处的是阶级单纯化，尖锐化了的时候，不是此就是彼，左右的中间没有中道存在"④；"谁也不许站在中间，你到这边来，或者到那边去！"⑤"革命文学"的提法尽管可以追溯到更早的时候，在国共合作北伐时期也达到了一定的规模，一时涌现了不少态度激进的杂志，但只有在北伐联盟出现分裂，尤其是在国民党公然清党之后，"革命文学"才引发争论和热潮。当时有人从作家角色转换的角度解

----

① 期：《小消息之成仿吾已赴日本》，《洪水》1927 年第 3 卷第 35 期。

② 杨邨人：《读成仿吾的〈全部的批判之必要〉》，《太阳月刊》1928 年第 4 期。

③ 成仿吾：《祝词》，《文化批判》1928 年第 1 期。

④ 麦克昂（郭沫若）：《留声机器的回音——文艺青年进取的态度的考察》，《文化批判》1928 年第 3 期。

⑤ 成仿吾：《从文学革命到革命文学》，《创造月刊》1927 年第 1 卷第 9 期。

释"革命文学"热潮形成的原因:"到了民国十七年,正是中国革命的转变,一般作家们,许多都从实际的革命工作的阵线上退下来,而形成了中国文艺界从来未有之兴盛。这时,真是书肆林立,作家辈出,文艺界充满了活跃突进的生气,老作家,少作家,新作家,旧作家,都一齐动起笔来,于是,一场混战在这时期便开始了,造成了文学革命运动之后最值得令人注意的一个时期。"① 这些固然是"革命文学"达致鼎盛的条件,然而,更为根本的原因则是政治上的分裂和对立,这时国共两党在意识形态、阶级和革命诉求上的对立才凸显出来。在此之前,"革命"的共鸣多少掩盖了双方的差异,文学上也几乎一样,之前的"革命文学"虽然不乏对马克思主义的运用,但基本上也是混杂在革命的共鸣之中。

二　"荣冠"?"意识"?"实践"?

徐訏在对自己"马克思主义时代"的追述中谈到的时代环境、心理动机等方面影响因素,其实也大都适用于"革命文学"提倡者。首先是时代环境,"马克思主义的思想在中国风靡一时,这原因是因为俄国革命的成功后,由于列宁的新经济政策的实施,使俄国的政局稳定,经济复兴,由于北伐前国共的合作,由于日本的思想界左倾思想兴盛,译者蜂拥,中国的出版界大量的介绍这些作品"②。需要补充一点的是,此时欧美强国则陷入经济低迷之中,尤其是随着 1929 年纽约华尔街股市的崩盘,欧美社会进入大萧条时期,与苏俄的经济迅速增长形成了对照。如果说苏俄的成功还是代表了未来和理想,欧美经济的萧条则表现为现实,金贵银贱给实行银本位政策的中国带来了很大影响,在上海更是表现得淋漓尽致。因此,欧美世界的经济萧条和挫折就不能仅被视为外部环境,同时也是中国的实际境遇。马克思主义在中国的提倡当然并不始于此时,但是恰恰在此时形成了高潮,跟苏俄、欧美以及中国的实际境遇是密切关联的。可以看出,此时中国知识分子介绍马克思主义学说的热情,背后的真正支撑力量是改造中国、使中国富强这样一些祈愿,包含着对中国向何处去、中国应该走什么样的道路等问题的思考。也就是说,知识分子向往马克思主义是和中国现实分不开的,其中内含着很强的实践性。正如李泽厚在比较马克思主义在中国和俄国的不同时指出的,"马克思主义在中国,一开

① 李锦轩:《最近中国文艺界的检讨》,《前锋周报》1930 年第 3 期。
② 徐訏:《我的马克思主义时代》,载《现代中国文学过眼录》,时报文化出版企业有限公司 1991 年版,第 375 页。

始便是作为指导当前行动的直接指南而被接受、理解和运用的。马克思主
义在中国的第一天所展现的便是这种革命实践性格"①。

接受或掌握马克思主义的学说是容易的，但"继起的问题就是实
践"。如果说接触马克思主义学说给知识分子带来很大的精神上的满足感
和优越感，实践则一直困扰着他们，很长时间他们都陷入理论和实践分裂
所引起的精神困扰之中。徐訏一口气一知半解地啃下了多部与马克思主义
相关的著作，其中不乏《资本论》的英译本，"读了这些马克思主义思想
的书籍，起最大作用的就是轻视其他的学说"②。李泽厚也认为唯物史观
在中国能够替代进化论在于前者的两个优越性，其中之一为：唯物史观
"更为具体地实在地解释了人类历史，不再是一个相当简单的生存竞争原
则或比较空泛的社会有机体观念，而是以经济发展作为基础来解释社会的
存在和各种社会上层建筑、意识形态、观念体系以至风习民情，具有很大
的理性说服力。中国一直有着'经世致用'重视功利的儒学传统，有着
从经济（食货）、地理各种社会物质存在条件或方面去研究和论证政治盛
衰、民生贫富的思想学说"。③ 这个判断在徐訏这里也可以得到部分印证，
马克思主义是一套相当庞大的学说体系，对知识分子而言，它提供了将知
识产品与社会、经济、政治诸宏大问题勾连起来的途径，马克思主义关于
上层建筑对经济基础、生产力、生产关系的反作用力的理论，也为知识分
子借此改造社会预留了可能性。此外，唯物史观大体而言并没有彻底地排
斥进化论，毋宁说它在某种程度上强化了一种线性的历史进化观。

徐訏从阅读马克思主义书籍中获得的知识上的优越感，也体现在
"革命文学"的提倡者身上，他们充满真理在握的自信，开始对"五四"
以来的文学潮流与知识论争（如科学与人生观的论争）进行全面的批判。
列文森认为，"共产主义比一般民族主义能吸收更高程度的反传统主义，
并在感情上或历史感上能为中国人从思想上与中国传统决裂提供合法根
据"④。应该说，马克思主义或共产主义并不必然体现为反传统主义，不

———————————

① 李泽厚：《试谈马克思主义在中国》，载《中国现代思想史论》，安徽文艺出版社 1994 年
版，第 147 页。

② 徐訏：《我的马克思主义时代》，载《现代中国文学过眼录》，时报文化出版企业有限公
司 1991 年版，第 376 页。

③ 李泽厚：《试谈马克思主义在中国》，载《中国现代思想史论》，安徽文艺出版社 1994 年
版，第 152 页。

④ 列文森：《儒教中国及其现代命运》，中国社会科学出版社 2000 年版，第 109 页。

过，中国现代以来的共产主义运动的确表现出很强的反传统色彩，这与马克思主义学说的优越性和体系性也有一定关系。在"革命文学论战"中，郭沫若宣称中国作家"小资产阶级的根性太浓重了，所以一般的文学家大多数是反革命派"，"我们要加上我们的荣冠——和你们表示区别，就是：我们的文艺是'普罗列塔利亚的文艺'"①。

普罗文艺或马克思主义的确是顶"荣冠"，由于涉猎过大量的马克思主义书籍，徐訏受到了周围朋友们的推崇和尊敬。不过，马克思主义也给他带来了难以摆脱的"犯罪感"。"要克服小资产阶级的劣根性，于是就起了犯罪感"，"这种犯罪感使一个人开始恨自己的出身，因为无产阶级才是真正新兴的进步的阶级，而自己偏来自封建地主或资本家或小资产阶级的家庭，这不正是被革命的对象吗？"② 中国现代知识分子在将阶级分析法运用于自身时，几乎无一例外地将自己定位为"小资产阶级"。在马克思主义的论述中，这个阶级有其两面性，可能会成为资产阶级的附庸，也可能彻底贫困化而进入工农阶级。它不是革命的主体力量，具有动摇性。因而，阶级出身引起的"犯罪感"成为理论与实践分裂之后困扰着向往马克思主义的现代知识分子的又一个难题。

这里出现了一个非常有趣的问题。按照"革命文学"倡导者的看法，"革命文学"的决定因素是作家及其作品中显现的意识，这种"意识"不必然地与阶级出身对应。李初梨在《怎样地建设革命文学》一文中指出了"建设革命文学"需要解决的问题，第一个便是"无产阶级文学的作家问题"，作者认为这个问题"最难解决"。李初梨的结论是："无产阶级文学的作家，不一定要出自无产阶级，而无产阶级的出身者，不一定会产生出无产阶级文学。"③ 这基本上是"革命文学"倡导者们的共识，应该说中国现代马克思主义者的可贵之处在于没有把阶级身份等同于阶级出身那样的"出身论"。然而，这里遗留了一个非常重要的问题：如果出身与意识并非完全对应的，那么如何判定一个作家的阶级意识呢？"革命文学"的倡导者们时常会犯的一个错误又出现了：他们一方面能在理论上杜绝出身论，但在实际运用中却往往流于简单粗暴。郭沫若在答辩李初梨

---

① 麦克昂（郭沫若）：《桌子的跳舞》，《创造月刊》1928 年第 1 卷第 11 期。
② 徐訏：《我的马克思主义时代》，载《现代中国文学过眼录》，时报文化出版企业有限公司 1991 年版，第 376 页。
③ 李初梨：《怎样地建设革命文学》，《文化批判》1928 年第 2 期。

的文章时认为，中国当时的文艺青年，"没有一个是出身于无产阶级的，文艺青年们的意识都是资产阶级的意识。这种意识是什么？就是唯心的偏重主观的个人主义"①。这种观点其实与李初梨的相去甚远，某种程度上还是把"意识"与"出身"进行了等同，由出身来推导意识。

在宗派主义、关门主义等问题上，类似的错误——理论主张与具体分析的脱节都时常出现。如果仅读"革命文学"理论建设方面的文章，就会发现团结、统一战线、认清真正的敌人等问题都早在理论层面上被提上日程，但实际操作中仍然难以避免错误。冯雪峰的《革命与智识阶级》一文被认为是"革命文学论战"中持论较公允的一篇文章，作者将知识分子当作一个特定的阶级看待，这个阶级在革命中本身可以分化为三种人：革命的追随者、徘徊者和第三种人。这里的"第三种人"显然与后来"第三种人"论争中所使用的概念意义不同，只是指革命中"投机的知识分子"。冯雪峰批评了创造社对鲁迅的攻击，在当时是有积极意义的，不过他还是把鲁迅划定为第二种人，即革命中的徘徊者②。阶级意识赋予了小资产阶级作家革命或从事"革命文学"创作的合法性，与此同时，阶级出身所引起的焦虑从来也没有停止过，这在徐訏身上得到了最好的印证。徐訏说："所谓那种'犯罪感'，对于一个知识分子来说，往往成为可怕的阴影，摆脱并不很容易。因为随时随地都会觉得自己不是'无产阶级'为可耻与可恨，我现在给了它一个名称，是：'组织综错'。"③反过来，宣称自己具有或获得了无产阶级的意识，从事革命或"革命文学"创作，多少能够消弥因为这种"组织综错"带来的精神折磨。

"革命文学"的提倡者虽然在理论上注意到了无产阶级意识的获得、小资产阶级意识的改造都具有长期性，然而，这种长期性也许只适用于自身之外的知识分子，他们往往都忽略了对自己意识的检省与反思。正如朱璟在回顾创造社、太阳社的"革命文学"理论和创作时指出的，创造社在转变初期，"不但尚残存着小资产阶［级］的意识，且有英雄主义的色

---

① 麦克昂（郭沫若）：《留声机器的回音——文艺青年进取的态度的考察》，《文化批判》1928 年第 3 期。

② 画室（冯雪峰）：《革命与智识阶级》，《无轨列车》1928 年第 2 期。

③ 徐訏：《我的马克思主义时代》，载《现代中国文学过眼录》，时报文化出版企业有限公司 1991 年版，第 378 页。

彩"。和创造社作家一样,蒋光慈的作品中也有"小资产阶级意识的残存"①。1932 年,张天翼在回答《北斗》杂志关于"创作不振之原因及其出路"的问题时,强调了无产阶级意识的获得和小资产阶级意识的改造是一个长期的过程。作为"小有产者的知识分子"的创作者,"一方面是已抛弃了——或只是部分地抛弃了——旧的个人的抒情,和身边近事的描写,但另一方面,新的意识还没把握住,因此创作就陷入一种非常的贫困之中"。也许是觉得"意识"二字过于空泛,张天翼深化了这一思考,他认为创作除了思想之外还要有"生活经验","只有理论上的修养还是不够,我们还要去获得新生活经验"②。

张天翼实际上谈到的是理论的实践问题,只有在生活经验层面、包括自己在生活上彻底摆脱旧的意识,才可以称得上获得了新的意识。张天翼此时创作的小说《猪肠子的悲哀》中也渗透了作家的这种思考,"猪肠子"感慨道:"时代究竟是太有力量了,太有力量了,使我不敢写东西。要是叫我写醇酒妇人,或者叫我赞美颓废,或者叫我写我现在这种不三不四的生活,我都可以把它写得很好很迷惑读者。但是时代不许,时代叫我们写新的东西。而我呢真是糟透,我的生活,我的意识,我所受的教育,总而言之,我所有的一切,都还是旧的。写新的东西写不来。"作家借"猪肠子"之口说道:"生活定须有规则。什么浪漫哪,颓废呀,现在说来只是个骷髅。我们还应当刻苦一点。把我们那倒霉的旧意识克服了固然重要,可是尤其重要的是做到克服生活这一步。"应当说,"猪肠子"并非没有意识到自己的问题,他对自己的生活也相当不满,他看到工人会想到"他们是伟大的,历史会由他们创造起来! ……现在的 Masters of Society 已经开始钉他们自己的棺材!"但他依然在刺激的、布尔乔亚的生活中沉沦。他也学时髦谈唯物史观,被别人讥讽为"在厚厚的地毯上,暖热的电炉旁谈谈唯物史观"。在小说中,张天翼指出"克服生活"比"克服意识"更重要、更难。"猪肠子"在意识中承认工人是历史的创造者,可是一接近这些人便发出"啊呀,汗臭,真讨厌! 快点走罢!"的鄙夷态度③。这让人想起英国作家乔治·奥威尔的切身体验,他也是同情工人,但却难以忍受他们的脏和身上的气味。约翰·凯瑞(John Carey)评论道,其实工人阶级也有浴室,奥威

① 朱璟:《关于"创作"》,《北斗》1931 年创刊号。
② 张天翼:《创作不振之原因及其出路》,《北斗》1932 年第 2 卷第 1 期。
③ 张天翼:《猪肠子的悲哀》,载《小彼得》,复兴书局 1936 年再版,第 195 – 217 页。

尔的根本问题在于他脑子中根深蒂固的工人阶级比上层阶级脏的观念①。如果一种理论不能渗透到接受者的感受中，它总还是外在的。只有当身体感受不再背叛理论，理论才进入了实践。从这篇小说可以看出，在左翼作家中，张天翼对意识改造问题的思考要明显深刻得多。他也深切地领会了鲁迅在《对于左翼作家联盟的意见》开篇中振聋发聩的警语，"我以为在现在，'左翼'作家是很容易成为'右翼'作家的"②。鲁迅和张天翼着重强调的都是左翼（革命）文学的实践环节——作家对自身思想和意识的检省、改造也是其中必不可少的重要内容。

在一系列对"革命文学"的界定中，无论是"武器的批判"、"留声机器"还是"生活组织的文学"，最终的指归都是"革命文学"的实践性。有意思的是，创造社和太阳社首先在这个问题上产生了分歧。太阳社向以空谈理论、缺乏实践嘲笑创造社，钱杏邨在《批评与抄书》一文的开篇意味深长地写道："'没有革命的理论，没有革命的行动'，这当然是很正确的理论；不过移植到中国文坛上来应用，似乎应该再加上两句：'没有外国书可抄，没有革命文学的理论'。"这段话显然是针对创造社的，列宁的"没有革命的理论，没有革命的行动"曾被写在了《文化批判》创刊号的《祝辞》中③，也是创造社希望借理论的引介和斗争推动革命所凭依的信条。钱杏邨的批评确实触及了创造社的"革命文学"理论的某些根本弱点，但是由于缺乏理论素养，他同时又把"革命文学"的实践庸俗化了。"请你们永远不要忘记在理论的后面还有一个名辞叫作行动，请你们永远不要忘记革命的行动不是要候革命的理论健全以后才有的，请你们永远不要忘记中国的革命文坛的现状，已经不是才走到只要理论不要行动的时候了！"④钱杏邨所说的"革命的行动"很大程度上是指"革命文学"的创作，这一点在《太阳月刊》五月号的《编后》里说得非常清楚，"我们是要理论的，但我们注重行动，换句话说我们是注重创作的"⑤。这个《编后》带有总结之前李初梨、钱杏邨等人之间争辩的性

① John Carey, *The Intellectuals and the Masses: Pride and Prejudice among the Literary Intelligentsia*, 1880 – 1939. Chicago: Academy Chicago Publishers, 2002, pp. 39 – 40.

② 鲁迅：《对于左翼作家联盟的意见》，载《鲁迅全集》（第 4 卷），人民文学出版社 1981 年版，第 233 页。

③ 成仿吾：《祝词》，《文化批判》1928 年第 1 期。

④ 钱杏邨：《批评与抄书》，《太阳月刊》1928 年第 4 期。

⑤ 编者：《编后》，《太阳月刊》1928 年第 5 期。

质,从其中能够清晰地看到太阳社对"行动"的理解。

有意思的是,创造社也指责太阳社不要实践或者对实践的认识太浅显。李初梨批评蒋光慈时最重要的一点是,"他把文学仅作为一种表现的——观照的东西,而不认识它的实践的意义"①。在引起钱杏邨的上述反驳后,李初梨又写了《一封公开信的回答》作为答复。在这篇文章中,李初梨仍然坚持自己的观点,同时批评钱杏邨"对于'实践'两个字,还没充分的理解"②。作品和理论哪一个更接近于"实践"呢?同样作为文本,它们的实践性到底指的是什么?其实李初梨所说的"革命文学"的"实践性"完全寄寓在革命这一行动实践之中,正因为如此,创造社的理论中才含有强烈的取消文艺的倾向,艺术创作或艺术运动说到底只是一种"副次的工作"。沈起予在《艺术运动的根本概念》中说:"第一我们不得不讨论的,就是艺术运动底两重性的问题。……所谓两重性者,即是艺术运动底意义,一方面是直接制作鼓动及宣传底作品,而与政治运动合流,他方面是推量着艺术进化底原则,来确立普罗列搭利亚艺术,以建设普罗列搭利亚文化。"至于艺术如何处理"两重性"之间的关系,即艺术与政治、宣传的关系,作者认为,"艺术运动底结论,是应当与政治合流,——即是应当作为政治运动底补助——我们给它一个'副次的工作'底名词"③。然而,既然实践对于作家而言并不意味着放下手中的笔走进工厂或奔赴前线,在参与政治运动之外也还需要文学创作,那么,"革命文学"本身的实践性何在呢?

"实践"在创造社那里是歧义丛生的,它有时候也指"创作",如何大白(郑伯奇)在《文坛的五月》中所使用的情形:"凡建设一种新的文学,必须由理论与实践双方下手。……在现阶段,理论方面的工作是最重要的。"④然而,总体而言,创造社还是发展出了关于"实践"的丰富论述。在他们看来,实践性是文艺的普遍特性,这是由文艺作为意识形态的特性所决定的。彭康在《革命文艺与大众文艺》里反复阐述了这个问题,"意识形态虽然是社会多样复杂的现象的反映,但不单是反映,这反映自身即成为社会的势力,旗帜及口号。这是意识形态底实践性"。意识形态是"生活

① 李初梨:《怎样地建设革命文学》,《文化批判》1928年第2期。
② 李初梨:《一封公开信的回答》,《文化批判》1928年第3期。
③ 沈起予:《艺术运动底根本概念》,《创造月刊》1928年第2卷第3期。
④ 何大白(郑伯奇):《文坛的五月》,《创造月刊》1928年第2卷第1期。

的组织化”和“思想的组织化”，文艺是意识形态的一部门，与其他部门相比，它的特性在于“同时也是感情的组织化”。作者强调，“实践性是文艺的一般的特性，但还有一个更重要的要素，即革命文艺的阶级性”①。李初梨也认为，“普罗列塔利亚要解放他自身，非把他的哲学实现不可。然而，普罗列塔利亚要实现他的哲学，尤须首先把他自己从一切有产者意识的支配中解放”。“这就是意识争斗的重要性及其实践性。”② 可见，文艺的“实践性”首先源于意识形态本身内含的实践性。然而，这只是文艺的一般特性，文艺这种意识形态的实践与具体的实践活动的关系则未被谈及，文艺实践性的问题某种程度上仍然局限“意识”层面。创造社专门从哲学层面探讨理论与实践关系的文章，如刊发于《文化批判》创刊号的朱磐的《理论与实践》，则未顾及理论本身也是一种实践。这篇文章将理论和实践的“辩证法的统一”概括为：“理论应该是实践的，而且实践要由理论来说明，而自己变为理论”。“理论如寔，Theorie als solche，没有什么独立的意识底权威，占优位的是实践的行为。在实践上证明了的理论，方是客观的真理。”③ 有趣的是，这些最重要的结论全是引用而来，且只是在文章的末尾部分才提出来。作者大多时候都是在谈“理论”，理论被赋予了某种优先性，与结论中引言所强调的实践的优先性恰异其趣。

文艺的复杂性在于它既是理论，同时又是一种实践。“革命文学”的理论和创作首先是意识形态领域的一种实践，即批判封建和资产阶级意识，宣扬无产阶级、社会主义的意识。这种实践当然也包括作家本身意识的改造；它们同时承担着指导革命行动的功能，在这个时候，它们虽然不是实际的革命斗争，却是富于实践性的。认识这一点也有利于我们鉴别“革命”摩登。在将革命摩登化、时尚化的作家这里，存在着两种分裂：一是其创作、挪用的马克思主义理论与本人的资产阶级或小资产阶级意识之间的分裂，二是这种创作和理论与具体的革命实践之间的分裂。当我们从实践性角度谈论革命理论和创作时，它必须接受革命实践的检验与调整，必须要有对中国现实的清醒、全面、深刻和正确的认识，否则它很可能就会故步自封，以致僵死。

---

① 彭康：《革命文艺与大众文艺》，《创造月刊》1928 年第 2 卷第 4 期。
② 李初梨：《请看我们中国的 Don Quixote 的乱舞——答鲁迅“醉眼中的朦胧”》，《文化批判》1928 年第 4 期。
③ 朱磐：《理论与实践》，《文化批判》1928 年第 1 期。

在认清中国现实方面，非但"革命"摩登作家做不到，一般的"革命文学"提倡者也难以企及。上文说过，"革命文学"的提倡者们是带着对中国现实的深切关注的，但这不等于他们就获得了对这种现实的准确分析。用马克思主义来拯救中国是他们的普遍愿望，马克思主义理论需要根据中国现实作出调整这一点，在理论上也曾被他们偶尔提及。例如在"革命文学论战"进行还不到一年的时候，沈起予说："我觉得我们底艺术运动底ABC工作，在客观上已经达到可以告一段落底时候，以后我们不得不努力讨检我们自身底理论，批评自身底作品，寻找自身底运动的途径了。"作者认为艺术运动"莫有普遍妥当底一定不变的呆板公式，它是应当随着时间与空间之不同，而发生其变化的"，所以国外的文化运动理论及策略"不能完全适合于中国"。然而，就在得出这个结论之前的一个段落，沈起予还把新月派和鲁迅相提并论，声称要把新月派"送到鲁迅'大师'底坟墓里去"[1]。与鲁迅、茅盾、郁达夫等人相比，后期创造社的小伙计们、太阳社的成员们的根本弱点在于对中国现实的陌生，他们往往都刚从国外回来不久，欠缺长期反抗压迫的经验。鲁迅认为，"虽是仅仅攻击旧社会的作品，倘若知不清缺点，看不透病根，也就于革命有害"。[2] 反观鲁迅，正如瞿秋白的著名概括："他是经历了辛亥革命以前直到现在的四分之一世纪的战斗，从痛苦的经验和深刻的观察之中，带着宝贵的革命传统到新的阵营里来的。"[3] 左翼文学运动能在一定程度上避免错误，改进自己的态度与方法，是与吸收鲁迅的这种"宝贵的革命传统"和智慧分不开的。

第二节 鲁迅"革命文学论"的形成及其独特性

关于鲁迅思想的发展，一个广为接受的观点是"思想转变论"，它始于瞿秋白的著名概括："鲁迅从进化论进到阶级论，从绅士阶级的逆子贰

---

① 沈起予：《艺术运动底根本概念》，《创造月刊》1928年第2卷第3期。

② 鲁迅：《上海文艺之一瞥》，载《鲁迅全集》（第4卷），人民文学出版社1981年版，第301页。

③ 何凝（瞿秋白）：《〈鲁迅杂感选集〉序言》，载《鲁迅杂感选集》，青光书局1933年版，第20-21页。

臣进到无产阶级和劳动群众的真正的友人，以至于战士。"① 根据这一逻辑，鲁迅思想的重要转变时期和契机时常被追溯到 1928 年的"革命文学论战"，从而断言"创造社对鲁迅的转向产生了巨大的推动作用"②。这些判断自然是正确的，也可以证之于鲁迅自己的话："我有一件事要感谢创造社的，是他们'挤'我看了几种科学底文艺论，明白了先前的文学史家们说了一大堆，还是纠缠不清的疑问。并且因此译了一本蒲力汗诺夫的《艺术论》，以救正我——还因我而及于别人——的只信进化论的偏颇。"③然而，这些观点可能也会引起某种误解，即过于强调马克思主义文艺论等作为"外力"的作用，忽略了鲁迅思想形成的内在因素。

相比之下，丸山升的措辞更谨慎一些，他使用了"容纳"一词——"鲁迅在他生平的'后面'，容纳了马克思主义"④。丸山升很早就指出，"鲁迅对于马克思主义艺术论的关心，则在此（指"革命文学论战"——引者注）之前已经开始了"，更关键的是，"鲁迅在与马克思主义艺术论接触之前，在他的思想中，已经形成了这种文学观点"⑤。的确，仅从鲁迅 1925 年给任国桢翻译的《苏俄的文艺论战》所作的《前记》来看，鲁迅是认真读过内容的，而且提到了"无产阶级的革命艺术"这一概念。同时，鲁迅接触的马克思主义艺术论相当驳杂，长堀佑造曾令人信服地论证了鲁迅的"革命人"说接受了托洛茨基文艺理论的影响⑥。因而，鲁迅的"革命文学论"就不能仅仅置于 1928 年的论争中去考察，也不能从马克思主义文艺观的角度简单地以正统与否去判断，而是应该指出他对"革命"与"文学"关系看法的独特性。此外，更具吸引力的问题是鲁迅是如何形成自己独特的观点的，以往的研究似乎对此关注不够，实际上，通过这一问题我们可以接近一个时常被遗忘的问题：鲁迅对社会、现实和历史的深刻洞察力，即鲁迅智慧是如何形成的。这样，我们就不得不回到

---

① 何凝（瞿秋白）：《〈鲁迅杂感选集〉序言》，青光书局 1933 年版，第 20－21 页。

② 旷新年：《1928：革命文学》，山东教育出版社 1998 年版，第 172 页。

③ 鲁迅：《〈三闲集〉序言》，载《鲁迅全集》（第 4 卷），人民文学出版社 1981 年版，第 6 页。

④ 丸山升：《通过鲁迅的眼睛回顾 20 世纪的"革命文学"和"社会主义"》，《鲁迅研究月刊》2006 年第 2 期。

⑤ 丸山升：《革命文学论战中的鲁迅》，载乐黛云编《国外鲁迅研究论集：1960—1981》，北京大学出版社 1981 年版，第 132 页。

⑥ 长堀佑造：《鲁迅"革命人"的提出——鲁迅接受托洛茨基文艺理论之一》，《鲁迅研究月刊》2002 年第 10 期。

鲁迅的文本中，回到鲁迅的经历以及他所处的广阔的社会语境之中。

一 从北京到广州："穿湿布衫"

1927年4月8日，鲁迅在黄埔军官学校作了题为《革命时代的文学》的演讲，其中有一些经常被引用的观点："文学文学，是最不中用的，没有力量的人讲的"；"革命人做出东西来，才是革命文学"；"文学总是一种余裕的产物，可以表示一民族的文化，倒是真的"①。对照丸山升归纳的鲁迅的"革命文学论"②，显然这篇文章里已几乎涵盖了革命文学论战中鲁迅的观点。那时鲁迅到广州不足三个月，作演讲的时间尚在国民党"清党"之前，重要的是鲁迅是由"在北京所得的经验"得出"文学无力"这第一层论点的。这样，如果要追溯鲁迅革命文学论的形成时机，就不得不至少回到鲁迅在北京最后几年的经验，尤其是女师大事件和"三一八"惨案。追溯当然是有意义的，但是笔者还不清楚这种溯源式的追问究竟会回到鲁迅一生中的哪个时期。同时，即使找到了这样一个"源头"（假如有的话），也不能一劳永逸地宣告成功，也不能宣告鲁迅在以后生活中所得的经验无伤大体。笔者想，鲁迅对文学与革命、政治关系的认识正是在这一系列经验中逐渐清晰起来的。

权且从北京的最后时期开始。在女师大事件中，鲁迅一方面和"现代评论派"的"正人君子"们你来我往地进行笔战，一方面支持学生和杨荫榆、章士钊进行实际的斗争。在前者中，鲁迅即使占得上风，也未对"正人君子"们构成丝毫损伤，如果鲁迅被免除佥事案不能获胜，他的对手很可能就补了他的缺。后者自然也以失败告终，女师大被解散。在紧接着发生的"三一八"惨案中，鲁迅用以战斗的仍然是一支笔，因而上了北洋军阀政府的通缉名单，他几处避难，最终仓皇离开北京。在整个过程中，起支配性作用的是政治力量。

1927年的前大半年（1月18日—9月27日）鲁迅是在广州度过的，将他在广州的举动和北京时期相比是颇有意味的。其实在未去广州之前，鲁迅通过与许广平的通信已大致了解了那边复杂的情形。厦门—广州通信最值得玩味的部分就是二人谈到广州学界时的态度。许广平在广东女师除

---

① 鲁迅：《革命时代的文学》，载《鲁迅全集》（第3卷），人民文学出版社1981年版，第417–418页。

② ［日］丸山升：《革命文学论战中的鲁迅》，载乐黛云编《国外鲁迅研究论集：1960—1981》，第131页。

授课外，还担任"训育"一职，其任务中包含"宣传党义"。许本人曾是北京女师大风潮中的风云人物，现在则对学生运动颇有微词，提心吊胆。关键原因在于，广东学生的背后涉及党派的力量，女师的"表同情于革新之一部分教职员"会被指为"共产党"，最后连先前"总替革新派的学生运筹帷幄"的同事也说许广平是"共产党"，许广平终于认识到广东"派别之纷繁和纠葛，是决非在北京的简单的人们所能豫想的"。看看鲁迅的反应也非常有趣，在得知广东学生和教员的情形后，他一封信里连用了两个"出于意表之外"，"我先前总以为广东学界状况，总该比别处好得多，现在看来，似乎也只是一种幻想"。许广平的描述让鲁迅"对于到广州教书的事，很有些踌躇了，恐怕情形会和在北京时相像"。这印证了竹内好的判断，鲁迅绝不是一个"先觉者"。

不过，鲁迅还是展现了其抗争的一面，对于许广平信中提到的"树的党"，鲁迅说"别的人就不能用更粗的棍子对打么？"然而终究是疑问句，似乎也不大肯定。郁达夫等人的来信、孙伏园也会间接带回一些广东方面的信息，尽管他们语焉不详或者"吞吞吐吐"，鲁迅还是在其中觉察了异样，足以把鲁迅打算到广州后的"一点野心"——"对'绅士'们仍然加以打击"、"与创造社联合起来，造一条战线，更向旧社会进攻"——击得粉碎。鲁迅最终还是去了广州，"一则换换空气，二则看看风景，三则……"①"三则"为了什么，鲁迅没有明说，多半是为了许广平吧。总之，幻想是在没去广东之前就已经涤荡一空了。因而厦门的这段经验一定要被当作鲁迅广州经验的一个重要组成部分，鉴于鲁迅在广东时的思想材料很少，厦门—广州通信就更弥足珍贵了。

鲁迅到了广州，终于没有"用更粗的棍子"和"树的党"对打，也没有作文鼓励别人这样做。和北京最后时期的活跃相比，这段时期他足够沉静和克制，侧面也证明广州的情形远比北京复杂。这一时期的广州可谓是各种政治力量博弈的场所，国共合作从一开始就矛盾不断，此时已一触即发，最终导致了"四一五"清党事件。以政党力量为基础成立了各种抗衡的团体，如以"共产党人为骨干"的"中国青年军人联合会"，"以反共为宗旨的'孙文主义学派'"；国民党内部也矛盾重重：偏左派、偏

———————————

① 鲁迅、许广平：《两地书》，载《鲁迅全集》（第11卷），人民文学出版社1981年版，第113 – 264页。

右派、极右的"西山会议派",此外还有国家主义的"醒狮派"、各种军阀力量等①。政党力量是其中最显著的,政治性极强的中山大学自然不能幸免,同样成为政党权力斗争的场所。鲁迅在中山大学不过短短两三个月时间便辞职,辞职后仍在广州逗留了相当长的时间,然后绕道香港到了上海,才侥幸"没有被做成为共产党"②。

对照一下"清党"之前和之后鲁迅所做的两篇文章——《革命时代的文学》和《魏晋风度及文章与药及酒之关系》——就能发现其中言说方式的变化。后一篇文章,诚如鲁迅后来在致陈濬的信中所言:"在广州之谈魏晋事,盖实有慨而言。"③ 虽然题目中只关风度、文章、药与酒,但鲁迅把它们都放到了魏晋险恶的政治环境里去看,"即使是从前的人,那诗文完全超于政治的所谓'田园诗人','山林诗人',是没有的"。如果仅仅以为鲁迅用魏晋影射当时政治、社会环境,就不免简单化了。尽管文章里不乏暗示的蛛丝马迹:"真的总理信徒,倒会不谈三民主义,或者听人假惺惺地谈起来就皱眉,好像反对三民主义模样。"④ 这里用的是一个军阀的例子,而且是在北方,作家特地说明他所谓的"北方"和广东人的"北方"界限不一样,使得听上去和国民党无关。这里面充满了作家在《〈三闲集〉序言》里所说的"吞吞吐吐,没有胆子直说的话",因为他"在二七年被血吓得目瞪口呆"⑤。

《魏晋风度及文章与药及酒之关系》中延续了《革命时代的文学》中的一个观点,即强调革命(政治)对文学的影响,而不是文学的反作用力。鲁迅本人言说方式的转变也正验证了这种作用力。实际上,魏晋构成了鲁迅的经验的一部分。这样,我们就不得不扩展"经验"这个词的含义,它其实包括书本中得来的知识、理论,自然也包括鲁迅这一时期接触的苏俄的文艺论战和马克思主义的文艺观,但一旦它们变成鲁迅分析、理解现实的资源,它们也就化为鲁迅经验的一部分,显然鲁迅的经验是理论和实践融合的产物,和"经验主义"截然不同。如果说《魏晋风度》中

---

① 刘健清等主编:《中国国民党史》,江苏古籍出版社1992年版,第171-298页。

② 鲁迅:《答有恒先生》,载《鲁迅全集》(第3卷),第456页。

③ 鲁迅:《281230致陈濬》,载《鲁迅全集》(第11卷),第646页。

④ 鲁迅:《魏晋风度及文章与药及酒之关系》,载《鲁迅全集》(第3卷),第501-517页。

⑤ 鲁迅:《〈三闲集〉序言》,载《鲁迅全集》(第4卷),人民文学出版社1981年版,第4页。

只调用了由历史中得来的经验，《革命时代的文学》则繁复得多。鲁迅在其中展现了惊人的想象力，除了中国的历史与现实以外，还有埃及、阿拉伯、波斯、苏俄、波兰等国的历史与现实。笔者认为不宜在这个整体经验中划分出主次与等级，否则就无法理解鲁迅是怎样得出他的看法的。尽管上面笔者大致谈了鲁迅从北京到广州的一些经历，那不过是鲁迅经验的冰山一角，这也说明希望从整体上把握鲁迅的困难。

广州经验以险恶的方式，让鲁迅时时陷入"无力"感之中，迫使他进一步思考自己作为文学家在革命与政治中的位置。然而，一个有趣的问题是，和那些奔赴广州从事实际革命斗争的作家相比，鲁迅体验到的革命与政治要"间接"得多，但他却形成了明显高超的看法。鲁迅的不同之处在于他和现实之间发生关系的方式：在给许广平的信中，鲁迅说他的家乡有句俗话叫"穿湿布衫"，"就是恰如将没有晒干的小衫，穿在身上"。"不爽快，也并不大痛苦，只是终日浑身不舒服"，"我所经历的事情，几乎无不如此。"① "穿湿布衫"表达了鲁迅与现实之间的紧张纠缠，现实从而不再是外在于他的客体，而是成为一种时时刻刻的切肤感受，促使鲁迅不得不调用他所有的智慧不断地去反观现实和自身。当他运用这些经验、知识和理论时，它们因而也就不外在于他、外在于现实，而是变成了现实的实践。

二 "革命文学"论战："打破这包围的圈子"

在"革命文学"论战之前，鲁迅已经作过如此多的思索，难怪他看轻太阳社、创造社对他的攻击了。从 1928 年鲁迅致友人的信中可以反复看到这一点，因为他们"专挂招牌，不讲货色"②，"主张一切都非依这史观来著作不可，自己又不懂"③。"他们的文字，和他们一一辩驳是不值得的，因为他们都是胡说。"④ 直到后来几方联合成立"中国左翼作家联盟"时，鲁迅还重申了相似的批评："前年创造社和太阳社向我进攻的时候，那力量实在单薄。"⑤

① 鲁迅、许广平：《两地书》，载《鲁迅全集》（第 11 卷），第 248 页。
② 鲁迅：《280409 致李秉中》，载《鲁迅全集》（第 11 卷），人民文学出版社 1981 年版，第 620 页。
③ 鲁迅：《280722 致韦素园》，载《鲁迅全集》（第 11 卷），第 629 页。
④ 鲁迅：《280606 致章廷谦》，载《鲁迅全集》（第 11 卷），第 624 页。
⑤ 鲁迅：《对于左翼作家联盟的意见》，载《鲁迅全集》（第 4 卷），第 236 页。

　　鲁迅在思考"革命文学"问题时，首先面对的一个问题是"革命文学"已经沦落为一个空洞的能指。无论是革命者还是反革命者，都以"革命文学"为标榜，以"反革命"去攻击异己力量，从而陷入鲁迅所说的"革命，革革命，革革革命，革革……"①的混乱厮杀中。"革命"实际上成为了文学的最大合法性依据，如陈建华表述的，"在'革命'话语中，'革命'是道德力量的显示，政治立场的选择，也是正在展开的包括身心投入和热烈期待的'真理'的历史过程。在这种主体对观念或语言的彻底控制、支配的欲望与幻觉中，既排除了反思自己被观念或语言所控制、所支配的可能，也排除了别人对'真理'选择甚至怀疑的可能"②。鲁迅曾多次批评这种"尽先输入名词，而并不绍介这名词的函义"的现象，认为这是"中国文艺界上可怕的现象"③。在中国现代历史上，类似的空洞能指不在少数，鲁迅很早就注意到"'过激主义'不会来，不必怕他；只有'来了'是要来的，应该怕的"④；"自由"成为了"复辟"、"屠杀大众"的自由，"反对八股"成为了"新八股"⑤。自然我们还不能忘了，鲁迅曾被污"拿卢布"，许广平被指为"共产党"；历史上还有曹操以"不孝"的罪名杀了孔融，司马昭（鲁迅误作司马懿）以"毁坏礼教"的罪名杀了嵇康……。

　　"革命"也可以成为商品包装，如1928年张资平创办的《乐群》半月刊（1929年改为月刊）时声称："我们打起下面的旗子：——1、著作家革命！2、新进作家革命！"⑥ 在此之前，鲁迅就洞察了这种伎俩，说"他们不过是政客和商人的杂种法术，将'口号''标语'之类，贴上了杂志而已"⑦。在"革命文学"论战中，"革命文学"逐渐为"第四阶级文学"、"普罗文学"、"无产阶级文学"等一些概念所替代，应该说不无原因，或许太阳社、创造社的作家也意识到了"革命文学"被滥用的危

---

　　① 鲁迅：《小杂感》，载《鲁迅全集》（第3卷），第532页。
　　② 陈建华：《关于"革命"和"现代性"的意义和使用》，载《"革命"的现代性——中国革命话语考论》，上海古籍出版社2000年版，第171页。
　　③ 鲁迅：《扁》，载《鲁迅全集》（第4卷），第87页。
　　④ 鲁迅：《随感录五十六"来了"》，载《鲁迅全集》（第1卷），第347页。
　　⑤ 鲁迅：《透底》，载《鲁迅全集》（第5卷），第103－104页。
　　⑥ 《另一种革命》，《乐群》（半月刊）1928年第1期。
　　⑦ 鲁迅：《280606致章廷谦》，载《鲁迅全集》（第11卷），人民文学出版社1981年版，第623页。

机。但是以概念更新的方式根本无法解决这一问题，如何能够防止这些新起的概念不同样被滥用呢？或者在更高的层次上，如何才能破除这种知识—权力的魔障呢？只有鲁迅严肃地思考了这一问题。强调内容是一个方面，也就是鲁迅反复说的要有"革命人"、"先求内容的充实和技巧的上达，不必忙于挂招牌"①。另一方面就是"首先是在知道得多一点，冲破了这一个圈子"，"'多看外国书'，来打破这包围的圈子"②。鲁迅在论战中翻译了不少苏俄的无产阶级艺术论书籍，并和郁达夫合编《奔流》，都是"打破这包围的圈子"的切实行动。

所以，鲁迅和对方几乎不是在同一层面上争论，正如丸山升所言，"鲁迅努力要解决的问题，是如何考虑革命与文学，或者革命与文学家的关系，而不是如何接受，或者拒绝马克思主义文学论"③。然而从鲁迅对"实际的革命斗争"和"革命的实际情形"的强调来看，他又是一位卢卡奇所定义的意义上的"正统马克思主义"者。卢卡奇认为，"正统马克思主义并不意味着无批判地接受马克思主义的结果。它不是对这个或那个论点的'信仰'，也不是对某本'圣'书的注解。恰恰相反，马克思主义问题中的正统仅仅是指方法"④。

在《上海文艺之一瞥》中，鲁迅批评了革命文学运动的"错误之处"，"他们对于中国社会，未曾加以细密的分析，便将在苏维埃政权之下才能运用的方法，来机械地运用了"。理论应该联系实际，灵活运用，这应该就是一种马克思主义的"方法"。生搬硬套或"流氓"式的运用法都不是马克思主义，后者是鲁迅的一个形象比喻，"无论古今，凡是没有一定的理论，或主张的变化并无线索可寻，而随时拿了各派的理论来作武器的人，都可以称之为流氓"⑤。这样，鲁迅需要与之战斗的倾向便是多方面的。非但如此，在"革命文学"论战的同时，鲁迅还在与新月派的梁实秋战。后者甚至更早一些就开始了，论争的内容是关于文学的阶级性，所以也应当纳入到整个"革命文学"论战中去讨论。鲁迅到上海被

---

① 鲁迅：《文艺与革命》，载《鲁迅全集》（第 4 卷），第 84 页。
② 鲁迅：《现今的新文学的概观》，载《鲁迅全集》（第 4 卷），第 134 – 137 页。
③ ［日］丸山升：《革命文学论战中的鲁迅》，载乐黛云编《国外鲁迅研究论集：1960—1981》，北京大学出版社 1981 年版，第 132 页。
④ ［匈］卢卡奇：《什么是正统马克思主义?》，载《历史与阶级意识》，杜章智、任立、燕宏远译，商务印书馆 1992 年版，第 47 – 48 页。
⑤ 鲁迅：《上海文艺之一瞥》，载《鲁迅全集》（第 4 卷），第 297 页。

太阳社、创造社和新月派"围剿",和他在北京的最后几年、厦门、广州的经验一样,都充满了挫败感。这真是一种奇特的经验:如果既不属于"正人君子"一派,也不属于"革命文学"阵营,那么鲁迅就得不断地反省和定位自身。鲁迅正是在这诸多否定性的力量中形成自己的思想的,战斗和突围是其作为战士的本色。

三 文学:作为"永远革命"的场域

笔者认为,鲁迅和他的论战对手共享了一个基本判断,即预言大时代的到来。鲁迅说,"在我自己,觉得中国现在是一个进向大时代的时代。但这所谓大,并不一定指可以由此得生,而也可以由此得死"[①]。太阳社、创造社几乎是把时代转换当作他们立论的前提,在他们眼里,鲁迅之所以是"落伍者"、"小资产阶级"、"中国的堂吉诃德"、"封建余孽"[②],正是在一个线性的时间序列里定位的。但二者差别又如此之巨,鲁迅的"大时代"是未明的,也是应该去争取的。而后者所谓的"转换期的中国"[③]则是必然的、正在实现的一种历史趋势。二者自然都能推导出"革命"的必要性。不过,正如竹内好将鲁迅与孙文进行类比时所看到的,鲁迅对"革命"的理解是很独特的,"真正的革命是'永远革命',……对于一个永远的革命者来说,所有的革命都是失败。不失败的革命不是真正的革命。革命成功不叫喊'革命成功',而是相信永远的革命,把现在作为'革命并没成功'来破除"。"把作为政治概念的'革命'理解为'永远革命'已经成了一种态度"[④]。笔者在前文也提及过,概念(理论)始终是外在于人的,只是当它成为一种态度时,它们才真正构成理论与实践的结合。

竹内好似乎把鲁迅的革命观有些神秘化了,实际上鲁迅的看法颇为简单、直接,这也许正是他得以把握纷繁复杂的现实的关键。客观上看,鲁迅衡量革命的尺度是民众和现实,即民众对革命的态度以及革命是否给民众生活和现实带来了切实的改变。由此出发,无论是北伐时期还是国共合

---

① 鲁迅:《〈尘影〉题辞》,载《鲁迅全集》(第3卷),人民文学出版社1981年版,第547页。

② 参见成仿吾、李初梨等人的文章,载孙郁、黄乔生主编《围剿集》,河北教育出版社2000年版,第29-94页。

③ 冯乃超:《艺术与社会生活》,载孙郁、黄乔生主编《围剿集》,第33页。

④ [日]竹内好:《鲁迅》,李心峰译,浙江文艺出版社1986年版,第117-118页。

作失败之后，和大多知识分子相比，鲁迅对革命的态度都显得异常冷静。"广东社会没有受革命影响，……广东仍然是十年前底广东"①，只要翻看广东报纸上的文学就一目了然。从市民中流传的"歌诀"中，可以看出他们"对于革命政府的关系，对于革命者的感情"。② 在民众拥看"铲共"的"大观"中，则显出了"我们中国现在（现在！不是超时代的）的民众，其实还不很管什么党，只要看'头'和'女尸'"。显然，鲁迅没有神化民众，对民众的缺点有着清醒的认识，他所着意的是革命与民众在什么意义上发生联系，这种联系方式反过来也成了检验革命的试金石。颇有意味的是，这里所取的几例鲁迅的感想都源于报纸文章或记事，根据通常的理解，它们很难算得上现实，至少不是直接经验。然而，鲁迅却在其中形成了自己独到的见解，问题在于支撑他判断的不只是一二事例，而是这一二事例和其他经验一起印证了鲁迅几十年间对中国的观察。以争睹"头"和"女尸"的看客而言，鲁迅说："拳匪之乱，清末党狱，民二，去年和今年，在这短短的二十年中，我已经目睹或耳闻了好几次了。"③

　　相似的，对于"革命文学"，鲁迅也极其注意革命与文学以何种方式发生联系。鲁迅在多处反复谈到了俄国十月革命时期的叶遂宁和梭波里，就是这个缘故。叶遂宁和梭波里不是革命文学家，但是他们的自杀恰恰证明了革命与文学发生了实际联系，也证明了这革命是"实在在的革命"。否则，革命流于空谈，"革命文学"也是空中楼阁。"凡有革命以前的幻想或理想的革命诗人，很可有碰死在自己所讴歌希望的现实上的运命；而现实的革命倘不粉碎了这类诗人的幻想或理想，则这革命也还是布告上的空谈。"④ 鲁迅一直否定中国"革命文学"的存在即与此有关，直到在"左联"五烈士遇难后写下的《中国无产阶级革命文学和前驱的血》一文里他才第一次正面提出"中国无产阶级革命文学"。有意思的是，他使用这个概念谈论的并不仅仅是"文学"，"用我们的同志的鲜血写了第一篇文章"指的是他们为革命献身这一行动⑤。这算得上是鲁迅的一个转变，

---

① 鲁迅：《革命时代的文学》，载《鲁迅全集》（第 3 卷），人民文学出版社 1981 年版，第 417 – 418 页。

② 鲁迅：《太平歌诀》，载《鲁迅全集》（第 4 卷），第 103 页。

③ 鲁迅：《铲共大观》，载《鲁迅全集》（第 4 卷），第 106 页。

④ 鲁迅：《在钟楼上》，载《鲁迅全集》（第 4 卷），第 36 页。

⑤ 鲁迅：《中国无产阶级革命文学和前驱的血》，载《鲁迅全集》（第 4 卷），第 282 页。

但不是在"革命文学"论战中,而是到了"左联"五烈士被害、统治阶级实行黑暗的文艺政策之时。旧势力要来扑灭无产阶级的文艺运动,反过来也就说明这文艺运动已经危及了统治阶级的统治,不再是空谈了。

主观上,鲁迅的革命观强调"反抗"。"反抗"的思想在鲁迅那里由来已久,"一要生存,二要温饱,三要发展。有敢来阻碍这三事者,无论是谁,我们都反抗他,扑灭他"①。也就是说,革命和反抗应与人的生存、发展等基本权利的争取联系在一起。作为反面,鲁迅别出心裁地发展出了"奉旨革命"一词:"工会参加游行,但这是政府允许的,不是因压迫而反抗的,也不过是奉旨革命"②;"前几年在北方,常常看见迫压党人,看见捕杀青年,到那里(指广州——引者注)可都看不见了。后来才悟到这不过是'奉旨革命'的现象"③。鲁迅由此引申出类似的一个词——"奉旨申斥":"这是帝制时代的事。一个官员犯了过失了,便叫他跪在一个什么门外面,皇帝差一个太监来斥骂",同时指出当时的"革命文学家"的行为"像前清的'奉旨申斥'一样"④。可见鲁迅绝对不是一时兴起造出这两个概念的,通过"奉旨申斥"一词,鲁迅勾连了历史与现实之间的隐秘的关联,这正是鲁迅智慧的特有标志之一。在另一处,鲁迅又使用了一个和"奉旨申斥"相似的词"赋得革命"⑤,则是将某类"革命文学"和科举试贴进行关联。"奉旨申斥"也罢,"赋得革命"也罢,问题出在这类文学的作者缺乏真正的革命需求,和反抗相去甚远,鲁迅对"革命人"众所周知的强调便部分来源于此。应该说,鲁迅这里的批判对象主要是国民党的"革命文学"。早在广州时期,鲁迅即阅读过国民党"革命文学社"主办的刊物《这样做》⑥,这一经验构成了鲁迅"革命文学"观的重要维度。值得注意的是,除了鲁迅之外,当时几乎没有人把国民党的"革命文学"纳入视野,当然也就很难形成全面的看法了。

由上可见,鲁迅对"革命文学"的独特看法是建立在其对革命的独特理解之上的,这种理解之中其实也伴随着对文学的独特见解。在《文

---

① 鲁迅:《北京通信》,载《鲁迅全集》(第3卷),人民文学出版社1981年版,第51页。
② 鲁迅:《革命时代的文学》,载《鲁迅全集》(第3卷),第421页。
③ 鲁迅:《在钟楼上》,载《鲁迅全集》(第4卷),第37页。
④ 鲁迅:《现今的新文学的概观》,载《鲁迅全集》(第4卷),第134-137页。
⑤ 鲁迅:《革命文学》,载《鲁迅全集》(第3卷),第544页。
⑥ 鲁迅:《怎么写》,载《鲁迅全集》(第4卷),第20-22页。

艺与政治的歧途》中，鲁迅如此描述"革命"："所谓革命，那不安于现在，不满意于现状的都是。文艺催促旧的渐渐消灭的也是革命。"至于文艺与革命、政治的关系，"我每每觉到文艺和政治时时在冲突之中；文艺和革命原不是相反的，两者之间，倒有不安于现状的同一。惟政治是要维持现状，自然和不安于现状的文艺处在不同的方向。"① 这里，鲁迅表现出了一贯的革命观，即"革命无止境，倘使世上真有什么'止于至善'，这人间世便同时变了凝固的东西了"②。这"革命"也是超越一般实际的革命斗争的，因为实际的革命斗争即便不是以寻求政治统治为鹄的，最终也会建立起政治统治，到那个时候革命如何继续下去就成了疑问。这与其说是革命的宿命，不如说是革命的缺陷。然而，较之于革命，同为"不安于现状"的文学则不存在这个问题，永无止境。在这个意义上，文学是超越于革命的。笔者以为，鲁迅对文学这一场域的坚持，原因和意义或许正在于此。

鲁迅的"文学无力"说向来多为人误解。其实，鲁迅并非就文学本身来谈的，文学的无力是在与革命、运动、战争等实际行动的比较中得出的，因而，鲁迅的"文学无力说"毋宁说是为了区分出文学这个场域。在 1928 年"革命文学"兴起时，"革命"和"文学"两个场域遭受着混同的危险，准确地说，是文学被混同为革命。鲁迅观察到中国"革命文学的旺盛"与别国不同，"并非由于革命的高扬，而是因为革命的挫折"。在"清党"中幸存的青年迫于政治环境的压迫，转而从事文学。"'革命'和'文学'，若断若续，好像两只靠近的船，一只是'革命'，一只是'文学'，而作者的每一只脚就站在每一只船上面。当环境较好的时候，作者就在革命这一只船上踏得重一点，分明是革命者，待到革命一被压迫，则在文学的船上踏得重一点，他变了不过是文学家了。"③ 这种人鲁迅谓之为"流氓"，并专门著文《流氓的变迁》阐述之："然而为盗要被官兵所打，捕盗也要被强盗所打，要十分安全的侠客，是觉得都不妥当的，于是有流氓。"④

---

① 鲁迅：《文艺与政治的歧途》，载《鲁迅全集》（第 7 卷），人民文学出版社 1981 年版，第 113 – 119 页。

② 鲁迅：《黄花节的杂感》，载《鲁迅全集》（第 3 卷），第 410 页。

③ 鲁迅：《上海文艺之一瞥》，载《鲁迅全集》（第 4 卷），第 296 – 298 页。

④ 鲁迅：《流氓的变迁》，载《鲁迅全集》（第 4 卷），第 156 页。

鲁迅并不是希望革命文学家弃笔从戎，也没有在实际革命斗争与文学之间划出等级高下，更没有将它们分别对应为勇敢与懦弱。鲁迅担忧的是，文学一旦被当成革命的附庸，变成服膺某个党派或政治目的工具（有别于文学的政治性和阶级性），自然难以保证其永远反抗的精髓，文学这个特定的场域也就丧失了，反而成为无力的了，于革命也无所助益。"革命之所以于口号，标语，布告，电报，教科书……之外，要用文艺者，就因为它是文艺。"① 自始至终，鲁迅都强调真正的革命文学作品之于革命文学的重要性。"中国有口号而无随同的实证者，我想，那病根并不在'以文艺为阶级斗争的武器'，而在'借阶级斗争为文艺的武器'，……请文学坐在'阶级斗争'的掩护之下，于是文学自己倒不必着力，因而于文学和斗争两方面都少关系了。"②

现在回到本节的开头，笔者以为鲁迅所说的"大时代"也可以理解为革命的力量成为政治统治力量的时代。在这样的时代里，作为"永远反抗"和"思想自由"的文学的命运如何呢？鲁迅在1928年年初发表的《拟豫言》中思考了这一问题。该文的副标题为"一九二九年出现的琐事"，但其实"豫言"不多，在其中过去、现在和将来的事被奇妙地并置从而获得了一种共时性，再次显示了鲁迅通过一系列经验形成自己智慧的方式。在这一虚设却又极端真实的时空里，"以党治国"，且"科学，文艺，军事，经济的连合战线告成"，于是"哲学与小说同时灭亡"③。文学的场域要被消亡，恰恰证明了它之于反抗与自由的意义，侧面也证明了它不再仅仅是思想，而是促生了新的社会运动。"新的思想运动起来时，如与社会无关，作为空谈，那是不要紧的，……只是思想运动变成实际的社会运动时，那就危险了。往往为旧势力所扑灭。"④ 当然，也可以是社会运动推翻了旧势力，这便是鲁迅的"可以由此得生，而也可以由此得死"之意义所在。"思想"、"理论"的确是可以转化成为"行动"的，我们从一部现代史、从鲁迅身上看到的不正是这个道理吗？

① 鲁迅：《文艺与革命》，载《鲁迅全集》（第4卷），第84页。
② 鲁迅：《"硬译"与"文学的阶级性"》，载《鲁迅全集》（第4卷），人民文学出版社1981年版，第207–208页。
③ 鲁迅：《拟豫言》，载《鲁迅全集》（第3卷），第570–571页。
④ 鲁迅：《关于知识阶级》，载《鲁迅全集》（第8卷），第191页。

第三节　"革命"摩登

在"革命文学论战"中，尽管"革命文学"的提倡者们都注意到"革命文学"中可能会出现投机者，但他们对此几乎都未加注意，反而是将斗争的矛头指向了鲁迅、茅盾和郁达夫等人。蒋光慈在《关于革命文学》中说："有的人说，这一般旧式的作家所以也提倡革命文学的，是因为革命文学成了一个时髦的名词，他们是借此来投机的；而且最重要的原因，是他们感觉到自己地位的不巩固，为着维持这个与旧社会有密切关系的地位，不得不迎合时代的需要，以冀博得一般新青年的同情。……这种意见是否是对的，我们现在没有讨论的必要，因为这是个人的问题，我们暂且可以不问。"蒋光慈非但轻易放过这个问题，而且他从中得出了相当乐观的结论，"这可见得中国文坛发展到了哪一个阶段，而革命文学成了一个重要的倾向了"[1]。创造社对时髦化的"革命文学"也缺少揭露，冯乃超在《创造月刊》第 2 卷第 2 期的"卷头语"中，将艺术的商品化列为首要的敌人，"我们的斗争对象不能不直向借革命艺术的美名密输布尔乔亚的意识的所谓'民众艺术''农民艺术'，揭破它的美丽的面纱，暴露愚民政策的真相"[2]。冯乃超并未指明打出所谓"民众艺术"和"农民艺术"旗号的是哪些人。不过，从该刊第 2 卷第 4 期上彭康明确将矛头指向了郁达夫主编的《大众文艺》这一点判断，创造社仍然未能找准真正的敌人。彭康认为，郁达夫的"大众文艺"是"与革命文学似相接近而实相反的主张"[3]。在紧接着的两期中，傅克兴和李初梨又把茅盾当成"小资产阶级革命文学"的代表展开了声讨。

由于没有及时划清与"革命文学"投机者的界限，反"革命文学"的力量便借此大做文章，俨然将"革命文学"投机者当作了"革命文学"的代表。作为民族主义文学阵营之一的《前锋周报》一直诬蔑普罗文学及其作家，和对普罗文学一般性的谩骂不同，这上面的文章每每举张资平、叶灵凤等人为例攻击普罗文学作家，更有蒙蔽性。例如常出现在这个

---

① 蒋光慈：《关于革命文学》，《太阳月刊》1928 年第 2 期。
② 冯乃超：《怎样地克服艺术的危机》，《创造月刊》1928 年第 2 卷第 2 期。
③ 彭康：《革命文艺与大众文艺》，《创造月刊》1928 年第 2 卷第 4 期。

刊物上的李锦轩所作的《小说家与抄袭家》一文，以道德家的口吻斥责中国文坛上的投机抄袭现象，"事实摆在眼前，张资平的小说能举出那几本不是从日本小说中抄来的？叶灵凤的小说又有几本不是取自旧笔记小说中的材料及口号标语的堆砌呢！"① 作者将矛头明显指向普罗文艺，诋毁"普罗文学的理论在中国，是没有独特的建设的，杂乱的一堆，只是生硬地从外国贩来的东西而已"②，代表了民族主义文学家的一贯腔调。李锦轩的另一篇文章《普罗作家与张资平》内容上毫无新意，可以说是上一篇文章的翻版，不过这一回作者直接把普罗作家和张资平放在一起相提并论了。

在左翼作家中，自始至终持之以恒地批判"革命"摩登的还是鲁迅，如果说他对中国社会现实入木三分的观察具有极强的实践性，那么他对于政治、社会黑暗现象的批判则与"革命"摩登批判一起构成了一种实践，革命文学的实践与实践性在鲁迅这里有机地结合起来。从鲁迅的独特的"革命文学论"中我们可以看出，"革命人"（革命与文学家的关系）、"现实"、"反抗"（革命与文学的关系）是甄别真假"革命文学"的最重要维度。也就是说，需要在关系之中而非孤立地看待某些文学现象。

"革命"摩登大致有如下几种：一是以张资平为代表，他不但赶"革命文学"的时髦，也赶民族主义文学的时髦，他在与丁丁合编《絜茜》时，更是频繁祭出"平民文化"、"新农民文学"等一大堆的口号。这是商业叫卖式的"革命"摩登，目的只为招徕读者，赚取金钱。二是以刘呐鸥、施蛰存、穆时英、叶灵凤等人为代表，他们主要感兴趣的是"革命文学"或普罗文学这一新兴的文学形式，笔者在第三章曾经分析过，"革命文学"或普罗文学对他们的吸引力在于"新"，而非其具体的社会目标。他们或许也参加过一定的实际斗争，但由于本来立场就不明确，斗争中的挫折经验迅速使他们远离"革命文学"，甚至走向革命的反面。李初梨在谈到作家参加无产阶级文艺运动的动机时区分了"为文学而革命"和"为革命而文学"③，前者也许可以用来概括这一派"革命"摩登的特征。三是以杜衡、杨邨人、韩侍桁等人为代表的"小资产阶级革命文学"派，他们都曾经是左翼成员，但由于立场不坚定，害怕实际的革命斗争，

---

① 李锦轩：《小说家与抄袭家》，《前锋周报》1930 年第 21 期。
② 张季平：《中国普罗文学的总结》，《现代文学评论》1931 年第 1 期。
③ 李初梨：《怎样地建设革命文学》，《文化批判》1928 年第 2 期。

渐渐被排除到左翼阵营之外，转而揭起"小资产阶级革命文学"旗帜，实际上也是走向了左翼的对立面。杨邨人曾是太阳社的主要成员，和蒋光慈、钱杏邨一起提倡过"革命文学"，经历了从"革命先锋"到革命绊脚石的蜕变，鲁迅曾形象地把他称为"革命小贩"①。杨邨人在脱离无产阶级革命文艺阵营之后，也未忘记靠贩卖"革命"谋利，他的小说《赤区归来记》既故意渲染革命根据地的生活的神秘，吊读者胃口，又不忘诋毁革命。刊登这篇小说的《社会月报》的编者更是把其当作了暴露赤区"真相"的历史材料，把杨邨人树为由向往革命转而认清革命骗局的典型加以介绍②。四是可以举徐訏为代表，他们曾经追随过马克思主义思想，不过这种接受是由于时势使然，主要是知识上的，而不是实践上的，最后的结局也是背弃社会主义和共产主义的信仰。五是别有用心地伪装革命行攻击革命之实。如民族主义文学刊物《矛盾》上刊登的谩骂鲁迅的文章《皇帝的像赞》："既不能脱下橡皮鞋而走向大众，/又舍不得放弃那顶普罗皇冠。/啊，你这一辈子只有'彷徨'！/只有'呐喊'！/你是具有普罗和布尔的'二心'/他妈的！/你的生活始终是'三闲'。/……最近你是无聊得更利害了，/公然把和女学生吊膀子的情书来骗钱。/奶奶的胸！/打碎你这纸糊偶像，/迟早总有一天。"作者以普罗自居，将高长虹、创造社、太阳社、梁实秋等与鲁迅论战时骂过鲁迅的话拼凑在一起，一股脑全扣在鲁迅头上，"以资歌颂，而示我辈普罗百姓爱戴之意"③。诚然，以上五种"革命"摩登只是大致的划分，更常见的是几种情形混杂在一起。鉴于前两种"革命"摩登在文学创作上更突出、持久一些，下面笔者主要就它们来进行分析。

一　"革命"叫卖

在创造社的元老中，如果说郭沫若、成仿吾转而提倡"革命文学"，思想演变尚有迹可寻的话，张资平的转变则显得突兀。《创造月刊》在革新之前，虽然刊发过郭沫若的《革命与文学》、成仿吾的《革命文学与他的永远性》等文章，但正如前文分析过的，此时新一轮的知识分子的分化尚未开始。张资平这时仍以善写三、四角恋爱闻名，《创造月刊》上即

---

① 鲁迅：《答杨邨人先生公开信的公开信》，载《鲁迅全集》（第 4 卷），人民文学出版社 1981 年版，第 629－630 页。

② 杨邨人：《赤区归来记（并编者按语）》，《社会月报》1934 年第 1 卷第 1 期。

③ 邹洛文：《皇帝的像赞》，《矛盾》1933 年第 2 卷第 1 期。

登有他的作品《飞絮》的广告,号称为"文坛上写三角恋爱,不,写四角恋爱的第一杰作"。广告中还特意称赞了张资平"对于三角恋爱和性的苦闷的描写的手腕"①。直到《创造月刊》宣称"新的开场"的第2卷第1期为止,张资平仍然是该刊上的常客。"革命文学"的兴起无疑对张资平有很大的冲击,他虽然不能从理论上跟上这个潮流,但在翻译和创作上则迅速赶起了时髦。《创造月刊》第2卷第1期上发表了张资平翻译的松田解子的《矿坑姑娘》,显然是应对刊物的变化采取的策略。

不过,张资平还是受到了来自两方面的压力:一是冯乃超在《文化批判》创刊号上发表的《艺术与社会生活》中,批评张资平"只给一般人描写学生的平常生活,小资产阶级的无聊的叹息和虚伪的两性生活。他的任务在革命期中的中国社会当然会没落到反动的阵营里去"②。这预示着张资平和创造社后期主干力量交恶的开始,与此同时,用新的理论武装了自身的创造社的元老们也对张资平颇不满意。郭沫若在《桌子的跳舞》中揭露新文学运动以来创作界的"病毒",长篇小说方面只举了三角、四角恋爱的流行,虽然没有直接指出张资平的名字,但实际上张资平的确就是这类作品的代言人。二是《创造月刊》自第2卷起"不再以纯文艺的杂志来自缚,它将以战斗的艺术求它的出路"③,理论色彩明显加强,给文艺作品预留的空间日益狭窄。对于此前没有理论准备的张资平而言,要适应这种转变也有一定的难度。

在这样的双重压力和排斥之下,张资平于1928年下半年创办了乐群书店,同时出版《乐群》半月刊(自1929年1月起改为月刊)。《乐群》第1期上打出了"另一种革命"的旗号,鼓吹"著作家革命"和"新进作家革命",同时一口气又喊出了四个口号:"打倒障碍文化的书贾"、"澄清黑暗的出版界"、"著作家联合起来"和"新进作家联合起来"。这种"革命"所要推翻的"压迫"只是"出版家压迫著作家"、"成名作家压迫未成名作家"④。这个宣言明显带有哗众取宠的意味,口号和"革命"之类的流行词汇被生硬地拼凑在一起,掩盖不住它自相矛盾的地方——在"著作家革命"里,著作家是革命者;在"新进作家革命"里,成名的著

---

① "张资平《飞絮》"广告,《创造月刊》1926年第1卷第1期。
② 冯乃超:《艺术与社会生活》,《文化批判》1928年第1期。
③ 《一个伟大的从新的开场》,《创造月刊》1928年第1卷第12期。
④ 乐群书店同人:《另一种革命》,《乐群(半月刊)》1928年第1期。

作家又变成了被革命的对象。宣言里也含有张资平本人对被"革命文学"阵营排斥的怨恨，"成名作家压迫未成名成家，实在也不亚于出版家的压迫著作家！他们和军阀一样各有各的地盘，谁想分润一点是做不到的"。将这段话和杨邨人等创办的《星火》杂志的《前致辞》对照，可以发现非常相似的地方，它们都把文坛比喻为军阀割据，同样以"新进作家"或"全国文艺青年"的代言人自居。从"新进作家"这一概念被广泛盗用中也能看出"革命文学"和无产阶级文学在当时被时尚化的程度（详见第五章），此时张资平也躲在所谓"新进作家"的幕后，没有署名为主编，使得《乐群》半月刊蒙上"新进作家"、"几个穷学生办的"① 这样的色彩。

《乐群》第 1 期中发表的沸蟒的《潜航艇》把当时创造社对鲁迅的攻击发展为完全的谩骂。文章开篇便挪用了"革命文学"中的时髦词汇——"奥伏赫变（aufheben）"，不过用起来却显得不伦不类："船到大海时，一切的山影都被 aufheben。"接下来创造社与鲁迅论战中凡是人身攻击的地方都被写了进去，虽然没指明是骂鲁迅，但明眼人一看便知，如"带一身 ironic 的坚甲"、"朦胧的醉眼"、"老"、"茶余饭后作消遣"等。更加恶劣的是，文章充满了肆意的谩骂，诬蔑鲁迅"好像是马路上的老野鸡"、"熊蜂"，声称"管它妈的，给它一个蝇拂罢"②。同期虽然刊登有张资平翻译的"日本无产阶级文学作家叶山嘉树的杰作"③《土敏土坛里的一封信》，但不能视作张资平本人对无产阶级文学的兴趣或贡献，同《潜航艇》一样，它不过是用以招徕读者的幌子。

《乐群》半月刊第 2 期上刊登了石声的《期望的秋凉》，这篇小说被编者在《编后》中称赞为"描写阶级意识的作品，极为深刻动人"，不过，谈到对资产阶级生活和娱乐的态度时还是暴露了作者的底色："娱乐能普通到一般穷苦的人们，本来用不着嫉视和反对的。但是资产阶级特有的娱乐，只限于资产的享用，不能普遍到一般穷困的人们，那自然要引起不能享用者的嫉视和反对了。"④ 第 3 期的《编后》报告了"文坛老将"张资平"以后创作另换方向"、"要从新的方面开场"的消息，"从新的方

---

① 《投稿规程》，《乐群（半月刊）》1928 年第 11 期。
② 沸蟒：《潜航艇》，《乐群（半月刊）》1928 年第 1 期。
③ 编后：《乐群（半月刊）》1928 年第 2 期。
④ 石声：《期望着的秋凉》，《乐群（半月刊）》1928 年第 2 期。

面开场"一语应该是借用自《创造月刊》。然而，到了第 4 期，编者又赶紧声明"本刊为纯文艺的刊物，与一切政治团体绝无关系"了，也许是刊物受到了某些方面的压力所致。该期所登载的张资平的《残灰里的星火》应该是他"另换方向"后的作品，小说虽然以铅厂女工菊儿为主角，也间杂以阶级压迫之类的描写，但作者的主要兴趣仍在于情爱描写，尤其是肉欲的暗示和渲染上。

《乐群》上所刊书籍的广告典型地反映了"革命"摩登的特征，简直可以视作该刊上所谓"革命文学"或"无产阶级文学"的缩影。性和"革命"被当作最主要的诱惑读者的手段，周毓英的《在牢中》被吹捧为"有高尔基的情调专描写社会的黑暗的"，张资平的《柘榴花》"描写革命与恋爱，是张氏作锋转变之杰作"。更有甚者，一本"由殷书契研究中国国故"的学术著作竟然被命名为《国故奥伏赫变》，金石声以义和团为背景的小说《红灯照》也拉上"革命"抬高身价，"义和团的行动，是农民革命！红灯照是描写一个女革命家参加义和团的事实，以清丽流畅的文章，写生龙活虎的事迹，革命家不可不看！女革命家尤不可不看！！"这种措辞与《结婚医学》的广告很相近，一本日本医学博士所作的科学著作在广告中也被庸俗化："这篇里面也有不少有趣的例证，例如六十二岁的妇人生第二十三个小孩子，产男产女与夫妻的年龄有如何的关系。……都有详细的论述，至为通俗有趣！可以说凡是人类都有读此篇的必要。"

美国作家辛克莱是"革命文学"提倡者们频频援引的作家，冯乃超翻译过他的《拜金艺术》，从此辛克莱尔关于艺术的著名判断不胫而走："一切的艺术是宣传。普遍地，不可避免地它是宣传；有时是无意识的，大底是故意的宣传。"① 然而，《乐群》上刊登易坎人所译的辛克莱尔的《石炭王》广告却这样写道："写革命的事实，而读之精神愉快，如看卓别林的电影"。这则广告也受到了《现代小说》的嘲讽，认为"乐群书店做新书广告的先生，是受了爱立司洋行或三德洋行出卖×药的广告术的教养"②。在这些广告中，"革命"不仅仅是装饰品、幌子，也是和"性"、"爱情"一起成为消费品。

《乐群》改出月刊后虽然明显增加了无产阶级文学理论及创作译介上

---

① Upton Sinclair：《拜金艺术》，冯乃超译，《文化批判》1928 年第 2 期。
② 薇薇：《辛克莱与卓别灵》，《现代小说》1929 年第 3 卷第 1 期。

的比重，但是也仅仅是一种"革命"摩登。陈勺水是《乐群》上翻译日本无产阶级文学理论最勤的一个，曾经译过藏原惟人、青野季吉等人的文章，他对无产阶级文学的向往和追求也是严肃的①，与张资平不可同日而语。不过，《乐群》在刊登陈勺水所著《酱色的心》的广告时，还是将其涂抹上了情色的色彩："中国无产阶级的文艺运动，闹是闹得乌烟瘴气，但一般作品只染了无产阶级的简陋，徒能引起读者的反感。勺水先生的作品极能使读者对被压迫都生出同情，而其情节与描写，又极能引起读者的爱情的欲望。"《乐群》上所载的原创小说一般都离不开"革命"与"色情"的简单叠加，目的正是为了挑拨读者色情想象和"爱情的欲望"。黄谷穗的《驴子阿 K》借驴子写革命者的反抗，本身即把反抗滑稽化了，而通篇所着重的仍然是性狂热的描写②。洁予的小说《没落与转变》题目上更像是一篇社会科学论文，前半部分也完全是对革命理论的拙劣模仿，很快过渡到两个男人之间同性恋情节的渲染。诚然，茅盾的《子夜》里也曾偶尔出现过同性爱的描写，不过，同性爱的意义正在于区分真假革命者，作品中苏伦的性需求的狂热和蔡真的同性恋需求，正是横亘在革命者与取消派之间的鸿沟，玛金通过"挣脱"苏伦和蔡真，而矗立为一个真正革命者的形象。《没落与转变》则不然，它写两个男人由同性爱而结为"革命"同盟，所谓"反抗"不过是偷了主子的钱逃跑，一有了钱，他们就决定"尝一尝他妈妈的二等车的滋味"了③。

　　"革命文学"初期"革命＋恋爱"式作品的流行的确为模仿者开启了方便之门。然而，"革命"摩登作品中的"革命加爱情"或"革命加色情"也是与此似而不同的。在"革命＋恋爱"的"革命文学"作品里，革命和恋爱要么被处理成冲突，是个人主义与集体主义冲突的重要组成部分，要么是相辅相成，体现为一种新式的革命爱情。当时有人将"革命"与"恋爱"式的小说概括为三种情节模式："为了革命而牺牲恋爱"、"革命决定了恋爱"和"革命产生了恋爱"，并把第一种称为"'革命' ＋（加）'恋爱'的公式"，把后两种合称为"'革命'×（乘）'恋爱'的

---

　　①　芦田肇：《陈启修在东京的文学活动——关于他的诗论、文学评论和文学作品的翻译、"新写实主义"论等》，《中国现代文学研究丛刊》2007 年第 1 期。

　　②　黄谷穗：《驴子阿 K》，《乐群（月刊）》1929 年第 2 卷第 10 期。

　　③　洁予：《没落与转变》，《乐群（月刊）》1929 年第 2 卷第 7 期。

公式"①。不管是哪种情节模式，革命元素的加入改变了以往的爱情描写模式。桀犬在《怎样认识性爱的题材》里将这个问题说得非常透彻："我们应当一再地说明性爱的型，是依随着社会的型而变革的；……在全世界的封建制度和资本主义统治行近终局的现代，才子佳人式的销魂主义，资产阶级的淫乐主义，小资产阶级的恋爱至上主义，这些这些都已失掉了做题材的资格，而代兴的主要题材却是从革命动力所唤起的广大自由的新性关系，它们得以'无尽的无限的'正确的发展表现出性爱与两性社会生活之连锁。……以性爱为题材的作者必须了解自己所注目的现象是存在于诸种矛盾中，如两性的矛盾，精神与肉体的矛盾，个人与社会的矛盾等，人类的性爱本是一边与生俱来地向着无尽止的自由奔突，而另一边又受着社会条件强力的压制，使它不能获得正确的发展；至于观察这种现象的作者自身也是受了环境所给予的主观之挟制而不易于得到最精准的看法。"②总而言之，在左翼作家看来，只有将性爱题材放置到广阔社会生活和社会关系中处理才是正确的，不能借此逃避现实和社会，更不用说单纯地渲染色情了。

自1930年第3卷开始，《乐群》又在"社会科学热"中赶起了介绍社会科学的时髦，声称："我们欲避去一切小资产阶级的狂热的谩骂，我们要消灭智识分子的革命的虚伪。在一九三○年的开端，我们对于本刊的前途，只希望它能以唯物史观的'精神'来充实社会科学的内容，以社会科学的内容来填补文艺思想的基础。社会文艺思想之能否侵入群众，侵入群众后能否产生伟大的思想，这要看我们的努力。"③俨然以马克思主义的正统派自居。其实更早一些，周毓英在刊物上发表为自己辩护和攻击潘汉年、杨邨人、叶灵凤等人的言论中，已经表现出这种姿态了。针对潘汉年对自己的批判，周毓英写了《内奸与潘汉年》一文，将潘汉年称为"革命棍"，其中充满了赤裸裸的人身攻击。与此同时，周毓英所作的《最后胜利》的广告把这部著作歌颂为"马克思主义具体化尖锐化的'斗争文学'的长篇创作"。"马克思主义具体化尖锐化"的说法直接取自《内奸与潘汉年》一文，在文章中作者判断普罗文学的走向是，"现在的中国普罗文学运动将脱出前期幼稚病的恋爱革命文学与口号革命文学的窠

① 何籁：《"革命"与"恋爱"的公式》，《文学》1935年第4卷第1期。
② 桀犬：《怎样认识性爱题材》，《现代》1934年第5卷第3期。
③ 《卷头语》，《乐群（月刊）》1930年第3卷第3期。

臼，而纳入马克思主义的轨道。马克思主义在文学上将具体化而更尖锐化"①。显然作者是自封为普罗文学的前锋和正统了。

如果我们对照鲁迅对于"革命文学"的论述，那么，张资平本人的文学活动和《乐群》上刊发的大多作品、批评，都只是一种"革命"摩登。创作者的意识上对无产阶级革命和反抗没有认知，只是借此发泄个人对社会、集团、他人的私愤，其目的更不是要建立平等的理想社会，更不用说为此实践、奋斗了。作者们所擅长的依然是早先对情色场景的暗示和描写，"革命"或"马克思主义"对他们而言，只是往作品中生硬地添加一些他们自己也未能明了的口号、术语，目的只在哗众取宠，增加杂志和作品的销量。

二 "为文学而革命"

与张资平之流相比，刘呐鸥、穆时英、施蛰存、叶灵凤等人对革命、马克思主义的向往要真实一些，不过主要是文学上的。早在 1925 年秋冬之际，施蛰存、戴望舒和杜衡三人就参加了共青团和国民党，在当时军阀统治之下的上海，加入这些党派有被逮捕的危险，然而，三人就读的震旦大学地处法租界，军阀"无法直接进入租界抓人"，因此要安全得多。1927 年，戴望舒和杜衡因被怀疑为共产党而被抓进法租界巡捕房，最后是托同学的父亲帮忙，费了一番周折才被保释。这是他们接近革命过程中所遭遇的第一次大的挫折，余惊未定之中，他们也就此和党团失去了联系②。国民党占领上海后发动了反革命叛变，施蛰存、戴望舒和杜衡避祸松江施蛰存的家中，搞起了文学翻译与创作，这便是"文学工场"的雏形。随后，戴望舒北上北京并在那里结识了冯雪峰。由于北京时势紧张，冯雪峰随后也南渡上海，加入到他们中间。

冯雪峰的加入对这一团体的影响很大，此前冯雪峰本人已经对苏联文学很感兴趣，并在北京北新书局出版过三本介绍苏联文学的书，据施蛰存回忆，"他的工作，对我们起了相当的影响，使我们开始注意苏联文学"。几人一起创办了同人刊物《文学工场》，但因为"内容激烈"、出版商有所顾虑，刊物第一期尚在清样阶段即告夭折。1928 年夏初，刘呐鸥从台湾省亲重回上海，他在公园坊租住的小洋房成了这批青年新的聚身之所，

---

① 周毓英：《内奸与潘汉年》，《乐群（月刊）》1930 年第 3 卷第 13 期。

② 施蛰存：《震旦二年》，载《施蛰存七十年文选》，上海文艺出版社 1996 年版，第 286－292 页。

几人成立了水沫社。刘呐鸥带来了许多"日本出版的文学新书",其中包括一些"运用历史唯物主义观点的文艺论著和报道"。"刘呐鸥极推崇弗里采的《艺术社会学》,但他最喜欢的却是描写大都会中色情生活的作品。在他,并不觉得这里有什么矛盾,因为,用日本文艺界的话说,都是'新兴',都是'尖端'"。刘呐鸥的这些偏好,对施蛰存等人也不无影响,使得他们"对文艺的认识,非常混杂"。不久,由刘呐鸥出资、戴望舒和施蛰存共同参与编辑的《无轨列车》应运而生,刊名来自刘呐鸥的构思,寓意"刊物的方向内容没有一定的轨道"。综观整个《无轨列车》的内容,也的确体现了刘呐鸥的思路,它的兴趣在于"新兴"和"尖端"文艺,所以,都会情色作品与马克思主义的文艺作品及理论奇妙地共存着。稍晚于《无轨列车》、由徐霞村主编的《铙炉》在内容上也体现出相似的特征。以第一期为例,上面既刊登有丁玲、胡也频、刘呐鸥等人的作品,也不乏对保尔·穆杭、皮蓝得娄、波旦诺夫等人的译介①,正如刊名所显示的,编者意欲将各种新兴文艺"铙"为一"炉"。"铙炉"也罢,"无轨列车"也罢,对于这些甫登文坛的年轻人而言,马克思主义的文艺理论与作品只是作为新潮文艺之一种引发了他们的兴趣,他们一开始就不愿定格于一端。

　　和《无轨列车》的出版几乎同时,第一线书店也挂牌营业。然而,《无轨列车》出至第 8 期,就被以"宣传'赤化'"的罪名禁止②,书店也被警告停业,只得换名"水沫书店"偷偷做出版业务。到 1930 年,水沫书店原定出版 12 种图书的《马克思主义文艺论丛》出到第 5 种的时候也遭遇被禁的命运。在这几年间的文学实践中,尽管施蛰存等人也操弄过"无产阶级革命文学"和马克思主义的文艺理论,也在压迫中坚持过,但是这些文学实践始终与革命实践保持着距离。冯雪峰曾希望施蛰存等三人恢复党的关系,但是他们心存顾虑,"我们自从四一二事变以后,知道革命不是浪漫主义的行动。我们三人都是独子,多少还有些封建主义的家庭顾虑。再说,在文艺活动方面,也还想保留一些自由主义,不愿受被动的

---

① 《铙炉》1928 年第 1 期。

② 施蛰存在回忆中说《无轨列车》出至第 6 期被禁,当属记忆之误。见施蛰存《最后一个老朋友——冯雪峰》,载《施蛰存七十年文选》,上海文艺出版社 1996 年版,第 273 页。

政治约束"①。也许，他们同时也无法忘记那次被捕的经历。如果说刘呐鸥和冯雪峰同时对这个团体产生过影响的话，那么，显然他们最后还是更接近于刘呐鸥一些。从交往的事实上看也是如此，当施蛰存等人聚集于刘呐鸥的住所时，冯雪峰离开了他们，和沈从文、丁玲、胡也频等人住到了一起。

从刘呐鸥1927年的日记中看，他的文学训练和兴趣相当驳杂，总体而言，他对日本、法国的情爱题材和讲究表现技巧的作品较为偏爱，普罗文学思潮只是顺带被关注，原因在于普罗文艺的"新"以及巨大的冲击力。刘呐鸥于1928年翻译出版的日本小说集《色情文化》大体上也能体现出这种趣味，在《译者题记》中，刘呐鸥简短地介绍了日本文坛派别林立的情形，一个基本的判断是："现代的日本文坛是在一个从个人主义文艺趋向于集团主义文艺的转换时期内。""普洛莱达利亚"文艺正"像旋风一样卷了日本全文坛"。尽管如此，刘呐鸥仍认为"在这时期里能够把现在日本的时代色彩描给我们看的也只有新感觉派一派的作品"。虽然集子中为"普洛派的新进的翘楚"林房雄预留了一席之地，但只是淹没在新感觉派小说之中，进言之，刘呐鸥选译的林房雄的作品也算不上普罗文学②。在刘呐鸥本人的创作中，也很难看到普罗文学太大的影响。至于刘呐鸥1930年翻译出版弗理契的《艺术社会学》的动机，除了其为新兴艺术之一种外，主要原因可能在于它被译者认为是"立了科学的艺术社会学之建设的最初的基石。本书的在学术上的价值，不用说，是纪念碑性的"③。

施蛰存回忆说，他曾经创作过"模仿苏联小说的《追》和《新教育》"，此后"不再写无产阶级革命题材的小说"④。其实，作家的记忆并不十分准确，他还创作过《阿秀》和《花》，都发表在他们自己所办的刊物《新文艺》上，时间是在1930年。"这时候，普罗文学运动的巨潮震撼了中国文坛，大多数的作家，大概都是为了不甘落伍的缘故，都'转

① 施蛰存：《最后一个老朋友——冯雪峰》，载《施蛰存七十年文选》，上海文艺出版社1996年版，第266 - 275页。

② 呐呐鸥（刘呐鸥）：《译者题记》，载《色情文化》，刘呐鸥译，水沫书店1929年版。

③ 刘呐鸥：《译者后记》，载弗理契《艺术社会学》，刘呐鸥译，水沫书店1930年版，第368页。

④ 施蛰存：《我的第一本书》，载《施蛰存七十年文选》，上海文艺出版社1996年版，第699页。

变'了。《新文艺》月刊也转变了。于是我也——我不好说是不是,转变了。我写了《阿秀》,《花》这两个短篇。但是,在这两个短篇之后,我没有写过一篇所谓普罗小说。"① 如果说创作《追》和《新教育》时施蛰存正处于模仿时期,在小说方面他先后模仿过田山花袋、新俄的短篇小说作家、爱伦·坡等人,那么,创作《阿秀》和《花》的时候,作家已经有了艺术的自觉,非但他所承认的"正式的第一个短篇小说集"《上元灯》已经出版,同时《鸠摩罗什》也已在《新文艺》创刊号上发表。《阿秀》和《花》当然不能代表作家思想的转变,但它们得以产生,也是作家追随普罗文学运动的结果,侧面也反映出当时普罗文学运动非凡的影响力。施蛰存解释自己停止普罗文学创作的原因时说:"这并不是我不同情于普罗文学运动,而实在是我自觉到自己没有向这方面发展的可能。"② 生活经验上与普罗大众的隔阂当然是至关重要的原因,但是最关键的原因还是作家对普罗文学运动所内含的实践与信仰保持了距离。

施蛰存所说的《新文艺》的"转变"始于该刊第 1 卷第 6 期。《新文艺》是刘呐鸥、施蛰存、戴望舒、徐霞村等人继《无轨列车》被禁之后创办的刊物,如果将第 1 卷第 6 期之前的《新文艺》和《无轨列车》作以比较,会发现其中对普罗文艺的关注几乎消失了,也许编辑们还心存《无轨列车》、第一线书店被禁所带来的顾忌。冯雪峰曾经认为"太颓废消沉"而不赞成戴望舒、杜衡翻译的陶孙(道生)的诗③,这时也在《新文艺》第 1 卷第 3 期上刊发出来了。《新文艺》整体上表现出对新兴的都市情爱文学的兴趣,以至于有读者来信询问"贵刊是不是'都市文学'"④。这一次促使《新文艺》追赶普罗文学潮流的既非刘呐鸥也非冯雪峰,而是读者。在该刊第 1 卷第 4 期上,本埠读者何俭美来信说:"在目前这个时代,不是无产阶级文学正高唱入云的时候么?我以为贵刊也该顺应潮流给我们的读者介绍几篇普罗的作品。……你们虽然出版了《俄罗斯短篇杰作集》,但我还希望你们不时的在贵刊上给我们介绍苏俄的新

① 施蛰存:《我的创作生活之历程》,载《施蛰存七十年文选》,上海文艺出版社 1996 年版,第 57 页。

② 同上。

③ 施蛰存:《最后一个老朋友——冯雪峰》,载《施蛰存七十年文选》,上海文艺出版社 1996 年版,第 269 页。

④ 《读者凌莺来信》,《新文艺》1930 年第 1 卷第 5 期。

著。"编者回复说："关于普罗派作品我们也很重视着想竭力介绍给读者的。……我们当然也注意苏俄新作品。"① 也就在这一期上，刊登了葛莫美翻译的藏原惟人的《新艺术形式的探求》。

在接下来的一期中，《新文艺》继续收到读者来信，这次已经不是单纯要求介绍普罗作品和苏俄的新著了，而是要求"系统地介绍新兴文艺底理论"、"以史的唯物论底见地来论述底现存新兴文学作家论"、"先进各国底普罗文艺运动"、"新兴文学的创作和翻译"等一系列改进。编者答复说："本刊的第一卷因为种种关系，只能做到包罗各种性质的文艺的'十样锦'式的杂志。所以对于普罗文学方面没有特大的成绩。但现在正在计划从第二卷起，把本刊改革一下性质，侧重新兴文学，对于先生所论到的四项，我们将逐一地做去。"② 同时在《编者的话》中再次表态："在编辑一方面，同人早曾经过一度郑重的讨论，觉得一九三〇年的文坛终于将让普罗文学抬头起来，同人等不愿自己和读者都萎靡着永远做一个苟安偷乐的读书人，所以对于本刊第二卷起的编辑方针也决定改换一种精神。"③ 这样，刊物的"改革"或"改换"就已经箭在弦上了，事实上，编辑们没有耐心等到第 2 卷，在第 1 卷第 6 期刊物就面目一新，推出了戴望舒翻译的《唯物史观的诗歌》、穆时英的《咱们的世界》等作品，施蛰存的《阿秀》也正是在这一期登出的。此时中国左翼作家联盟的筹备工作也正如火如荼，离正式成立只有一步之遥。也就是说，"无产阶级革命文学"结束了早期混战状态，团结起来以强大的力量屹立于上海乃至整个中国文坛之中，令所有从事文学工作的人都不能小视，那些不想被时代潮流抛弃的人只得对自身进行调整。

《新文艺》"宣告了方向的转变"后只出了三期也告停刊，编者解释原因为："在内则受了执笔人不能固定的影响，在外则受了暴力的睨视之影响。"④ 也许我们可以设想，假如《新文艺》不受到外界"暴力"威胁而废刊，那么，施蛰存、穆时英的"普罗文学"时期可能会长一些。尤其是穆时英，自从被《新文艺》的编者从诸多的投稿者中"发现"，每期都刊载他的一篇"普罗小说"，迅速被读者和评论界认可，从而被"誉为

---

① 《本埠何俭美先生来信及编者回复》，《新文艺》1929 年第 1 卷第 4 期。
② 《读者 RT 来信及编者答复》，《新文艺》1930 年第 1 卷第 5 期。
③ 《编者的话》，《新文艺》1930 年第 1 卷第 5 期。
④ 《编辑的话》，《新文艺》1930 年第 2 卷第 2 期。

普罗小说中之白眉"①。其实,《新文艺》的编者们不是不明白穆时英的弱点,他们在向读者特别推荐这位陌生的作者时说:"《咱们的世界》在Ideologie上固然是欠正确,但是在艺术方面是很成功的。"② 这倒与刘呐鸥、施蛰存们一贯坚持的注重艺术表现形式和技巧是相符的,他们所译介的藏原惟人的理论也是关于新兴艺术形式的:"大凡一个艺术和别的一个艺术的区别,决不是单在它的意识形态的内容。在心理内容和艺术形式上如果不能区别,决不能说是新的艺术。所以即使作品的意识形态的内容是普鲁的,如果作品尚漂动着非普鲁心理,尚被非普鲁形式包住着,那仍不能算是真实的普鲁艺术。"③ 这说明普罗文学此时某种程度上也意识到表现形式的重要性,然而中国的普罗文学仍然非常幼稚,比如为了表现大众语言刻意使用粗话的情形。经过一段时间的理论译介之后,摆在左翼文艺运动者面前的急迫问题是创作出成功的、有代表性的普罗文学作品。

谩骂和粗口是"革命文学"和左翼文学在发展过程中曾经出现过的不良倾向,反映出左翼作家最初对"革命文学"和左翼文学理解上的简单化。作家们想反映工农的生活,却又对实际的工人、农民生活和思想相当隔阂,只是把以往从文学上(如《水浒传》)得到的粗浅知识简单地投射到笔下的人物身上,使得这些人物身上往往混合着豪侠和流氓气息。粗口的运用更是对文艺大众化、使用大众语的曲解,如杨邨人在《太阳月刊》上发表的小说《一尺天——长篇小说〈一个战士〉的一段》中就布满了"妈妈的"、"妈的尻"、"肏他娘"之类的粗话,仿佛一加上这些语言,作品就立即"革命"了。粗话向前一步就会变成谩骂,其中额外夹杂了对无产阶级文学作为"武器的艺术"的误解。最典型的是《文学月报》上刊发的芸生的诗《汉奸的供状》,鲁迅曾经特别针对此文写作了著名的杂文《辱骂和恐吓决不是战斗》,以纠正左翼文学中的不良习气。在文章中,鲁迅联想到了早先太阳社、创造社对他的人身攻击,说明这种习气在革命阵营绝不是偶然发生的,而是由来已久。《汉奸的供状》能在周扬主编的《文学月报》上发表,说明这并不是作者芸生一人的问题,而是反映了左翼文艺阵营中某种潜在的错误倾向。这实际上也反映了早期"革命文学"作家的焦虑,他们迫切需要将自己的文学与五四白话文学区

① 《编辑的话》,《新文艺》1930年第2卷第2期。
② 《编辑的话》,《新文艺》1930年第1卷第6期。
③ 藏原惟人:《新艺术形式的探求》,《新文艺》1929年第1卷第4期。

分开来，如果说"革命文学"的理论和口号已经提供了这些标识的话，文学作品中同样也需要新的标识。

　　穆时英的迅速崛起甚至被左翼文学界普遍寄予厚望都应在这样的背景中去理解，他的优势恰恰在于文学表现形式的新颖、灵动和大众语运用的圆熟。李易水在专门谈论张天翼的文章中也不忘了提一下穆时英，认为"《南北极》的作者穆时英，也是一个大众的语汇丰富的人"①。将穆时英和张天翼放在一起看，在当时是十分自然的，两人都被当成了运用大众语的成功典范，同时这种语言又被认为是学习了《水浒传》或《何典》而来。实际上两人在语言风格上的差异是相当大的，张天翼的语言主要来自于长期对底层人物的观察和了解，而穆时英则是模仿《水浒传》之类的作品而来，以至于人物的性格上也带有水浒人物的影子。苏雪林敏锐地觉察了这一点，她说："《南北极》的人物多为青红帮式的，故事在上海发生，所操却为北方方言。骂人必带猥亵字眼，作者赋予了他们鲁智深、武松、李逵性格。"② 正因为如此，左翼批评家们在肯定穆时英小说语言和技巧方面成功的同时，也批评了作品中流露出的错误意识。寒生在专门批评《南北极》的文章中认为，"这篇东西全是被流氓的意识所浸透着的"。不过他还是承认穆时英"技巧得到了相当成功的地方"，只要改正作品中的不正确的意识，"是很有希望的"③。无独有偶，钱杏邨也认为从《南北极》中可以看出作者两方面的东西："一是作品本身的意识形态上的缺陷，一是新的大众化的形式的探求。"从意识形态方面看，"横在他的前面的，是资产代言人与无产阶级代言人的两条路，走进任何一方面，他都有可能。"④ 钱杏邨的文章参照了巴尔在《文艺新闻》上批评穆时英的某些观点。不过，巴尔的批评要严厉得多，他没有单论《南北极》，而是将其和《咱们的世界》、《黑旋风》放到一起去看，指出了其"公式化"的缺点⑤。

　　左翼的批评对穆时英起了相当大的作用，《南北极》改订出版时增加

---

　　① 李易水：《新人张天翼的作品》，《北斗》1931 年创刊号。
　　② 苏雪林：《新文学研究（讲义）》，国立武汉大学 1934 年版，第 228 页。
　　③ 寒生（阳翰笙）：《南北极》，《北斗》1931 年创刊号。
　　④ 钱杏邨：《一九三一年中国文坛的回顾》，载《现代中国文学论》，合众书店 1933 年版，第 95－96 页。
　　⑤ 巴尔：《一条生路与一条死路——评穆时英君的小说》，《文艺新闻》1932 年第 43 号。

了三篇小说——《偷面包的面包师》、《断了一条胳膊的人》和《油布》。这三篇小说意识上固然作了较大调整,但基本上也失去了作家原先所具有的锐气和特点,反应平平。穆时英说:"这集子里的几篇不成文章的文章,当时写的时候是抱着一种试验和锻炼自己的技巧的目的写的——到现在我写小说的态度还是如此——对于自己所写的是什么东西,我并不知道,也没想知道过,我所关心的只是'应该怎么写'的问题。发表了以后,蒙诸位批评家不弃,把我的意识加以探讨,劝我充实生活,劝我克服意识里的不正确份子,那是我非常地感谢的,可是使我衷心地感激的却是那些指导我技巧上的缺点的人们。"① 可见,作家对技巧的关注远远超过内容和意识,更不用说作品的社会责任和效用了。因而也可以想象,穆时英在遭受更严厉的批评时会站到左翼的反面。瞿秋白著名的批评杂文《红萝卜》指出了革命运动中的一类人"表面做你的朋友,实际是你的敌人,这种敌人自然更加危险",他们就像是红萝卜,"外面的皮是红的,里面的肉是白的"②。这篇文章不是针对穆时英一人的,但却是以穆时英的《被当作消遣品的男子》入题,穆时英显然读过这篇短文,而且受到了相当大的精神刺激,穆时英在《〈公墓〉自序》里开始回击,攻击左翼运动者虚伪、利用群众,为自己辩护:"说我落伍,说我骑墙,说我红萝卜剥了皮,说我什么可以,至少我可以站在世界的顶上,大声地喊:'我是忠实于自己,也忠实于人家的人!'"③

从文学趣味上讲,叶灵凤与新感觉派小说家们很接近,在 20 世纪 30年代,他的文学活动也与这一派作家密切相关。但是,叶灵凤的"革命"经历与新感觉派不同,他首先即处身于"革命文学"阵营中,后来也参加过左联,直到被左联除名。"革命文学"兴起之前,叶灵凤即是后期创造社的"小伙计"之一,与潘汉年、周全平等人一起负责维系创造社出版部的日常业务。同时,他们创办了《A11》、《幻洲》等刊物。《幻洲》分"象牙之塔"和"十字街头"上下两部分,分别由叶灵凤和潘汉年主编,清晰地反映出"浪漫"与"革命"是怎样奇妙地融为一体的,体现出这些年轻人对革命的浪漫想象。无论是"上部象牙之塔里的浪漫的文

① 穆时英:《〈南北极〉改订本题记》,现代书局 1933 年版。
② 司马今(瞿秋白):《红萝卜》,《北斗》1932 年第 2 卷第 3、4 期合刊。
③ 穆时英:《〈公墓〉自序》,载《公墓》,复兴书局 1933 年版。

字"，还是"下部十字街头的泼辣的骂人文章"①，事实上都离真正的革命
很远。实际的革命斗争充满了污秽和血，非但不浪漫，而且是残酷的。在
《幻洲》被禁时叶灵凤因躲避不及而被捕入狱，后经潘汉年等人的多方努
力获释。叶灵凤将这次经历写进了散文《狱中五日记》中，在狱中作家
其实已经非常明白自己与革命之间的距离，"这次捕去的四人中，有一个
便是素来被朋友嘲为享乐公子的我。像我这样的人，也会被人硬归到革命
的旗帜下，我真叹息中国现在稳健的诸君恐怕连'革命'两字的形体尚
未见过"。作家对入狱经历的失望远大于恐惧，监狱方面将他与小偷、烟
犯之类的人关在一起、对他的案件的"不重视"，都让他"感到了失望"。
原先对革命的浪漫想象终于在这次经历中瓦解，出狱之后，叶灵凤"不但
未得到愉快，反觉有一种消失了对手之抵抗而空漠的悲哀"②。也许，他所
寻求的不是压迫者和反抗对象，而是一个可以助其完成浪漫故事的角色。

　　在文艺方面，叶灵凤主要是一个浪漫主义者和唯美主义者，即便
"革命文学"和普罗文学出现热潮时，他也只是以浪漫主义和唯美主义为
底色融入一些革命的题材罢了。不过，叶灵凤很喜欢追逐文艺时髦，正如
解志熙先生指出的，叶灵凤"先后追逐过个性解放的时髦，精神分析的
时髦和左翼的社会革命时髦"③。刊登于《戈壁》第 1 卷第 2 期上的叶灵
凤的《噩梦》带有心理自传色彩，向我们展现了作家精神深处的某种矛
盾与焦虑。作家在一个春日的午后读着"中世纪浪漫式的小说"入梦，
在梦中由一个工人模样的中年人指引洞察了世界的真相——阶级不平等、
压迫，然后又进入了一个没有阶级差异的光明世界，在那里他忽然发现只
有自己一人的服装异于他人，他在众人"驱去这异样的人！消灭这异样
的人"的呼声中惊醒，又回到了现实世界。四周仍是市声喧闹中的卧室，
书架花瓶中的郁金香传来隐约的香气④。郁金香——西方唯美主义者所钟
爱的花，在小说里几乎就是唯美主义的代名词。作家在梦中与工人第一句
对话就是关于郁金香的，当他还在惊叹郁金香的鲜艳时，工人却回答说：
"不能使每一个人的手中都有一只郁金香握着，这郁金香是该诅咒的！"

①　叶灵凤：《回忆〈幻洲〉及其他》，《人言》1935 年第 2 卷第 1 期。
②　叶灵凤：《狱中五日记》，载《白叶杂记》，大光书局 1936 年再版，第 113 –119 页。
③　解志熙：《美的偏至——中国现代唯美—颓废主义文学思潮研究》，上海文艺出版社
1997 年版，第 241 页。
④　叶灵凤：《噩梦》，《戈壁》1928 年第 1 卷第 2 期。

小说里既传达了浪漫主义、唯美主义与现实主义的紧张，喧嚣的现实、斗争与由郁金香点缀的宁静书斋之间的矛盾，也体现出作家对不能融入大众、终将被大众遗弃的焦虑。这一时期作家的表现也多与这种矛盾和焦虑有关。他既翻译介绍国外普罗文学也攻击、讽刺鲁迅，《戈壁》同一期上就刊登了他的漫画《鲁迅先生》，把当时创造社、太阳社对鲁迅的攻击言辞全加在鲁迅身上，但作家自己在创作上的变化则不大。

《幻洲》被禁后，叶灵凤进入《现代小说》编辑部。《现代小说》也在强大的时代潮流中宣布"蜕变"，在第 3 卷第 1 期的《编者随笔》中谈到了今后的努力方向，包括"介绍世界新兴文学及一般弱小民族的文艺"、"努力国内新兴文学运动"、"扶持鼓励国内被压迫的无名作家"等几项①。这一期刊登了叶灵凤的两篇作品，《神迹》和《太阳夜记——为新兴阶级的孩子们而写》。前者仍然带有很强的浪漫主义和个人英雄主义色彩，写一位女革命者利用倾慕于她的表哥开飞机散发革命传单和印刷品的故事，以人群高呼"万岁"结束。在作家看来，革命就是神迹显现，接受大众的景仰和欢呼。第 2 期中叶灵凤所创作的《穷愁的自传》又回到了作家熟悉的题材，不过，他还是在作品里附带加上了攻击鲁迅的句子——鲁迅的《呐喊》只配用作大便纸。接下去一期中叶灵凤写作了《梁实秋》，这篇作品利用了一些新闻材料和当事人回忆等手法，展现了梁实秋因调解中俄两个车夫矛盾而遇到的麻烦。文章最后还大段引用了列宁的话，点明社会革命不可能以和平手段获得，中国小资产阶级知识分子应当早日抛弃人道和社会改良的幻想。应当说，这篇作品在手法上的确有新颖之处，尤其是文体杂陈上很有创新意味，且成功地掩饰了作家在生活经验上的不足。冯乃超曾经给予这篇小说以高度的评价，认为"灵凤这篇小说很明显的，给我们创造了一个形式。技巧不管成功或失败，在暴露自由主义者＝人道主义者之无力的范围内是 100% 的成功"。

1930 年叶灵凤出版了长篇小说《红的天使》，题目很可能来自《现代小说》第 3 卷第 1 期上所登的苏联某画家同名的画作。如果说在《梁实秋》那样的短篇小说中，作家多少能够掩饰自己的不足，那么到了长篇小说，缺点就完全暴露无遗了。作品写两男两女之间的感情纠葛，男主人公丁健鹤是一个革命者，他的朋友韦树藩则是巡捕房的翻译，不过阶级上

---

① 《编者随笔》，《现代小说》1929 年第 3 卷第 1 期。

的对立最终是通过争夺女性来表现的。作家的兴趣明显在于写爱情与报复，只是零星加上一些革命或阶级对抗的描写，革命事业被故意写得很神秘，比如革命暗语，而革命者见面时谈论的内容只有一两句工作方面的话，很快就过渡到女人身上①。这些都显示了叶灵凤对革命的粗浅理解，仍然未能脱离浪漫化与概念化的想象。1931 年 4 月，左联作出开除叶灵凤的决定，理由是："半年多以来，完全放弃了联盟的工作，等于脱离了联盟，组织部多次的寻找他，他都躲避不见。"② 从这个描述中，我们可以看出作家非但对实际的革命工作不感兴趣，而且还刻意回避。

刘呐鸥、施蛰存、穆时英、叶灵凤等人都曾致力过"革命文学"或普罗文学的译介或创作，有的甚至有过接近革命或置身革命阵营的经历，但是又都在遇到挫折或革命浪漫想象破灭后选择了退缩。革命、政治被施蛰存视为某种"约束"，在这一点上他们多少是相通的。然而，革命不是失去自由，而是寻求更大的自由。政治也非靠躲避就可以置之度外的。抛开对群体自由的追求、对政治的参与，试图在个人层面"保留一些自由主义"无异于痴人说梦。在 20 世纪 30 年代国内政治环境日益严峻、国民党不断强化对出版、言论自由的钳制之时，这些天真的幻想就暴露了其荒谬之处。这些作家对待危及他们切身利益的压迫的态度也是值得反思的，施蛰存在谈到国民党查禁止书刊的问题时，虽然不满于政府"干涉一切文艺制作之自由"，但语气显得颇为小心翼翼，看上去几乎带有些许为政府出谋划策的味道："当然，从我们所应当享有的言论及出版自由上着想，我们不能满意于政府这种干涉和取缔；但是我们试放弃了我们的权利，认政府这种办法是一种非常时的政策之实行，我们也可以相当地承认政府有这个权能。"③ 施蛰存也许没有深思过，如果这次放弃了言论与出版的自由，下一次丧失的可能就是更大、更多的自由，甚至生存的自由。从"革命文学"提倡者的立场看，施蛰存、叶灵凤们曾经"为文学"而向往过"革命"；站到鲁迅的立场上看，他们就连这一点也算不上，"革命文学"或左翼文学只是作为文学之一种而吸引过他们，这些文学的实践性则完全被置之度外。

① 叶灵凤：《红的天使》，现代书局 1933 年第 4 版。
② 《开除周全平，叶灵凤，周毓英的通告》，《文学导报》1931 年第 1 卷第 2 期。
③ 施蛰存：《书籍禁止与思想左倾》，《文艺风景》1934 年第 1 卷第 1 期。

第五章 "摩登主义"与文化消费

在片冈铁兵的小说《艺术的贫困》中,男主人公——一位作家为了女人和物质享受,拼命地做小说卖钱,最后堕落为一个生产小说的商人①。这里触及了现代作家所面临的共同困境,即如何协调写作的几种角色之间的矛盾:谋生工具、个人趣味和社会现实意义。现代报刊媒介的兴起,对作家而言是把"双刃剑",一方面大量报刊的出现带来了源源不断的稿件需求,作家通过写作即能获得一定的经济收入,经济上的独立为思想独立提供了基础。正如《艺术的贫困》中所言,"现代的 Journalism 决不会使一般每月能写十五张原稿纸的小说家弄到饥饿的地步"。20 世纪 30 年代上海报刊出版事业的繁荣,同样养活了一大批作家。王定九在《上海顾问》一书中给外地来沪卖文为生的"无名作家"算了一笔账,靠给报纸副刊投稿,收入多的可以在五六十元以上,"普通二三十元,并不是难事,这样所获,已有一个中级职员的月薪了!本视为出风头游戏性质的投稿'报屁股',现在也可依作生活,当得起'卖'了!"②无怪乎作者把"卖文"作为一项职业专门介绍了。另一方面,作家有可能走向"为金钱而艺术",把艺术创作沦为完全的商品生产。

提到现代作家在商业上成功的典范,一般人都会想到张资平。的确,张资平在 30 年代的一段时期内,一边作着千字十元的"性欲小说",一边担任了暨南、大夏两所大学的教员,同时还开办两家书店——乐群书店和环球图书公司,并且向外放债,"作家中以张氏生活最为优裕"③。除此之外,文坛上还一直盛传着张资平低价购买"无名作家"作品,换成自己名字出版谋名得利的消息④;上海文艺界风行"咖啡座热"时,张资平

---

① 片冈铁兵:《艺术的贫困》,《新文艺》1929 年创刊号。
② 王定九:《上海顾问》,中央书店 1934 年版,第 553 页。
③ 小萍:《张资平近况》,《读书月刊》1931 年第 1 卷第 1 期。
④ 曾今可:《今可随笔》,北新书局 1933 年版,第 34 页。

创办的"上海咖啡"店也"很出过风头"①。

　　本章将要分析 20 世纪 30 年代"摩登主义"文学所具有的消费文化特性，以及它是如何将文化塑造为消费品供受众消费的。其实，整个文化环境对所有的作家都是一样的；同时，在 30 年代的上海文坛左翼文学作品也有其商品特性的一面，而且它们在商业上的成功并不逊色于海派都市文学作品，像《子夜》这样的作品，无论是销售的册数、再版的次数，还是被改编成电影这一事实，都非一般海派都市文学作品可以比拟的。所以，作品流行与否不能构成判断其价值的标准，商品特性不应成为文艺作品品质低下、粗制滥造的罪魁祸首。归根结底，"为金钱的艺术"错误并不在于它为了金钱，而在于它除了为金钱之外别无他物。正如美国学者泰勒·考恩在《商业文化礼赞》中所说的，"文化是一种合作产品，涉及经济和非经济两个方面的力量；我的观点是我们应该提高对市场效力的估计，而不是认为市场最为重要"。"乐观论的观点不应使我们对失败视而不见，不应阻碍我们去确定致使文化市场未出现预期效果的机制。"②

第一节　20世纪30年代的杂志生态

　　杂志连通了文学的生产和消费，是文学生产与消费中的关键环节。在 20 世纪 30 年代杂志的重要性更是不言而喻的，与书籍出版的萎靡相对照，杂志获得了发展的高峰期，据人文月刊统计，1932 年收到全国杂志为 877 册，1933 年为 1274 册，1934 年为 2086 册，定期刊总数约为 280 – 300（政府公报除外）③。从中可以看出，30 年代杂志数量增长迅速，尤其是 1934 年期刊数量较 1933 年有了显著提升，差不多翻了一番，这一年因而被称为"杂志年"。无论是单个作家或是作家群体、派别，大多是通过杂志被读者知晓的，今天在文学史上占有一席之地的作家群体多办有自己的刊物或者至少有一个属于他们的言论空间，举凡文学论争也往往表现为几个不同杂志之间的对垒。类似"读者来信"、"答读者问"等栏目的设置，加上定期延续出版的特征，杂志无形中在编者、作者和读者之间架

---

　　①　马国亮：《偷闲小品》，良友复兴图书公司 1940 年版，第 193 页。
　　②　[美] 泰勒·考恩：《商业文化礼赞》，严忠志译，商务印书馆 2005 年版，第 6 – 11 页。
　　③　明：《杂志年与文化动向》，《文学》1935 年第 4 卷第 5 期。

起了一座桥梁，为他们提供了交流的空间。这些都决定了杂志在文学生产与消费中的重要性，然而，文学又不同于一般的商品，这又决定了其生产和消费过程"不能仅仅被化约为经济学的研究，它们本身是文化现象，应当被当作文化现象去分析"①。本节拟通过对杂志生态的探讨，分析 30 年代"摩登主义"文学的一些特性及其与杂志间的关系。

一　杂志重要性的凸显与文人归趋

1934 年"杂志年"之时，《现代》的编者注意到了在杂志繁荣的背后"单行本书籍的极度的衰落"。杂志的优势表现在价格上，"一本十三四万字的书籍定价至少是一元，而包含字数同样多的书籍（原文如此，应为'杂志'——引者注）则仅有三角左右"②。由于杂志可以刊登广告分担成本，它的价格远在书籍之下，更受读者青睐。除了价格之外，和书籍相比杂志还有一些优越性，它定期出版，周期短，所刊发的文章长短不一，内容庞杂，可以容纳不同类型的创作。当单行本锐减时，杂志的重要性自然便凸显出来，它成为作家发表言论和作品的最重要的渠道。文学论争也只有依靠期刊这样定期连续出版的阵地才能展开，这一时期重要的文学论争，如"革命文学论争"、"京海之争"、左翼作家与"自由人"和"第三种人"的论争、关于"幽默"与小品文的论争等无不如此，更不用说"民族主义文学"和左翼文学之间针锋相对的斗争了。反过来，期刊杂志同样需要这些论争作为素材充实自己的内容，同时吸引读者的注意力，二者一拍即合。

30 年代一些重要的文学现象都可以从杂志的角度得到很好的解释或启发。这一时期的大多数刊物都是同人性质，即便是非同人性质，也基本上以编者向朋友、熟人约稿为主，刊物的编辑权力掌握在谁的手里，就意味着刊物撰稿者队伍的基本构成。最典型的例子莫过于《社会月报》了，该刊自第 1 卷第 7 期起为鸳蝴派文人占据，原先的撰稿人从此消失殆尽，全换成了鸳蝴派文人。新文学作家阵营的内部分化虽然不像新旧对立这般明显，却也是充满了各种各样的小圈子。在"革命文学论战"中，鲁迅

---

① C. Lee Harrington，Denise D. Bielby，"Constructing the Popular：Cultural Production and Consumption"．In C. Lee Harrington，Denise D. Bielby（eds.），*Popular Culture：Production and Consumption*. Malden：Blackwell Publishers Ltd，2001，p. 5.

② 《文坛展望》，《现代》1934 年第 5 卷第 2 期。

的创作量锐减，其中最重要的一条原因即是缺少发表渠道①。如果不是黎烈文接编《申报·自由谈》，频繁向鲁迅约稿，很难想象鲁迅在 1933 年、1934 年会出现杂文创作的高峰期。编者的追求或趣味取向非常重要，《申报·自由谈》由黎烈文接手后便发生了"腰斩张资平"事件，可以说是一种必然。

对于一般投稿的读者而言，只有揣摩编者的喜好与趣味，才能增加稿件被采用的可能性，这在客观上也造成文坛上的跟风现象。施蛰存在主编《现代》时发现："在纷纷不绝的来稿之中，我近来读到许多——真的是可惊的许多——应用古事题材的小说，意象派似的诗，固然我不敢说这许多投稿者都多少受了我一些影响，可是我不愿意《现代》的投稿者尽是这一方面的作者。"② 其实投稿者正是按照编者的喜好创作的，而编者的胃口可以从其作品及主编的刊物中窥得一二。叶灵凤在致穆时英的信中提到，"近来外面模仿新感觉派的文章很多，非驴非马，简直是画虎类犬，老兄和老刘（指的是刘呐鸥——引者注）都该负这个责任"③。这些发表出来的模仿之作数目众多，造成了流行的风气，因而就能进一步吸引投稿者。所以，问题不在于穆时英、刘呐鸥，而在于那些刊发模仿之作的杂志编辑。然而，像施蛰存这样有意不采用迎合编者偏好的稿件的明智编者毕竟是少数。

30 年代文学与政党政治的进一步结合，使得文学的派性斗争更趋激烈，文学团体内部发生分化和重组，从某一团体内分疏出来的作家必然寻求新的阵地，然而杂志本身并未提供如此多元的选择，很多时候正是杂志加快了作家向相反方向的归趋。张资平便是极好的例子。前文谈过他在"革命文学论争"期间创办《乐群》杂志，鼓吹所谓"另一种革命"的情形。30 年代兴起社会科学热，《乐群》又转而介绍社会科学。及至与创造社其他成员、鲁迅等人之间的矛盾激化，他只得和丁丁合办《絜茜》月刊，提倡"平民文化"④，实际上是和民族主义、三民主义文艺提倡者

---

① 鲁迅：《〈三闲集〉序言》，载《鲁迅全集》（第 4 卷），人民文学出版社 1981 年版，第 4 页。

② 施蛰存：《编辑座谈》，《现代》1932 年第 1 卷第 6 期。

③ 《叶灵凤致穆时英（1935，6，8）》，载孔另境编《现代作家书简》，生活书店 1936 年版，第 227 页。

④ 《絜茜社简章》，《絜茜》1932 年创刊号。

迅速走到了一起。在《申报·自由谈》"腰斩张资平"事件中，张资平转向国民党所办的刊物《社会新闻》、《微言》，造黎烈文、鲁迅等人的谣言，也就不稀奇了。但是，这一切并不完全代表张资平本人的政治立场转变，他如此频繁地祭出一些空洞的口号，实际上只是商家的叫卖。还是鲁迅看得透彻，在1934年致黎烈文的信中，鲁迅指出："至于张公，……他方法甚多，变化如意，近四年中，忽而普罗，忽而民主，忽而民族，……然此公实已道尽路穷，此后非带些吧儿与无赖气息，殊不足以再有刊物上（刊物上耳，非文学上也）的生命。"[①]

鲁迅特意区分了"刊物上的生命"和"文学生命"，很富有启发性，正如第四章分析过的，这与鲁迅本人对文学的独特理解有关。为了延续"刊物上的生命"而不得不随机应变，刊物在形塑作家创作上的作用可见一斑。从"革命文学论争"到中国左翼作家联盟的成立，作家不断经历新的分化与重组。在"第三种人"和"小资产阶级革命文学"论争中，杜衡和杨邨人都受到了批判，二人于是会同韩侍桁一起创办了《星火》杂志。在该刊的《前致辞》中，他们把当时的文坛局面描述为"充满了黑暗"、"军阀割据似的"，"即使是成熟的作品，要找到个发表的机会，也是像抽彩票一样的困难"[②]，字里行间充满了对左翼文坛的怨怼。不用说，这三人在文学立场上本身也存在着较大的差异，但被左翼阵营拒之门外则一，一个杂志就这样把三人捆绑到了一起。

以杂志为中心所形成的关系是多元的，既有编者和作者之间的关系，也有编者和杂志的后台老板之间的关系。前者往往易为人注意，但是后者重要性也不可忽视，它往往决定了一个杂志的方向和生命力。1925年章锡琛、周建人与陈百年之间发生了关于"新性道德"的论争。论争由章、周二人发表在《妇女杂志》上的文章而起，陈百年的批评文章刊登在《现代评论》上。章、周二人向《现代评论》寄去答辩文章，却迟迟未见刊登，只得交给鲁迅所办的《莽原》。就在此时，《现代评论》刊出了章、周二人的文章，但只是放在杂志的末尾，而且削删得厉害。鲁迅决计还是登出了两人的文章的完整版，后来还刊发了陈百年的进一步的答辩文章，像鲁迅这样平等对待论辩双方的编者在当时可谓凤毛麟角。有意思的是，

---

① 《鲁迅致黎烈文（330714）》，载《鲁迅全集》（第12卷），人民文学出版社1981年版，第198页。

② 《前致辞》，《星火》1935年第1卷第1期。

章、周二人引发争议的文章最初是发表在《妇女杂志》上的，但是答辩文章却无法在其所编的《妇女杂志》上继续发表，这的确是耐人寻味的现象。鲁迅对此现象发表评论说，这让人"想起来毛骨悚然，悚然于阶级不同的两类人，在中国竟会联成一气"①。章、周后来离开《妇女杂志》另创《新女性》，此时即已现端倪。

杂志老板通常考虑的因素要多一些，既有商业、文化上的，也有政治上的，作为出资者，他们在办刊方针上有绝对的决定权。现代书局的老板在为《现代》物色编辑时便有这些方面利益的权衡，因而看中了既不是左翼作家，也和国民党没有关系，而且有过创办文艺刊物经验的施蛰存。自第三卷起，张静庐希望把杜衡加进编辑队伍，虽然施蛰存很不情愿，但是"劳资之间相持了半个月，最后是资方胜利"②。编辑在杂志内容上有一定的决定权和自由，可是也不能完全按照自己的意愿行事。施蛰存在与杜衡合编《现代》的同时，还独自编辑了《文艺风景》，部分也是想获得更多一些自由。他陈述在接编《现代》之初，"对于我国的文艺杂志曾经有过一个自以为很完美的理想"。这个理想在《现代》创刊号出版后即告破灭，《文艺风景》对于他则"多一个追逐理想的路径"③，可见杂志对于编者，也不是一个可供自由驰骋的场所。

并不是所有受到排挤或与杂志后台老板意见不合的作家都能筹足资金创办新杂志，或寻找到新的杂志作为平台。30年代，作家以杂志作为谋生和发表言论的场所发生了多向的流动。有的新文学作家甚至会走向小报，显示了新与旧、雅与俗之间界限的松动。有些作家原先摆出一幅小报斗士的面目，言语中充满对小报的鄙夷。例如，曾今可曾说："上海几十种小报，除了瞎造谣言以外，我不知道它们还负有什么使命。"④ 作为新文学作家，他们当然看不起难登大雅之堂的小报，当时在小报上发表文章的作家，多半是无法进入新文学阵营而不得已的选择⑤。然而，一旦他们与其他新文学作家发生冲突，无处泄一己私愤时，往往借小报或与小报联

① 鲁迅：《编完写起》，载章锡琛编《新性道德讨论集》，开明书店1926年增补再版，第98页。

② 施蛰存：《〈现代〉杂忆》，载《施蛰存七十年文选》，上海文艺出版社1996年版，第258页。

③ 施蛰存：《文艺风景创刊之告白》，《文艺风景》1934年创刊号。

④ 曾今可：《今可随笔》，北新书局1933年版，第13页。

⑤ 周楞枷：《我与上海滩小报的因缘始末》，《档案与史学》2000年第5期。

手攻击对手,表现出他们与小报之间深刻的关联。曾今可用崔万秋的名字为自己的诗作序自吹自捧,在被崔万秋揭露出来后便心生罅隙,"匿名向小报投稿,诬陷老朋友去了"①。《十日谈》与《晶报》从要打官司到握手言欢,并在《申报》刊登和解广告,称"双方均为社会有声誉之刊物,自无互相攻讦之理"。鲁迅一针见血地指出,双方和解是为了在"攻讦'最近是在查禁之列'的刊物"方面的沆瀣一气②。果然在此之后,《十日谈》的编辑口气明显变软,一改往日小报斗士的面目,言语中极力谄媚、讨好小报,在第 18 期的《编辑室》里说:"其实小报有什么不好,有些小报消息,更比大报灵通可靠,而且大报所不敢披露的,小报倒有胆量……所以被人目为小报,本刊也不觉得是什么侮辱,反而有许多地方,引以自豪的。"③ 在文坛关系错综复杂的 30 年代,杂志不失为了解这种复杂性提供了一个很好的窗口。

二 杂志的"商业竞卖"与消费主义文学的兴起

现在看来,1933 年、1934 年间爆发的"京海之争"与 1934"杂志年"之间并非没有关联。更进一步看,它与自 1933 年到 1936 年分别被命名为国货年、妇女国货年、学生国货年和市民国货年之间也不无关系。这些"××年"的命名使得每个年份都与消费连接起来,宣告了上海一个消费主义时代的到来。政治、文学、媒体等最终都和商业产生了勾连。作为引发京海之争的作家,沈从文最难以忍受的就是文学的商业化,他用一个词去概括它:商业竞卖④。

办杂志有利可图,使得作家和商家同时看准了这块市场,新生的杂志层出不穷。《现代》就是在这样的思路中创办的,"动机完全是起于商业观点"⑤。持有类似想法的商家不在少数,一时兴起了书局出版杂志的热潮⑥。杂志的繁荣催生了上海杂志公司和群众杂志公司这样的专营杂志的

---

① 鲁迅:《〈伪自由书〉后记》,载《鲁迅全集》(第 5 卷),人民文学出版社 1981 年版,第 175 页。

② 鲁迅:《〈准风月谈〉后记》,载《鲁迅全集》(第 5 卷),人民文学出版社 1981 年版,第 391 页。

③ 《编辑室》,《十日谈》1934 年第 18 期。

④ 沈从文:《论"海派"》,《大公报·文艺》1934 年 1 月 10 日。

⑤ 施蛰存:《〈现代〉杂忆》,载《施蛰存七十年文选》,上海文艺出版社 1996 年版,第 224 页。

⑥ 《出版界消息·上海各书局竞相出杂志》,《读书月刊》1930 年第 1 卷第 3、4 期合刊。

公司，其原因也在于杂志巨大的利润回报，销路最好的期刊"每种每期最多据说可销到七万份，以至十万份，这个数目在目下，只有专贩教科书的书局，或者略能及之"①。30 年代，上海占据了杂志出版的绝大多数份额，有人统计，1934 年中"全中国约有各种性质的定期刊三百余种，内中倒有百分之八十出版在上海"②。杂志数量的庞大且出版地的集中无疑使杂志间的竞争增大。梁得所主编的《文化月刊》于"杂志年"这一年出现在读者视野中，所谓"文化"，编者将其拆解为"文章"和"溶化"，即从国内外共三百余种的杂志中精选文章，溶化缩写而成，向读者允诺了知识上的广博、阅读趣味，而且节省了读者的时间与金钱③，显示了编者独到的商业眼光和策略。采用杂志文摘的形式既巧妙地采撷了众家杂志之长，又避开了一定的竞争，可谓匠心独运，却也正是杂志激烈竞争刺激出的灵感。

相形之下，一般的杂志创办者只知道盲目跟风，缺少特点。有人谈到了 30 年代刊物界的跟风现象，例如，《论语》成功以后，市面上就会出现名为《春秋》、《中庸》之类的刊物，而且不止一种④。这自然只是最粗浅表面的模仿，如果考虑到刊物内容编排、栏目设置等方面，模仿则更为普遍。30 年代甚嚣尘上的小品文热、幽默热、画报热无不与此有关。杂志纷纷设立"答读者问"栏目，是对《生活周刊》的模仿。小品文、幽默、画报的热潮则是对《论语》、《人间世》、《宇宙风》、《良友画报》等刊物的模仿。据不完全统计，单 1935 年一年，有人就在全国搜集到了 235 种画刊⑤。出于争夺读者的需要，也是作为对小品文杂志泛滥的应对策略，左翼也不得不推出《太白》杂志⑥，但是《太白》上也不乏小品文，在批判中还不得不服膺市场规则。模仿的对象自然是那些销量大的刊物，因为读书市场变幻莫测，读者趣味也是难以揣摩和把握，只有模仿来得最稳妥，然而无形中便形成了同类刊物泛滥的现象。

商家和杂志编创人员为了使刊物立于不败之地，可谓挖空心思，频出

① 邹向明：《杂志市场论》，《十日谈周报》第 1 卷第 2 期。
② 兰：《所谓"杂志年"》，《文学》1934 年第 3 卷第 2 期。
③ 梁得所：《创刊旨趣》，《文化月刊》1934 年第 1 卷第 1 期。
④ 《"见贤思齐"的刊物界》，《华年》1933 年第 2 卷第 14 期。
⑤ 蒋荫恩：《一九三五年全国画刊名录》，载张静庐辑注《中国现代出版史料乙编》，中华书局 1955 年版，第 415 页。
⑥ 夏志清：《中国现代小说史》，香港中文大学出版社 2001 年版，第 109 页。

高招，抛出一个比一个更诱人的读书会章程和优待办法：订购期刊附送其他期刊、书籍，或者给出发表文章的承诺，向社会征股，以打折或特价销售刊物，出版刊物的增大号、特大号甚至狂大号等。总之，一切措施无不是从读者角度考虑发出的，无不是以吸纳更多读者为最终目的。据当时评论者的估算，一个刊物只有销量达到一万份才可能获利，然而要达到这个数量并非易事，"现今杂志销数在一万以上者却也寥寥可数"①。为了赢利，对杂志而言读者就是一切。上海杂志公司在 1935 年别出心裁地推出了"活期定户"活动，以往的一切优待条件照旧，在此基础上准许读者随时退定，开读书界先河。在其长篇大作的广告词中，它提到了读者生活中可能会遭遇到的种种困难，对读者可谓体贴入微。"上海杂志公司，从开始到现在，从没有自己吹过负起什么文化的使命。我们……始终只抱定一个小小的志愿，始终朝着这小小的目标做去：那就是'如何使读者便利'。"②

"文化的使命"曾经是一些杂志创办时的真实动机或者借以招徕读者的幌子，然而，上海杂志公司显然想以更平等甚至低于读者的姿态面对他们，它知道这样能为其赢得更多的顾客。无独有偶，叶灵凤和穆时英在他们合编的《文艺画报》创刊号中写道："假如有人一定要问：到底为什么要出这个杂志呢？我们的回答是：（为了建设中国文艺，为了教育大众，为了涵养性灵，为了提拔无名作家……我几乎要这样写了。）实在什么都不为。……只是每期供给一点并不怎样沉重的文字和图画，使对于文艺有兴趣的读者能醒一醒被其他严重的问题所疲倦了的眼睛，或者破颜一笑。"③ 如果说在"五四"时期，广大作家以启蒙为己任，因而也赋予了刊物高高在上的姿态的话，那么到了 30 年代这种格局已经随着文学诉求的变化而发生了改变乃至颠倒，读者是潜在的革命力量，是想象中那个"大众"的构成力量；在商家看来，他们则是顾客，顾客就是上帝。后者，即文学的商业化孕育了低级趣味的消费主义的文学风尚。

当时杂志的编辑对读者的分化有一定了解，往往在创办杂志之初希望将这些不同层面的读者一网打尽，或者是满足读者不同层面的阅读需求。张资平在杂志中不断地抛出名目繁多的旗号正是这样的用意。《青青电

---

① 明：《杂志年与文化动向》，《文学》1935 年第 4 卷第 5 期。
② "上海杂志公司"广告，《文饭小品》1935 年第 2 期。
③ 《编者随笔》，《文艺画报》1934 年创刊号。

影》半月刊的广告宣称其"文字是硬性的，图画是软性的"①，很有软硬通吃的意思。然而，这样的愿望注定要落空，一个杂志通常有其固定的读者群体。笔者曾在第三章说过，30 年代杂志界出现的最大的变化之一是，由于杂志的增多，杂志开始依据读者群体和刊物的题材、内容进行了细分。此时，随着社会的畸形繁荣，上海新生出一批有闲有钱阶层，尤其是名媛闺秀成了大量刊物瞄准的潜在受众群体，大量的"软性读物"便这样应运而生。茅盾把《文艺画报》之类的读物视为"软性读物中最软性的一种"，并指出这种"图画与文字各占一半地位的文艺性刊物的盛行"是"杂志年"中值得注意的一个现象②。另一位作者则指出，由于这类软性读物的流行，造成了低级趣味的抬头。他所说的低级趣味并非指粗人才有的，相反，"在文艺上，'低级趣味'的主有者也好像是些特等风雅的人"③。按照这一说法，那么杂志的低级趣味的造成，罪不单在通常认为的迎合读者，而在于杂志创办者自身。其实这两者不能截然分开，读者阅读趣味的形成也离不开读书市场的培育。作为"一·二八"之后上海最重要的文学期刊《现代》的主编，施蛰存曾有志于"弄一点有趣味的轻文学"，并把这种思路也带到了《现代》的编辑方针中，他模仿日本的《新潮》之类的杂志，自第三卷起扩充容量，"多载于文艺有关的趣味文字"，还"拟多加插图"④。这里既有编者个人的偏好，又有杂志生态、读书市场的制约。

　　无论是"软性读物"还是"有趣味的轻文学"，在 30 年代流行的休闲读物中都不算格调最低的，等而下之的是那些色情、肉感文学。张季平在《现代中国出版界》一文中谈到中国出版界的投机现象，一时涌现了许多"浪漫肉感，香艳滑稽的恋爱小说"和"革命文学"作品⑤。虽然作者将这二类作品相提并论以诬蔑"革命文学"，但无可否认，"革命文学"也的确可以被投机者利用。《漫画界》上曾刊登了题为《新时代的几本投机书籍》的漫画，书名分别为《唯白观》、《处女膜人造法》、《童男

---

① "《青青电影》半月刊"广告，《文艺画报》1935 年第 1 卷第 3 期。
② 惕若（茅盾）：《〈水星〉及其他》，《文学》1934 年第 3 卷第 6 期。
③ 朔：《论"低级趣味"》，《文学》1934 年第 3 卷第 6 期。
④ 《施蛰存致戴望舒信》（1933 年 5 月 29 日；1932 年 12 月 27 日），载孔另境编《现代作家书简》，生活书店 1936 年版，第 109 页。
⑤ 张季平：《现代中国出版界》，《前锋周报》1930 年第 26 期。

子性的乐》和《唯黑论》①。"唯白观"和"唯黑论"就是挪用了当时兴起的唯物辩证法，这表明严肃、激进的政治书籍、科学著作和香艳、低俗的小说一样能用来投机。革命文学热潮中，一时兴起了众多的"革命＋恋爱"小说。对于消费主义文学而言，"革命＋恋爱"只是两个流行符号的粗暴叠加，这类作品向来欲把一切流行元素都统括其中。30年代，由于中国的现实问题和马克思主义的传播，革命文学、左翼文学、阶级斗争学说和唯物辩证法都拥有了为数不少的同情者。赵家璧在总结其编辑经验时说："不考虑到时代的和群众的呼声，不闯向社会去找在读者中有权威的作家，编辑工作势必面临失败之一途。"② 在"九一八事变"后，他曾成功地策划了一套时事书籍，非常畅销。这说明在特定的时势推动下，即使是政治、时事类的书籍，也都具备畅销的元素。"九一八"和"一·二八"之后，连明星这样的老牌电影公司也不得不"转变方向"，请一些左翼作家做编剧顾问③。这一举措主要是出于市场的考虑，而与意识形态关系不大。电影作为高成本的艺术产品，对市场的考量尤其多，否则难以收回成本。这些都说明随着国内形势的日益恶化，国内的读者、观众市场都有了较大的新变化。

投机者也对革命文学、左翼文学等趋之若鹜，然而好景不长，1931年秋，国民党政府颁布《出版法施行细则二十五条》，在上海开始了反革命文化围剿。1933年11月，国民党特务30余人捣毁了艺华电影公司摄影场和良友图书公司，并散发了署名"上海电影界铲共同志会"的传单。直至1934年国民党设立图书杂志审查委员会，出台《图书杂志审查办法》，国内进步文化面临的形势更加严酷。趋利避害是商家的共性，当获得利润的代价高于政治风险时，商家见风使舵，革命文学、左翼文学等的投机者全无踪影，有的则转身一变又来充当政府文化统制的帮忙或帮闲者了。压迫成了革命的试金石。杂志生存环境的严苛，可供商家发展的空间也就只剩下消费主义的"软性读物"了。在国民党文化高压政策最严厉的1934年，杂志界反而出现了一派繁荣景象，其性质和内容也可想而知了。

杂志需要定期出版，读者最痛恨的便是期刊出版脱期现象，不少杂志

---

① 谭沫子：《新时代的几本投机书籍》（漫画），《漫画界》1936年创刊号。
② 赵家璧：《编辑忆旧》，生活·读书·新知三联书店1984年版，第29页。
③ 夏衍：《懒寻旧梦录》（增补本），生活·读书·新知三联书店2005年版，第152页。

都向读者承诺"绝不脱期"①，《新时代月刊》甚至将"绝不脱期"当作其努力的方向之一②，反复在刊物上以"绝不脱期"自夸。因为需稿量大且有时间限制，那些同时编几个杂志的作家更感吃力。在 1935 年底，邵洵美创办的时代图书公司旗下拥有《论语》、《文学时代》、《人言》等七大杂志③，围绕在他身边的作家就要满足这些周刊、月刊的用稿需求。对于那些同时有社会职务在身的作家，注定来不及对作品进行仔细酝酿、思考和修改，这造成了作品的粗制滥造现象。张若谷在回顾自己的创作生涯时说，"从前在某一个时期，我是躺在象牙之塔里而从事写作，那些东西，只能供给少数人当作消闲品读"。作者坦承他所写的"大半都是急就章式的文字"④。与社会的隔阂和急就章式的文字，使得有些作家只是把自己的生活作粗浅的记录，缺乏剪裁、提炼和想象，成为文字的简单堆砌。有的批评者将这类文字概括为"身边文学"，这类作品"小说不像小说，散文不像散文"，其产生的根源在于作家创作态度的不严肃和作家本人"脱离社会环境"⑤。张若谷曾就供述自己的处女作"《都会交响曲》是几个朋友们日常生活的记录"⑥，它也许可以算作"身边文学"的一个代表。

章克标的《南京路十月里的一天下午三点钟》则是粗制滥造的典型，下面是其中的两段：

> 五角八分，五角八分，五角八分，五角八分，五角八分，七角，七角二分，七角八分，一元二角五分……二角四分，二角四分，二角四分，……一元，一元，一元，一元，红，红，红，青，青，青。帽子，帽子，帽子，帽子，帽子。女人，女人，女人。一个媚眼。头发的飘动。香水，香水，香粉，手套，袜子，围巾，手套，袜子，绒线衫，香水，七点，六点，十二点三十分，一点五十分。金，白金，镍；铜。火车。

---

① 李赞华：《编辑后记》，《现代文学评论》1931 年第 1 期。
② 曾今可：《新的开始》，《新时代月刊》1932 年第 3 卷第 1 期。
③ 林淇：《海上才子邵洵美传》，上海人民出版社 2002 年版，第 141 页。
④ 张若谷：《十五年写作经验》，谷峰出版社 1940 年版，第 8–9 页。
⑤ 希隽：《谈身边文学》，《社会月报》1934 年第 1 卷第 3 期。
⑥ 张若谷：《前奏曲》，载《都会交响曲》，真美善书店 1929 年版，第 2 页。

糖，糕，点心，蛋糕，肉，火腿。女人，女人，男人，男人。烟，雪茄，纸卷烟，一元四听，一元一盒，二千九百五十文。十角四百七十文。亮，亮。青，紫，绛，桃，碧，绀。一元二角半，一元四角。饭碗，匙，壶。饭碗，总理遗嘱，屏架，人，男，女，笑。路，走。天，地，车子，车子，车子，车子，车子。女人，男人，男女，老太婆。狗，洋鬼子，女洋鬼子。印度人，巡捕。玻璃窗橱。①

　　类似的名词堆积在这篇作品中不止一处，占据了很大的篇幅，即使是写主人公的意识流动，也用不着如此堆砌，显然是为了凑字数和篇幅。创作态度的不严肃，也是文学商品化的一个直接后果。"营业"式的"创作"中最恶劣的便是抄袭。邵洵美在为张若谷的《文学生活》所作的序里提到，张若谷时常说"他的文章他自己至多做三分之一"，邵洵美委婉地提出希望以后能看到作者自己的建设②。集子中所收的同名文章，是介绍法朗士的《文学生活》的，然而这篇文章是作者买回这本书仅看了其目录便做出来的；至于以翻译外文著作为根底，加入少量的阐述和发挥仓促写成文章则更常见。曾今可和章衣萍在鼓吹"词的解放"时，也公然运用抄袭的伎俩。在众多的批判文章中，钱歌川的文章就是抓住了抄袭这一致命伤而格外有力量。"阳秋"（茅盾）给这篇文章下了按语，也顺带揭露了曾今可的抄袭行为③。其实，曾、章二人炮制的"词的解放"，只不过是对新文化运动中胡适提倡"白话诗"之举的拙劣模仿，希图借此暴得大名。《新时代月刊》还曾出过所谓"歌德纪念号"，但上面有关歌德的文字实在少得可怜，"歌德纪念号"最终只沦落为一个招牌。

　　在《中国新文学运动史》中，王哲甫在比较30年代与"五四"时期的文学后得出："近年来（此书成于1933年——引者注）有一种不好的现象发生，即许多的作家视创作为营业，已经失去'五卅'以前纯正的创作态度了。"④ 游戏、消遣的文学态度是新文学在发生之初就着力声讨的，它也是新、旧文学之间重要的分野之一，然而，此时它非但没有绝迹，而且戴上了各式的面具死灰复燃、愈演愈烈，因为它找到了供其游弋

①　章克标：《南京路十月里的一天下午三点钟》，《金屋月刊》1929年第1卷第7期。
②　邵洵美：《第六个朋友》，载《文学生活》，金屋书店1928年版，第44页。
③　钱歌川：《"解放"与"保守"（并"阳秋按"）》，《申报·自由谈》1933年3月4日。
④　王哲甫编著：《中国新文学运动史》，杰成印书局1933年版，第94页。

的绝佳场所——商业文化。韩侍桁在 1932 年考察文坛倾向时指出，新文学能够迅速站稳脚跟，"出版上的成功"是原因之一，同时出版上的商业竞争也为新文学走向商业化埋下了伏笔。作者比较了出版事业前后性质的变化，"从前从事新出版事业的商人，其后台老板大多总是文人，他们是站在被支配的地位，是受着文人的利用，或者宁可说是互相地利用，营利虽是商人不肯放弃的第一原则，但他们还没有文人来得巧妙"。然而，"自从出版事业全部集中于上海之后，事实完全不同了，每一个书店全遭遇到巨大的商业上的竞争，为保持书店的利益，自不得不抛弃其以前的特色，于是任何书店均争出在买卖上得有利益的书籍"。① 张静庐所谓的"出版商"与"书商"的区分，也是从这个意义上作出的②。

　　固然，30 年代文学中的种种现象——作家的重组与分化、文学的商业化和作家创作态度的不严肃，都不能仅仅从杂志生态的角度去看。更重要的是，它不能成为作家逃避责任、自我放纵的借口。一个明显的现象是，抱着游戏、消遣或营业的创作态度的作家，更易受到杂志市场的影响，表现为主体性的丧失。与此形成鲜明对照的是左翼作家的文学实践，他们成功地争取了一些外围刊物，田汉、夏衍等人即便是进入到受商业化、市场化制约最厉害的电影行业，也能把其改造为自己的战壕。最值得崇敬的是鲁迅，他运用着有些人最瞧不起的、被"花边"装饰的短小杂文，哪怕是谈谈风月，只要还有一点言论的自由，就可以与杂志编者斗、与书报检查官斗，将其锻铸成最锐利的匕首和投枪。

第二节　名人效应、"文人无行"与新黑幕小说

一　所谓"提拔无名作家"

　　提拔"新进作家"、"无名作家"或"处女作"是 30 年代杂志编者经常挂在嘴边的口头禅。"新进作家"最初对应着"新兴文学"，而"新兴文学"是个狭义的概念，特指十月革命以后兴起的苏联文学③。其内涵在

---

① 韩侍桁：《关于文坛的倾向的考察》，《大陆杂志》1932 年第 1 卷第 6 期。
② 张静庐：《写在后面》，载《在出版界二十年》，上海书店 1984 年版。
③ 施蛰存：《我们经营过三个书店》，载《沙上的脚迹》，辽宁教育出版社 1995 年版，第 13 页。

攻击"革命文学"的作家那里也是如此，如吕李的小说《时代的话》是攻击"革命文学"的，将主人公"有名的革命文学的新进作家"陆先生，描摹为一个追香逐艳的色情狂①。"新进作家"后来意思发生了变化，如祭出"小资产阶级革命文学"旗号的杨邨人等所主办的《星火》杂志打出广告，也宣称其为"新进作家自己的园地"②。这个概念随后被进一步泛化，但凡新人都被称为新进作家，其对立面是成名作家或老作家。也就是说，有无成名成了划分的重要标准，取代了其原先的强烈的意识形态意味。《北新》杂志在 1929 年刊登《"新进作家特号"征稿启事》，特别指出："我们说新进，并不是僭妄地以什么先进自居，我们应用这个现成字眼，意思就是指未知的或未成名的作者诸君。"③ 相似的，《国民文学》在介绍其撰稿者时，林徽因、丁丁、余慕陶已被称为"老作家"，吴广略、陈福熙等七人被称为"新进作家"④。当然，在这些泛化的使用中有时仍然带有标榜进步的意思。

和"新进作家"相似的还有一个概念：无名作家。在"新进作家"意义泛化后，它有时与"无名作家"的界限已经微乎其微了。如果说新进作家曾经意味着新锐、进步的话，那么"无名作家"被广泛提及，是因为他们投稿无门，广受压迫，是所谓的"被压迫者"。汪锡鹏在其所主编的《矛盾》月刊中写道："近来颇有许多年青朋友，辄喜以'无名'两字，到处喧赫，意以为'我是无名，你们便该特别优待，否则你们便是压迫无名作家，崇拜偶像，或竟是门罗主义。'"⑤《文艺新闻》上也指出了当时文坛上的两种现象："一、所谓提拔'无名作家'；二、以所谓'无名'为标榜"⑥。"无名作家"能够成为一种光荣称号和炫耀资本，是在"革命文学论战"和社会史论争不断展开、马克思主义理论学说广为传播的情形下产生的，压迫既然是非正义，那么被压迫者自然就是正义方了。在这一过程中，"反抗压迫"被逐渐狭隘化甚至摩登化，最后变成哗众取宠的手段。不管是提携新进作家还是无名作家，都是张资平惯用的伎

① 吕李：《时代的话》，《金屋月刊》1930 年第 1 卷第 11 期。
② "《星火》杂志"广告，《文饭小品》1935 年第 5 期。
③ 《"新进作家特号"征稿启事》，《北新》1929 年第 3 卷第 5 期。
④ 《本刊第二期执笔人介绍》，《国民文学》1934 年第 1 卷第 2 期。
⑤ 汪锡鹏：《读者·作者·编者》，《矛盾》1933 年第 2 卷 3 期。
⑥ 《论"捧"与"骂"》，《文艺新闻》1931 年第 36 号。

俩，从创办《乐群》杂志之时，他就把"提携新进作家"作为口号，还指责别人借提携新进作家的幌子招摇撞骗，玩起了贼喊捉贼的把戏。在《絮茜》月刊上，张资平又改提"提拔无名作家"，可谓乐此不疲，不过这回又加上了新的小把戏：该刊第二期上的绝大多数文章没有署名，只在《编者言》中列出所有作者的姓名，意在证明无名作家的文章并不比有名作家的差；同时让读者对号，玩起了有奖竞猜的游戏①。

"新进作家"内涵的逐渐扩大以至于被等同于"无名作家"的这一过程表明，除了挪用"革命文学"和"新兴文学"之名获取利润外，杂志的主编者们发现"提携无名作家"有更好的笼络、蒙蔽读者的效果，直到他们悟出了最投合读者的口号："提拔处女作"② 或办"女作家专号"。早在 1929 年《现代小说》就搞过"无名作家短篇处女作悬赏征文"③，利用"无名作家"、"处女作"和奖金诱惑读者。曾今可主编的《新时代月刊》中曾出过一期"无名作家专号"，他在《我为什么要出无名作家专号》一文中声称："因为我自己是'无名作家'之一，数年来受过不少出版家与编辑先生们底压迫和剥削，所以我深知'无名作家'底困苦。如果是要出风头，或是'想藉此出名'，我又何必出这'无名作家专号'而不出一个类似'女作家号'的专号呢？"④ 这段解释暴露了"无名作家专号"、"女作家专号"其实是一类东西，都是商家的经营策略而已。并不奇怪的是，有的时候反对"提拔处女作"也可以达到相同的效果。"一个人的议论亦往往早晚市价不同。早上可以痛恨老作家把持什么什么刊物，可以大声疾呼主张刊物应该尽量介绍新进作家、处女作，到了晚上，又一变而为幽默地讥讽那提拔处女作之类不过是替老板的钱袋打算盘了。这中间的'契机'，只有天晓得！"⑤ 这不是发议论者出尔反尔，他的目的实际上很明确，说到底都是投读者所好：叫喊提拔处女作，是为给那些有意投稿的读者以无限希望，同时为自己披上进步、代表大众利益的外衣；而讥讽提拔处女作背后的经济动机，一样是伪装成站在读者大众的角度，攻击杂志编者对读者的欺骗。

---

① 《编者言》，《絮茜》1932 年第 1 卷第 2 期。
② 伧：《处女与登龙》，《申报·自由谈》1933 年 10 月 13 日。
③ 《编者随笔》，《现代小说》1929 年第 3 卷第 1 期。
④ 曾今可：《我为什么要出无名作家专号》，《新时代月刊》1932 年第 2 卷第 1 期。
⑤ 蒲殿俊：《读了〈处女和登龙〉以后》，《申报·自由谈》1933 年 10 月 18 日。

"提拔无名作家"的口号之所以响彻云霄，之所以被杂志编者们屡喊不厌，背后真正的原因是无名作家发表作品难的现象。"何家槐和徐转蓬的创作之争"也说明了这一点。由于当时何家槐的名气大一些，同一些杂志的编辑也较熟悉，徐转蓬的一些创作或经由何改写或直接署上何家槐的名字发表。有意思的是，在这个事件中徐转蓬似乎站在比较有利的一方，以受害者和正义的形象出现，然而，何家槐指出徐转蓬本人也有过不止一次的类似行为，不过徐用的是名气更小的作家的作品①。而且，在这一事件中作家也分成了两派，韩侍桁、林希隽等人支持徐转蓬，黎烈文等人同情何家槐，双方分别以《文化列车》、《社会日报》和《申报·自由谈》等为阵地针锋相对地进行笔战，论争的性质和内容已经远远超出了事件本身，划出了不同文人之间的派别边界②。当时徐转蓬已经小有名气，但即便如此也面临发表难的问题，无名作家的境地更毋庸多言了。

二　"自传年"：自传类作品的兴起

在 30 年代文学商业化的氛围中，杂志间的竞争日趋白热化，注定使得提拔处女作和无名作家只能流为空谈和噱头。杂志需要有名气的作家来提升自己的分量，这一时期不少杂志如《金屋》、《论语》、《矛盾》、《人言》等，都在显著位置刊出一份很长的"撰稿人"或"特约撰稿人"名单，基本上以名作家为主，也不乏只列名却从不供稿的名人。例如《金屋》月刊第 1 卷第 1 期的封二即罗列了一长串的"撰稿人与绘图人"名单：方光焘、江小鹣、朱维基、邵洵美、浩文、徐悲鸿、徐蔚南、徐霞村、郭子雄、郭有守、梁宗岱、章克标、黄中、张水淇、常玉、张若谷、张道藩、张嘉铸、傅彦长、叶鼎洛、滕固、滕刚、卢世侯、谢寿康③。此外，众多杂志纷纷设立"文坛消息"、"文坛通信"之类的栏目，出名作家连日常生活起居也受到普遍关注，使文坛染上了好莱坞电影的明星体系的某些色彩。杂志上出名作家的照片越登越多，无法获得作家的直接材料就通过道听途说捕风捉影，甚至不惜捏造作家的新闻以至桃色事件。章克标在《十日谈》中开辟的"文坛画虎录"栏目就是典型代表，其中刊载的多是作家的小道消息，尤爱渲染作家的风流韵事。施蛰存就写信声明

---

①　何家槐：《我的自白》；徐转蓬：《我的自白》，《现代出版界》1934 年第 23 期。

②　《关于何家槐和徐转蓬的创作之争》；太史：《黎烈文偏袒何家槐》，《现代出版界》1934 年第 23 期。

③　"本刊撰稿人与绘图人"，《金屋》1929 年第 1 卷第 1 期。

《十日谈》第 35 期"文坛画虎录"中关于他的内容完全失实①。不要忘了，章克标曾在《人言周刊》上做过类似的事情，他从日本《改造》杂志中翻译了鲁迅的《谈监狱》一文，伪造成日本作者投稿的假象，同时扮出言论自由卫士的姿态②。此举实乃借鲁迅的名声谋利，章克标后来在回忆中如实承认，这样做的目的是"想借重鲁迅的大名来为刊物招揽几个读者"③。

文坛追求明星效应给文学以很大的影响。这一时期作家的日记、自传、书信、回忆录出版蔚然成风，仅在 30 年代前半段就可以罗列出一大串：《胡适日记》（1934，文化研究社）、《从文自传》（1934，第一出版社）、鲁迅的《两地书》（1933，青光书局）、郭沫若的《我的幼年》（1929，光华书局）、《创造十年》（1932，现代书局）和《沫若书信集》（1933，泰东书局）、郁达夫的《达夫日记集》（1935，北新书局，内含《日记九种》）、张资平的《脱了轨道的星球》（1931，现代书局）、郑振铎的《欧行日记》（1934，良友图书印刷公司）、蒋光慈的《异邦与故国》（1930，现代书局）、《庐隐自传》（1934，第一出版社）、章衣萍的《情书一束》（1925 年初版，1929 出至第七版，北新书局）、《倚枕日记》（1930，北新书局）和《衣萍书信》（1932，北新书局）、吴曙天的《恋爱日记三种》（1933，天马书店）以及由她编选的《女子书信》（1933，光华书局）等。这只是粗略的统计，还没有加上报刊杂志上的此类作品。

报刊上，例如《良友》画报于 1930 年第 45 期不失时机地开始设置"现代成功人自传"栏目，取得了"新的跃进"。不过，这个栏目约稿不太容易，据马国亮回忆，这是"因为我国崇尚谦虚，后来改名为'名人生活回忆录'，约稿就方便多了"④。此外，诸如《我怎样走上文学的路》这样的文章其实也应该算入其中，《文学》就曾经出过"我与文学"特辑，约请几十位文学家谈自己的文学道路。伴随着这股风潮，古人和外国人的书信、情书和自传也一并被重印或翻译过来。因而，有人把 1934 年

---

① 《施蛰存声明》，《十日谈》1934 年第 37 期。

② 《〈谈监狱〉编者注》，《人言》1934 年第 1 卷第 3 期。

③ 章克标：《世纪挥手》，载《章克标文集》（下卷），上海社会科学院出版社 2003 年版，第 173 页。

④ 马国亮：《良友忆旧：一家画报与一个时代》，生活·读书·新知三联书店 2002 年版，第 157 页。

称为"自传年":"今年,在妇女界是国货年,但在文学界,明明是'自传年'。不管翻开那一种杂志或附刊,总可以看到作家的自传的。"① 不能仅仅把"自传"孤立出来看待,而应该与书信、日记、回忆录等一起去看。当时,出版商对于日记等体裁作品也是趋之若鹜的,因为它们有着不俗的销量,郁达夫的《日记九种》"刊行之后,销路居然也有了好几万部","其后为杂志编辑者及书局之催逼",郁达夫又陆续"发表了许多断篇的日记",最后汇集成了《达夫日记》②。

这类特别的书籍或文章是只属于名人的专利品,无名作家是无法企及的。它们能够在 30 年代形成热潮有多种原因,笔者认为最重要的是如下两点:第一,"名人"是伴随着大众传媒一起出现的,甚至可以这么说,所谓"名人"就是那些经常在大众传媒上出现的人物。作家也一样,由于 30 年代报刊、书籍的繁荣,必然就会相应地产生一批知名作家。大众传媒同样离不开"名人",它们之间的关系就像好莱坞电影和明星一样,明星是由好莱坞电影工厂制造出来的,成名的明星反过来又几乎成了好莱坞的代名词。第二,在现代生活中,随着工作/休闲、公共生活/私人生活这些领域的界限越来越明晰,一个属于"私人"的空间也被划分出来。人在"私人"生活中被认为更真实一些,人们独处或与亲人、好友在一起,可以自由释放所谓的"真我"。正因为如此,影迷迫切需要了解到自己所钟爱的明星在电影之外的私生活。也是由于这个原因,好莱坞各电影工厂都对旗下明星的私生活进行相当严格的约束,尤其是女明星,她们的银幕形象大多是类型化的,电影公司显然不想让明星的私生活毁掉它们精心塑造出来的形象,尽量让明星的现实生活形象与银幕形象保持一致。换言之,观众在看明星所饰演的电影时,也就获得了如同观看他们现实生活的满足感。在文学中,自传、回忆录、书信(尤其是情书)和日记这些特别的文类也被认为是提供了通往作家精神世界深处的捷径。需要强调的是,自传等作品与"五四"时期特别盛行的"自传体"文学并不一样,而是更进了一步。作家由借故事来展现自己的内心和感情,发展到直接展现自己的生活和历史。总而言之,读者需要这类作品,主要不是通常被解释的原因——为了满足自身的窥视欲,直接的原因是现实生活分裂了。

---

① 《自传年》,《一周间》1934 年第 1 卷第 3 期。
② 郁达夫:《再谈日记》,《文学》1935 年第 5 第 2 期。

"私人领域"的产生和深化在文学中也有直接表现。30 年代有关"抄袭"的讨论明显增多，除了上文提及的一些抄袭外，《文艺新闻》上曾经揭露过多起文坛抄袭事件，如史济行抄袭丽尼作品、偷窃郁达夫文稿①，张资平的《红雾》抄袭了日本某作家的作品②等。当然这可能意味着这一时期的作品抄袭现象的确较之前增加了。然而，绝不是说之前文坛纯净到没有一例"抄袭"事件发生，那些翻译或改译国外作品而未署原作者姓名的行为在之前可能更为普遍。值得追问的不是抄袭事件究竟有多少、是不是增多了，而是关于"抄袭"的讨论为什么恰恰在此时开始增多。也就是说，为什么"抄袭"成为问题？是什么使得何家槐、徐转蓬的"创作之争"成为一个问题，引起了广泛的讨论？要知道在同一时期，瞿秋白的一些文章都是署上鲁迅的笔名发表的，为什么瞿、鲁之间没有产生"创作之争"？区别在于，瞿秋白的文章署鲁迅的笔名发表是作者的授意。何家槐在为自己辩护时也强调，改写或将徐转蓬的文章署上自己的名字发表都得到了作者本人的同意。也就是说，在未得到许可的情形下，使用了别人的作品才属于抄袭或侵权。作品是一种劳动成果，它为作者所有，他人不可侵犯。这一原则得以成立，背后正是"私人"及其权利在作支撑。

作品是私有财产的观念和原则，最终以著作权法、版权法等法律形式确定下来。开明书店曾以世界书局出版的《标准英文读本》抄袭《开明英文读本》为名，将后者告到了教育部。林汉达编辑的《标准英文读本》遂被裁定为"抄袭"，禁止发行。世界书局不服，又以"侮辱名誉"的罪名将开明书店反告到上海地方法院，法院"处开明罚金三十元"，不过英文读本的版权仍归开明所有。事情到此还未结束，林汉达又搜集到了证据，证明林语堂的《开明英文读本》"也是抄袭外国书来的"，准备再次起诉开明书店③。这个无休止的诉讼的推动力实际上是金钱，在当时，"英文读本"是一块香饽饽，发行量极大，各个书店都想据为己有，所以两家书店与其说是版权之争，不如说是利益之争。从这起案件来看，当时侵犯版权的执行机关仍然不明晰，教育部和法院都可以认定。1934 年国民党中央党部查禁乐华图书公司出版的余慕陶所编的《世界文学史》，理

---

① 《偷窃原稿乎?》，《文艺新闻》1931 年第 5 号。

② 毛一波：《偷窃原著的无耻》，《文艺新闻》1931 年第 9 号。

③ 《出版界消息·世界书局与开明书店涉讼》，《读书月刊》1931 年第 1 卷（汇订本）。

由是"内容抄袭剽窃，错误百出，且复羼入反动术语以炫奇"①。这本书及其被查禁的理由在大量被禁的左翼书籍中显得很特别，为了镇压左翼文艺运动，国民党政府先后出台出版条例和出版法，在主要针对左翼书籍之余，也开始注意到版权保护的问题了。

三　"文人无行"与新黑幕小说

当我们在谈论文化消费时，从来都不只是孤立地针对某些作品，而意在探讨整体的消费文化机制，以及这种机制得以形成的一些深层原因。例如上面提及的自传、书信类作品就不能被混为一谈，有些是非常严肃的作品，像《两地书》、《达夫日记》等，有些则是哗众取宠的商品。但是，严肃的作品也可以经由消费文化的包装，变成单纯的消费品。当然消费文化最钟爱的产品还是情色、黑幕之类的作品，就日记、自传、书信类作品而言，它们集中表现为两类：

一是利用出名作家的桃色新闻吸引读者。最出名的是"陶刘妒杀案"——陶思瑾杀害同窗好友刘梦莹一事，这一案件虽然不平常，但却成为1932年文坛上的"一件惊人大奇案"，不过是因为陶思瑾是陶元庆的妹妹，而案件又发生在许钦文的住处，许钦文被牵连入狱。房屋是许钦文为纪念好友陶元庆而筑，此时陶元庆已经早逝，一男二女住在同一屋宇下引起了媒体的纷纷猜测，有传出同性爱的，也有传出三角恋爱的②。邵洵美、章克标等人主办的《十日谈》、《人言》等刊物嗅觉敏锐，在许钦文无罪释放之后陆续推出了他的《许钦文日记》、《狱中记》、《不浪舟日记》等作品。直到1935年，许钦文还因为此事而成为编辑们追逐的目标。陶亢德在《宇宙风》创刊之初即向许钦文约稿，后来他从小报上获晓许钦文打算"写一个长篇记述陶刘惨案及其本人狱中经过的文字"，便立即写信给许钦文询问是否确实，如果没有这个打算也"大可写得"，"宇宙风一定发表"，后来《无妻之累》得以在《宇宙风》上连载③。对于许钦文来说，他写作这些作品的目的可能不在获利，只是想澄清事实的真相，为自己洗刷不白之冤。但是这些作品到了编辑手中，立即被赋予了别种含

---

①　《中央党部查禁大批书籍的善后》，《现代出版界》1934年第23期。

②　孔尊：《许钦文与"无妻之累"》，载杨之华编《文坛史料》，中华日报社1944年第3版，第314－315页。

③　陶亢德：《关于"无妻之累"》，载杨之华编《文坛史料》，中华日报社1944年第3版，第317页。

义。只要对照一下当时报刊谈论"陶刘妒杀案"的文字即可明白：潘光旦等人在其所办的《华年》周刊上曾多次谈论这一案件，但都以此为个案来探讨其对于心理学、社会的启示，分析时也尽可能多地占有事实，比如律师、同学的证言，希图还事实以真相；《玲珑》也刊载了陶刘案的文章，放在该刊固定栏目"案件评述"中，题目是《同性恋爱欤三角恋爱欤》，内容则完全采自道听途说和猜测①。该刊在接下去一期中又刊登了陶、刘二人的照片，编辑宁愿花心思获取当事人的照片，也不愿意辨清事件真相及社会意义。也许在他们看来，为刊物销量考虑，这类事件被传闻得越有趣越妙。

二是利用"女作家"进行炒作。无论书籍还是报刊，"女作家"都是其特意营造的卖点，以至于有人说"女作家""在报纸上曾和烟草公司的广告竞争过"②。庐隐去世不到一个月，邵洵美创办的第一出版社立即出版《庐隐自传》，邵洵美亲自为该书作了长序，在该书的广告中，邵洵美的长序也成为卖点之一。除此之外，广告中还出现了"庐隐女士为国内三大女流作家之一，不幸上月以病而亡"、文字"坦白诚实"、"教吾人以刻苦奋斗之径途"等字眼③。平心而论，这些宣传基本上是客观的，并没有拿作家的性别和死大做文章。相比之下，那些被列入"女作家专号"中介绍的作家们就没有这么幸运了，她们只能以"女"作家的面目出现，以被窥视的方式去被男性阅读。《真美善》曾约请张若谷编辑过一期"女作家专号"，该专号的"征文启事"称："女作家是文艺界最灿烂的鲜花，是读书界渴盼着的慰情天使，在人类灵魂的发展史上占有极特殊而极重要的位置。"④ 出"女作家专号"绝非偶然现象，《小说世界》也出过。然而，女作家在中国现代并不多，要出类似的专号有一定难度，最常见的是在作者姓名后特地注明"女士"字样，引起读者注意。如曾今可主编的《新时代月刊》第 1 期中，女性作者姓名后多被冠以"女士"，像何珮女士、虞岫云女士、沈紫曼女士等。张若谷编辑"女作家专号"时，邵洵美化名"刘舞心女士"投稿，和曾朴玩恶作剧，轻易就骗过了曾朴。这说明杂志上所谓女性作家作品是极易仿冒的，只要化名"××女士"就

---

① 　徐美玉女士：《同性恋爱欤三角恋爱欤》，《玲珑》1931 年第 49 期。
② 　古月：《读了〈棘心〉》，《金屋》1929 年第 1 卷第 7 期。
③ 　"《庐隐自传》"广告，《人言》1934 年第 1 卷第 27 期。
④ 　《真美善女作家号征文启事》，《真美善》1928 年第 2 卷第 6 期。

行了。

杂志真正需要的不是女作家的作品，重要的倒是"女士"两字。含有"女子"、"女作家"等字样题目的书籍同样热销，如《上海顾问》的作者王定九就一口气编过《当代女作家随笔》、《当代女作家书信》、《当代女作家散文》、《当代女作家日记》等书籍，无一例外地都是采用"当代女作家××"作书名。讽刺的是，《当代女作家日记》的第一篇竟然是丁玲的《莎菲女士日记》，稍微有些文学常识的人都知道，这不过是丁玲的日记体小说，并非作家本人的日记。编者将其放在首位，需要的是丁玲的名气，至于所选文本到底是否为日记则在其次了。从王定九所著的《上海顾问》看，作者对上海社会各行业的"门径"相当熟悉[①]，他认为"上海任何的事业，都带些骗诱性质，重'血头主义'"。在为卖文为生的青年指点迷津时，作者详细列举了各大报纸副刊和小报的名称、编者、取稿方针和报酬办法，足见作者下过细致的考察功夫，并得出一个结论：卖文最重要的一点是"须明瞭出版界的趋势"[②]。王定九编辑"当代女作家××"系列书籍，就是瞄准了30年代出版界的"趋势"有的放矢。

女作家不可多得，有过战场经历的女作家尤其难得。因此，谢冰莹在30年代一度声名鹊起，几乎被当成了战争小说家和革命女作家的典范。她所著的《从军日记》书后所附的广告称，"这是革命怒潮澎湃的时候激荡出来的几朵灿烂的浪花，是一个革命疆场上的女兵在戎马仓皇中关不住的几声欢畅。这是真纯的革命热情的结晶。如果'革命文学'这个名词可以成立，我们认为这就是最可贵的革命文学作品"[③]。《从军日记》有几个书局的多种版本，如光明书局1932年推出第3版，1936年即印至第8版。作者后来又出版了《一个女兵的自传》，作为"良友文学丛书"第27种出版。需要再次强调的是，《从军日记》等作品本身并非消费性读物，但是对于出版商而言它们与其他畅销的消费读物并无区别，就像北伐战争中大卖特卖的共产主义、三民主义书籍一样。据郑超麟回忆，"一九二七年，上海有一家小报曾统计那几年中国销行最大的书：第一本是《三民主义》，当然，但那大部分是官费印出来赠送的；第二本就是

---

① 王定九的《上海顾问》即是在他早先所著的《上海门径》一书的基础上增订而成，谈的仍然是各个行业的"门径"。
② 王定九：《上海顾问》，中央书店1934年版，第548页。
③ 冰莹：《从军日记》，春潮书局1929年版。

《ABC》（指的是《共产主义 ABC》——引者注），中央发行部并没有赠送规定，不过定价很低，每本二角，各地翻印的是否有赠送则不可知；第三本是张竞生编的《性史》"。① 即便是《性史》也非色情读物，但它的畅销则是由于被赋予了色情的含义。

　　作家的名声固然敌不过电影、体育明星，所以 30 年代一方面是电影类杂志突飞猛进地增长，1934 年的杂志"多半是电影和一些无意识的漫画"②，另一方面，更常见的则是普通杂志大大增加了电影、体育明星的照片和活动报道，游泳选手杨秀琼就是在这一时期名声大噪，被冠以"美人鱼"的称号频繁在各杂志上露面。《十日杂志》的创刊号封面即是杨秀琼的照片，并被配上了一对翅膀，题为："杨秀琼小姐在现在，已被捧成仙人了！"③ 语间略带讽刺。然而，杨秀琼被捧为"仙人"也少不了该刊的一份"功劳"，在不长的办刊时间中，它曾经多次登载过杨的照片和活动消息的文字报道。这种做法往前进一步就是拉明星为杂志做广告，叶灵凤、穆时英主编的《文艺画报》曾刊登了六幅影星的读书照片，其中陈燕燕和黎明晖手持的刊物名称清晰可辨，就是《文艺画报》④。此举可能是受到了《良友》画报的启发，它在一百期纪念特号中，集中刊登了一些读者持阅《良友》画报的照片，其中有一些电影明星，如胡蝶、陈燕燕、徐来等，甚至不乏老舍、叶灵凤、张天翼等新文学作家⑤。

　　更有聪明的编者刊发电影导演和明星的文学创作，利用的是明星的名气，却又不脱离文学范畴，一举两得。例如《春光》杂志在艾霞自杀后刊发了其遗作《好年头》⑥。将此举发挥到极致的，算是被鸳蝴派占领前的《社会月报》了，其中云集了众多的电影导演、明星，如郑正秋、卜万苍、史东山、孙瑜、姚苏凤、陈波儿、胡萍等，他们都是以作者的身份出现的，胡萍就曾为《社会月报》写作过多篇小说、散文和论文。颇为有趣的是，鸳蝴派作家占领了《社会月报》后，虽然文字换成了文言，内容也基本上仍囿于鸳蝴派狭窄的范围，但栏目的设置却打上了新文学杂

---

① 郑超麟：《五卅前后》，《郑超麟回忆录》，东方出版社 2004 年版，第 230 页。
② 杨寿清：《中国出版界简史》，永祥印书馆 1946 年版，第 67 页。
③ "封面相片及文字"，《十日杂志》1935 年创刊特辑。
④ 《电影圈里的文艺氛围气》，《文艺画报》1935 年第 1 卷第 3 期。
⑤ 《本志读者一斑》，《良友》1934 年第 100 期。
⑥ 艾霞：《好年头》，《春光》1934 年创刊号。

志的烙印，如刊载一定数量的杂文，也有"文坛旧话"类的文章，就是其"革新"的产物"社会集锦小说"①，即多人合写一篇小说，每人一章节，借重一些知名鸳蝴派小说家如王钝根、周瘦鹃、严独鹤等人的影响力，也和新文学杂志追求的名人效应相去不远。作家的日常生活、自传、日记、相片和作品一起构成了"广阔的多媒体文本"，这与好莱坞电影的运作极为相似，也正是好莱坞电影明星体系中的核心②。

文坛追求名人效应，名作家被与电影、体育明星等同视之。波罗金笔头在《良友》上所刊的广告，先后请周瘦鹃、张若谷、萧友梅等人代言，同时刊登了他们的照片及真迹。这与该刊上蜜丝佛陀化妆品用玛林玛许、琼哈劳、琴逑罗吉丝等好莱坞明星的照片做广告在本质上是一样的。新旧作家的壁垒在这里甚至也消失了，重要的是名气。利用名人抬高自己身价是海派作家常用的伎俩，章衣萍把"我的朋友胡适之"挂在嘴边，脱离了原先混迹的京派文人圈，一变而染上了浓厚的海派色彩。章克标"借用"郁达夫作品的题目《蜃楼》做了一篇小说，看重的也是郁达夫拟创作的这部书已经提前在刊物上做过广告，一定程度上为读者所知晓和期待。最滑稽的是，章克标一边"借用"了郁达夫的题目，一边还在给邵洵美的信中信誓旦旦地谈所谓"艺术的良心"③。最典型的要数余慕陶了，此人自称与辛克莱相熟，《读书月刊》等刊物上也多次刊发他与辛克莱相熟的消息，如辛克莱称赞余氏的小说、余氏常与辛克莱通信等消息，并刊载过辛克莱致余慕陶的信④，余慕陶俨然以辛克莱在中国的代言人自居。

借名人抬高身价除了"捧"之外，还包括"骂"。骂名人既能增加自己的被关注度，也能借机攻击、报复对手。如张资平在自己的长篇小说被《自由谈》的编辑黎烈文"腰斩"之后，登文章造谣说黎烈文靠"姊妹嫁作大商人为妾"才得以入主《自由谈》。30年代关于"文人无行"的讨论所涉内容要广泛一些，但是主要针对的就是这些文坛现象。滑稽的是，海派文人在这些讨论中往往反客为主，扮演起道德卫士的角色。如林予展

---

① 《社会月报》1935年第1卷第7期。

② Paula Marantz Cohen, *Silent Film & The Triumph of The American Myth*. New York：Oxford University Press，2001，p. 151.

③ 章克标：《关于蜃楼》，《金屋》1930年第1卷第9、10期合刊。

④ 《辛克莱致余慕陶书》，《读书月刊》1932年第3卷第4期。

在《矛盾》上写文章借讽刺"文人无行"骂鲁迅"和女学生吊膀子"①。借名人出名不能或不得，便挟私报复，从而变成了新式的黑幕文学，写道听途说得来的当世名人的桃色故事或吸引读者赚取金钱，或同时发泄自己内心的不平和怨恨。上文提及的作家自传、日记、情书类读物的流行，也为这类写作大开方便之门。那些有着浪漫经历的作家尤其得到眷顾，如徐志摩、郁达夫和邵洵美。张若谷的《婆汉迷》号称"儒林新史"，是以徐志摩的文学、爱情历程为主线，辅以郁达夫、邵洵美等人，其中充斥着对这些作家的造谣、丑化与攻击。作者有意在人物姓名上让人联想到这些现实作家原型②；他在散文《俄商复兴馆》中写到邵洵美（没有直接提名字，但"希腊式鼻子长颏巴青年"、"上海有名的唯美诗人"等字眼，已经指得够明白了）与一位女诗人进了一个幽密的房间，暗示两人关系亲密③。章克标的《银蛇》讲述了郁达夫追求王映霞的故事，其中也不乏对郁达夫的丑化。杨邨人的《新儒林外史》则是以章回小说体把文坛写成了战场，自封文坛"小将"，代表"革命群众"，与"老将"鲁迅的对阵④。与以上作品不同的是，《新儒林外史》中直接用了作家的真名真姓，更加肆无忌惮。

无论是游戏、消遣、拜金主义的写作态度，还是发泄私愤式的新黑幕小说，都显示了 30 年代新文学中的某个支脉与晚清鸳蝴、黑幕小说深刻的精神关联。鲁迅在《上海文艺之一瞥》中处处紧扣两者之间的承袭与新变关系，从历史纵深角度分析上海当时的种种文艺现象，也是洞察到了它们之间的这种精神关联。

第三节　"摩登主义" 与异国情调

一　都市作家的洋派生活方式

曾虚白在为张若谷的《都会交响曲》作的序中说，张若谷"沉醉在

---

① 林予展：《文人无行》，《矛盾》1933 年第 2 卷第 1 期。

② 张若谷：《婆汉迷》，益华书局 1933 年版。

③ 张若谷：《俄商复兴馆》，《战争·饮食·男女》，良友图书印刷公司 1933 年版，第 146 - 147 页。

④ 鲁迅：《〈伪自由书〉后记》，载《鲁迅全集》（第 5 卷），人民文学出版社 1981 年版，第 178 - 180 页。

都会生活中，眷恋着物质享受"①。在 20 世纪 30 年代的上海，类似张若谷这样的都市作家并非少数，可以列出一长串的名单：刘呐鸥、穆时英、叶灵凤、章克标、林徽因、邵洵美、曾虚白、傅彦长等。虽然他们通常多被纳入到"海派"这个大的范畴中进行探讨，但是他们与海派中的一些带市民情调的作家相比，无论是在生活方式、审美情趣，还是作品的主题内容上都存在着较大的分歧。这些都市作家的生活方式不能仅仅被视作为创作的影响元素，而是应该与创作一起被当作某种文化实践去看待。

有许多研究者注意到了都市作家特定的生活方式，他们频繁出入洋派的都市娱乐、休闲场所，如跳舞场、跑马厅、回力球场、咖啡店、影戏院、百货公司、外国公园、大饭店等。这种生活方式又直接呈现到他们的创作中，所以，吴福辉先生将穆时英和刘呐鸥的小说称为"非家庭化小说"，认为其顺应了洋派人士社交生活的文化形态②。其他都市作家也不逊色于穆、刘二人，在 1934 年初，章克标和林徽因分别为《十日谈》做了题为《二十二年的赌博》和《二十二年的娱乐》的文章，二人对上海赌博、娱乐场所可谓如数家珍；曾虚白在《金屋月刊》上发表过《电影场之夜》、《舞场之夜》、《跑狗场之夜》等系列作品，可见平时不少涉足。叶灵凤、穆时英、杜衡等人还酷爱去回力球场，叶灵凤在致穆时英的信中也不忘了问一句"昨晚到回力球去吗"，穆时英在给施蛰存的信中透露，"杜衡近来回力球兴趣绝浓，谈起拉摩司来，那眉飞色舞的样子"③。这也为他们赢得了"洋场少年"或"摩登作家"的名声。

上海租界繁华区域当时就弥漫着浓厚的异国情调，虽然名为租界，外国统治者在租界内有相当大的独立权力，除名义上承认土地归中国所有只是暂时租借之外，其他如立法、司法及行政权力几乎都在外国人手中④，更像是一个独立的"国中之国"。租界开辟以后，"外国人来沪渐多，居留的时间也长了起来"，"1920 年代后期增加特快"，在最多的时候，上海外侨的国籍多达 58 个，人数较多集中在日本、俄国、美国、英国、法国、

① 虚白：《曾序》，载张若谷《都会交响曲》，真美善书店 1929 年版。
② 吴福辉：《都市漩流中的海派小说》，湖南教育出版社 1995 年版，第 46 页。
③ 孔另境编：《现代作家书简》，生活书店 1936 年版，第 227、277 页。
④ 阮笃成编著：《租界制度与上海公共租界》，法云书屋 1936 年版。

奥地利、德国、印度等国①。居留上海的外国人带来了自己国家的生活、娱乐方式，有的则在这里投资产业。由于得天独厚的地理条件，上海很快成长为中国乃至亚洲重要的交通枢纽、经济中心。殖民者通过上海很方便地倾销他们的商品，换成黄金或原材料后运回国内。上海人足不出户便能消费外国商品、享受到外国的大餐、服务方式和娱乐生活。1934年《良友》画报第89期以专题照片的形式展现了"上海租界内的国际形象"：白俄的女性差不多包办了半数以上的歌舞事业，代表着西班牙形象的回力球员，在马路上高视阔步的法兰西水兵，荷兰菜馆招牌上由霓虹灯点缀的风磨在尽情招摇，靶子路和霞飞路一带星罗棋布的土耳其浴室，垄断着上海大部分影院的美国电影，由穿和服妇女、太阳旗、红的樱花和高的木屐组成的极富日本情调的吴淞路，遍布各马路口的印度巡捕，象征着英国经济在华权威的巍峨的汇丰银行，充满日尔曼民族气息的德国饭店，代表着犹太地产企业家在上海雄厚实力的沙逊大厦，在上海独树一帜的捷克鞋厂，包揽了上海和欧洲间大部分航运业的意大利邮船公司。编者感慨道："这在外人统治下的上海租界，操纵着上海的金融、运输、交通和商业的一切。如此上海！房客的气焰把房东完全压倒的。"在他眼里，这一切都不能算作"上海的形象"，只有在旧历四月初八浴佛节那一天的静安寺前一带才能在租界内寻找到老中国的形象，寺内拥满了进香的善男善女们，寺外摆满了从乡间运来的农产品和手工业产品②。

当时的上海就是这样一个奇怪的混合体，表面上看是各民族其乐融融共处的国际化形象，实际上人与人之间却壁垒森严，这也表现在不同国籍侨民所做职业的差异上，殖民宗主国的高贵子民盘踞着显要位置，从事着高尚职业；印度人多数当巡捕，而失去自己国家的曾经的白俄贵族们只能从事最低贱卑微的职业。中国人呢？连印度巡捕也瞧不起他们："虽然是亡国的遗民，可是在他们眼中，中国人是更渺小，更渺小的。"西方人一方面带来了他们的娱乐方式，建起了一整套的娱乐设施，如舞厅、跑马厅、跑狗场、回力球场，另一方面却刻意回避与中国人共同娱乐。例如隶属英国人的俱乐部——上海总会，"拒纳华人和女性为总会会员"。中国人可以观看赛马，也能下赌注，但却被英国的跑马总会拒之门外。直到

---

① 熊月之：《〈上海的外国人（1842-1949）〉序言》，载熊月之等编《上海的外国人（1842-1949）》，上海古籍出版社2003年版。

② 陈嘉震、欧阳璞摄：《如此上海：上海租界内的国际形象》，《良友》1934年第89期。

1911年，中国人在气愤之下建起了自己的跑马场，关系才有所改善。就算西方人放下他们的架子，愿意和中国人交际，但是金钱无疑成了另一道门槛，除了极少数有头面的人物之外，很少有中国人能够跻身到西方人极尽奢华的社交生活中去。租界几乎就是外国殖民者的天堂，多年以后，即使他们已经回国很久，仍然能够充满温情地回忆起在上海的"黄金时代"①。但对于大多数的中国人而言，租界是和十分复杂的情感联系在一起的，一方面它的存在见证了亡国之痛以及被压迫民族子民的卑微与屈辱，另一方面它又向国人展示了现代化的繁荣与富足。

上海曾被喻为"东方的巴黎"，就法租界而言格外准确。法国殖民者或许真想把租界建设成为另一个巴黎，以寄托他们的思乡之情。有些路名直接就用法国文豪的名字来命名，如法国公园西面的三条支路就分别被命名为高乃依路、莫利爱路和马斯南路。法租界也是文人们向往、流连的地方。曾朴的寓所就位于马斯南路，他曾把法国公园和霞飞路比作法国本土的鲁森堡公园和香榭丽舍大街，贪恋着这里浓郁的异国情调，尽管法租界住房高昂的租金让他有点吃不消，但他权衡再三还是决定不搬家②。无独有偶，刘呐鸥在留学法国的理想受挫后来到上海，第一个落脚点也是"充满异国情调与色彩的法租界"③。对于无缘住到巴黎的作家而言，在法租界生活无异于得到了很大的心理补偿。因而法租界吸引他们的地方就不只是某些个别的娱乐场所，而是其整体的异国情调。张若谷即使不进入消费场所，也"喜欢在热闹街道上散步，流览百货公司、衣装店或书店的窗饰"④，便是这个原因。

这些作家偏爱法租界可能有多种原因，比如这里密集的文化、消费、娱乐场所，以及较其他租界宽松、自由的管理方式和整体氛围；同时也与作家们对法国文学的倾慕、向往分不开，虽然"五四"时期文学研究会偏重译介东北欧弱小民族的文学，但现代文学经过十余年的发展，法国文学也逐渐为作家和读者所熟悉。即便如此，张若谷仍然为南欧文学鸣不平，认为只有介绍南欧尤其是法国浪漫主义的文学，才能治疗中国现代文

---

① 哈瑞特·萨金特：《上海的英国人》，载熊月之等编《上海的外国人（1842 – 1949）》，上海古籍出版社2003年版，第6 – 37页。

② 曾朴：《东亚病夫序》，载张若谷《异国情调》，世界书局1929年版。

③ 康来新、许秦蓁编：《刘呐鸥全集（影像集）》，台南县文化局2001年版，第100页。

④ 张若谷：《异国情调》，世界书局1929年版。

学的弊病①。在喜爱法国浪漫主义文学，准确地讲是法国描写情爱的作品
这一点上，张若谷与曾朴、曾虚白父子找到了共同兴趣，他们一见面就谈
法国的文学沙龙，形成了一个小的文学圈子，傅彦长、徐蔚南、梁得所与
卢梦殊等人也是座上常客。张若谷还提到，他常与一批朋友在一起举行咖
啡座谈，参与者有傅彦长、朱应鹏、叶秋原、邵洵美、徐蔚南、黄震遐、
周大融、曾朴、曾虚白诸人，基本上和上面提到的那个热爱法国文学的沙
龙成员相近，地点一般选择在外国人开设的洋溢着异国情调的咖啡店。
傅、朱二人在他们主编的《申报·艺术界》上所设立的"咖啡座谈"栏
目，就成了他们发表见解的平台。

　　另一个热爱法国文学的圈子是章衣萍、华林、孙福熙、徐仲年等人组
织的文艺茶话会，创办有《文艺茶话》杂志，张若谷、曾今可等人也与
他们过往甚密。文艺茶话会不设固定的会所，但"大多数的时间还是在
这里那里的花园，酒店，咖啡馆里"。章衣萍把他们的"文艺茶话"比作
法国的文艺沙龙，不过，"可惜的是漂亮的女人们也太少"②。相似的，张
若谷有时也把他和朋友们之间的过往比附为法国文人间的交游。可见，这
些文学活动本身就浸染着浓厚的异国情调。曾朴甚至一直想物色"一位
法国式的沙龙中心女主人"，"这个女主人并不一定自己是文艺家，可是
有欣赏文艺的能力与兴趣，因此，她就由文艺家大家共同的爱人转变而成
文艺活动的中心人物"。他曾试图请王映霞担任这个角色，但未能如愿③。
邵洵美于是抓住他的弱点玩起了恶作剧，化名"刘舞心女士"向《真美
善》投稿④，激起了曾朴的极大兴趣，满怀热情复信、寻访⑤。这里对法
国文学沙龙的模仿可谓到了生吞活剥的地步。

　　二　作为价值观念的异域情调

　　有趣的是，这些作家在做着法国文人生活的美梦时，都未曾去过法
国，只是靠法国文学作品或上海法租界的一事一物去想象法国。"刘舞心
女士"这个虚设人物不啻为一个隐喻，象征着曾朴们对法国文学一厢情
愿的想象和向往。由于多依据情爱作品和摩登生活场所得来的经验，这种

---

① 张若谷：《咖啡座谈》，真美善书店 1929 年版，第 109－119 页。
② 章衣萍：《谈谈"文艺茶话"》，《文艺茶话》1932 年第 1 卷第 1 期。
③ 曾虚白：《曾虚白自传（上集）》，联经出版事业公司 1988 年版，第 99 页。
④ 邵洵美：《我和孟朴先生的秘密》，《人言》1935 年第 2 卷第 17 期。
⑤ 曾朴：《病夫复刘舞心》，《真美善》1928 年第 3 卷第 2 期。

想象又是情欲化的，或者是和情色想象交织在一起的，法国和法国文学都被凝缩为"浪漫"的代名词。"法国"在这里是可以用其他事物代换的，如西班牙风。当时回力球场里就弥漫着一种西班牙风，到那里去的并非全是赌客，还有两种人：一种是打扮得花枝招展希图勾引西班牙球手的女人，一种是吊膀子的富贵人家的少爷①。林徽因的文章也证实了这一说法的可信性②。充满异域情调的场所成了情欲想象的"温床"。张若谷谈及去咖啡店的好处时，其中重要一点就是可以从咖啡店侍女那里得到"人间味同感觉美"，以及"异性方面的情感的满足"③。

张若谷在《对于女性的饥渴》中引用武者小路实笃的话写道："我今年二十六岁了，我对于女性感着饥渴。"这句话在不长的文章中反复出现。实际上张若谷身边并不缺少女性朋友，那么该如何理解下面这段似乎逻辑混乱的文字呢？"我因为常感觉孤独，所以要多结交异性友侣。我因为有了许多异性的友侣，所以愈觉得心的寂寞。为要救治这心的寂寞，于是渐渐地对于异性起了憧憬。这种憧憬的结果，使我对于异性强烈地感着饥渴。"④ 唯一的解释是：让作家饥渴的不是某个具体的女性实体，而是一个女性想象，因而结交现实中的女性并不能使他满足，反而会映衬出精神上的匮乏。这个女性想象是借助于文学、电影等文艺作品产生的。我们也能在刘呐鸥的身上看到某种类似的东西。他过着追香逐艳的生活，无论是文艺作品还是现实中的女性，甚至街角偶尔飘过的一个女性身影，都会激发他无尽的情色想象。和张若谷的情形一样，他在现实中寻求这种想象的满足只能是徒劳，相反是刺激出更强的欲念。更糟糕的是，刘呐鸥从娱乐场所回家后，往往要付出头痛欲裂、不能入睡的代价，这也是欲念未能满足的后果⑤。

饥渴也罢，欲望也罢，都是不及物的，成为一种抽象化的欲念。郁达夫就看到了两者的区别，他在《说食色与欲》一文中写道："原始的基本欲望，是容易对付的；最难对付的却是超出乎必要之外，有长无已，终而

---

① 《赌回力球也是一种职业》，《十日谈》1933 年第 3 期。
② 林徽因：《在那里女人已不再是女人了》，《十日谈》1933 年第 3 期。
③ 张若谷：《咖啡座谈》，真美善书店 1929 年版，第 9 页。
④ 张若谷：《战争·饮食·男女》，良友图书印刷公司 1933 年版，第 193 – 202 页。
⑤ 《刘呐鸥全集（日记集）》，彭小妍、黄英哲编译，台南县文化局 2001 年版。

至于非变成病态不可的那一个抽象的欲字。"① 如果说 20 世纪 30 年代海派都市文学中充满了食色的描写的话，那么这里的"食色"也不应被理解为具体的生理欲望，而是欲念，文学也就在这时才是必要的，毕竟想象只能以想象的方式得到暂时的缓解和满足。巴塔耶说，"爱情不需要文学（很可能，文学起初就是对爱的不信任），但是文学无法避免将个体的爱所承担但无法实现的丰富可能性与文学本身固有的丰富可能性联系起来"②。从这个角度其实不难理解，海派都市作家为什么会对赤裸裸的肉欲描写嗤之以鼻，答案在于这些肉欲描写不能激发情色想象。刘呐鸥对清末"狭邪小说"《品花宝鉴》评价很低，只用了一个"坏"字③，张若谷同样批评肉欲小说的流行④，就是这个道理。

1933 年，张若谷到欧洲进行了为时一年多的游历，目的地中当然少不了早已梦寐以求的巴黎。在这之前的十年中，"到巴黎去"是他们"友侪间当作口号的一句口头禅"，他也为去巴黎编织了不少堂皇的理由：听交响乐、看歌剧，还有"最重要的唯一目的，就是想买些外国文学的书回来"⑤。到达巴黎之后，他才发现巴黎不是像他想象中的"天堂"、"仙境"和"乐园"，"而是人间的欢乐乡"。讽刺的是，作者记述他在巴黎的游历时，绝口不提交响乐、歌剧和外文书，而是津津乐道于巴黎的色情娱乐场所。这样作者就暴露出其真实动机，不是一个高雅艺术及文学的追求者，只是一个异域都市的猎奇、猎艳者。准确地讲，作者还算不上一个猎艳者，他只是"看"，作者形象地用了一个词汇去表达这种行为——"看野眼"，由于不会跳舞，他几次拒绝了外国女人的邀舞⑥。不与外国女人实际交往、接触，或许是由于内心中潜在的自卑感，不过保持一段距离反倒成就了他对异域都市和女性的色情想象，以前他在文艺作品、上海租界的异国情调里培养这种想象，现在虽然身处其境，却仍然维持着过去的方式，不同之处在于异域都市是一本更鲜活、新奇的大书。

置身于这些洋派的生活方式中，消费是其典型的特点，不仅指消费咖

---

① 郁达夫：《说食色与欲》，《申报·自由谈》1932 年 12 月 30 日。
② ［法］乔治·巴塔耶：《色情史》，刘晖译，商务印书馆 2003 年版，第 140 页。
③ 《刘呐鸥全集（日记集）》，彭小妍、黄英哲编译，台南县文化局 2001 年版，第 414 页。
④ 张若谷：《咖啡座谈》，真美善书店 1929 年版，第 110 页。
⑤ 张若谷：《文学生活》，金屋书店 1928 年版，第 44 页。
⑥ 张若谷：《游欧猎奇印象》，中华书局 1936 年版，第 138、215、158－159 页。

啡、影片等具体的行为，而是包括整个活动过程都是被消费的。波德里亚
看到，"消费的真相在于它并非一种享受功能，而是一种生产功能——并
且因此，它和物质生产一样并非一种个体功能，而是即时且全面的集体功
能"，即消费是一种"作为区分价值的普遍编码机制"和"意识形态"①。
消费着某种生活方式对应着特定的社会阶层，或至少给消费者以置身这一
社会阶层的幻觉。张若谷在一家俄国人开的咖啡店里的遭遇便颇有意味，
俄国侍女用英语问他，他听不懂，对之以法语。侍女看出了他是中国人，
以为他不习惯像西方人那样吃冷东西，为他端来了一杯热咖啡，他立即要
了一些冰放到了咖啡中，以免和周围正在品饮的外国人不同而被笑话；侍
女没有给他找钱，他虽然心里不高兴，却还是另加了小费。最后他"挟
起了我的《一个时代孩子的忏悔录》，挺起胸脯"，离开了这家咖啡店②，
看来他很为自己的举动感到自豪。自始至终，作家本人都试图掩饰自己的
中国人身份，想沉浸于一种异国情调中，所以当他进门时看到一个中国侍
者时，他很担心自己享受异国情调的心情会被破坏。法语以及随身携带的
只是偶尔翻看的法语书成了他的身份的象征，似乎只有这样他才能与俄国
侍女平起平坐，尽管操着英语的侍女让他吃了亏，他仍然要装出上等人的
派头，获得了阿 Q 式的精神胜利。

异国情调在这里显示了其与消费的密切关联，它既是消费的对象，反
过来也会促进消费。这便是很多消费场所的装饰都要突出异国情调的原
因。章克标在《做不成的小说》和《蜃楼》里都写到了妓女的房间，其
特点是都被布置得富于异国情调。墙上挂着含有挑逗性的西洋画，连日常
用具也如此，有西洋的茶壶和日本制的茶杯③。有研究者注意到，消费场
所的主题环境常常通过创造物质背景控制消费者的行为，延长其身体和心
理沉浸于其中的时间，以达到吸引消费的目的。比如赌场会利用设施、摆
设物使赌博者从其正常环境里脱离出来，赌博者离日常现实越远，他越会
由传统的责任和控制中释放出来④。遍及上海的消费场所所营造出来的异

① ［法］让·波德里亚：《消费社会》，刘成富、全志钢译，南京大学出版社2001年版，第69、89页。
② 张若谷：《异国情调》，世界书局1929年版。
③ 章克标：《蜃楼》，金屋书店1930年版，第135、164–165页。
④ Mel McCombie， "Art Appreciation at Caesars Palace"，in C. Lee Harrington and Denise D. Bielby（eds.），*Popular Culture：Production and Consumption.* Malden：Blackwell Publishers Ltd，2001，pp. 55–56.

国情调当然也具备这种功能，广而言之，租界未尝不可以视作一个大的刺激消费、鼓励放纵的欢娱场。徐霞村从北平写信给戴望舒，很怀念上海时期他与戴望舒、刘呐鸥等人在一起"海阔天空"地谈话的日子，因为只有在上海在这样的生活中，他才能做他的"白昼之梦"①。由于长期浸淫于这些消费场所和租界中，海派都市作家忘掉了身边的现实，也渐渐淡忘了知识分子的良知和责任。

咖啡座谈也罢，文艺沙龙也罢，文艺茶话也罢，海派都市作家的聚集、活动方式已经不同于古代文人间的雅集酬唱。其差异不仅在于活动内容和场所的变化、洋化与否，还在于前者不断地生产并消费着一种关于都市、时代的想象，这些娱乐和文学一起构成了他们的文化实践。为什么这些洋派的生活方式备受青睐？在 20 世纪中国社会的现代性进程中，上海处于最前沿，现代性实践不断地确立、巩固自身的合法性，并成为一种具有绝对力量的话语。因而，被抛却于这个进程之外的活动渐渐失去了影响力，尽管它们有时经过自身的调适，有时以一种改头换面的方式重新进入现代社会，但整个趋势无法更逆。现代性实践向来也不是只有一种或几种，而是相当复杂的，但就每一种实践最终都须求助于现代性的合法性这一点而言，它们又是一致的。上妓院、抽鸦片、听戏、喝茶等传统文人的休闲方式这时虽并未完全绝迹，如邵洵美一段时期内还保留着抽鸦片的习惯②，然而，与摩登生活方式成为都市作家百写不厌、津津乐道的主题相比，这些传统文人生活方式已经很少作为"美"被形诸笔下了。

洋派的生活方式正是借助于现代性确立自身的合法性的，在海派都市作家眼中，它们甚至就是现代性的象征。这一时期自西方舶来的事物多被形容为"摩登的"即说明了这一点。跑马、跑狗与回力球其实是变相的赌博形式，却名之为运动或娱乐，而免于上海市政府和租界当局的禁止，相比之下，中国传统的赌博方式花会则是双方都禁止的。最典型的是跳舞，在当时的上海，"尽管跳舞曾得到社会相当的尊重，舞厅却是出名的藏垢纳污之地"③。正是这些洋派活动与娱乐、休闲间的暧昧关系，使得它们在中国畅通无阻，即便是被填充了其他内容而面目全非，它们也仍然

---

① 孔另境编：《现代作家书简》，生活书店 1936 年版，第 151 页。

② 王璞：《项美丽在上海》，人民文学出版社 2005 年版，第 104 页。

③ ［美］魏斐德：《上海警察，1927－1937》，章红、陈雁、金燕、张晓阳译，上海古籍出版社 2004 年版，第 101－110 页。

能得到社会上的同情与尊重。

摩登的洋派生活方式因而承载了特定的价值观念。张若谷和朋友在路过外国人的住房时,听到里面传来了音乐声,他的一个朋友说:"要是这里住了不知趣的中国人家,只消有一支胡琴嘈杂地拉起来,就可以叫里内所有的异国房客,搬走得一个都不留。"① 言语间毫不掩饰对外国人生活的艳羡,和对中国传统生活方式的鄙夷。外国生活方式和中国传统生活方式常被他们比喻为都市与乡村之别。傅彦长坦承他喜欢"近代化,大都会",认为"物质文明是优秀民族的艺术文化"②。张若谷嘲笑那些居住于都会的人一面享受着都会生活,一面"痛骂诅咒都会的一切"。他认为将都会看成"藏垢纳污之所"的人,"没有在都会的美的与善的方面享受过生活"③,然而,综观张若谷所描绘的都市,所谓"都会的美的与善的方面"不过是限于咖啡座之类的生活而已。作家们对都会生活毫无保留的拥抱,源于他们的某种一元化的社会历史观。虽然在特定的时刻,他会想起都会生活中的阶级差别、都会生活的复杂性,然而基本上都会生活被当成了浑然一体的事物,都会与其中的文学艺术、休闲娱乐都是一体化的。如果未来社会必将是都市化的,那么都市就代表了社会进化的一种不可避免的趋势,而这也是文学艺术必然的道路。故此,张若谷在《刺戟美与破调美》一文中,将美分为动的和静的两种类型,"刺戟美"是动的美中"最生动活跃"的一种,也是"近代美中最顶点的一种"④。然后作者又从都会休闲、娱乐、运动、女性服装,以及绘画、音乐等艺术中寻求其证据。

史书美指出,中国现代的世界主义者们如郭沫若、施蛰存等人,通过将存在于中国的西方帝国主义("殖民西方")和他们正在输入的西方文化话语("都市西方")分离,把中国文学视作世界文学的一个成员或西方文学的一个分支⑤。这种分离策略实际上也构成了他们输入西方文化的一个合法性基础。然而,在海派都市作家身上这种区分几乎很难看到,西

---

① 张若谷:《咖啡座谈》,真美善书店 1929 年版,第 29 页。
② 傅彦长:《十六年之杂碎》,金屋书店 1928 年版,第 91 – 92 页。
③ 张若谷:《异国情调》,世界书局 1929 年版。
④ 张若谷:《战争·饮食·男女》,良友图书印刷公司 1933 年版,第 83 – 86 页。
⑤ Shu – mei Shih, *The Lure of the Modern*. Berkeley and Los Angeles: University of California Press, 2001, p. 14.

方的帝国主义、殖民主义的一面没有形诸他们的笔端。张若谷去欧洲游历时，经过南亚诸国，对殖民者在当地的统治和残酷压迫闭口不提，关注的倒是当地的异域风情。最明显的是，他竟然为法西斯主义唱起了赞歌，并将其视作了历史发展的必然趋势，"在最近的将来，无论哪种政治制度的国家，迟早都要走上这一条共同的路"。在结束意大利之行时，作者还向读者行了一个"法西斯蒂的敬礼"①。与此相似的，傅彦长也向往海盗性的民族和文化，认为"只有强悍的民族与有组织底亡命之徒的团体，才能够建设伟大美丽底艺术文化享受之"②。这些无疑已经是在复制殖民者的逻辑和论调了。

三 异域情调的政治

上海的都市异域风，使得作家只要展现这里的街景、娱乐场所，作品便蒙上了一种异国情调。不过，他们笔下的异国情调与宗主国作家的有着深刻区别。在备受中国新感觉派作家推崇的保尔·穆杭的作品中，男性主人公——一个西方强国的宠儿，可以自由地在世界各国穿梭，每到一处总能获得一场艳遇。在作品中，穆杭像一个专家一样审视着外国人，尤其是东方人，正如研究者批评的那样，"穆杭的异国情调抹杀了需要细察的客体，展现为一种歌剧风格式的风景，它可以被参观、挪用，可以被以新的镜中景象（mise－en－scene）的方式改头换面"③。穆杭④的《俞先生》曾由李青崖译成中文，发表在 1929 年第 3 卷第 2 号的《北新》上。小说讲述一个一千多年前的中国人的坟墓被来中国寻觅古玩玉器的美国人所盗，他的亡魂跑到纽约将所有陪葬品召回的故事。李青崖在"译者按"中介绍，穆杭以"写国外的事和冒险的事见重于世"。所谓"写国外的事"（L'exotisme）其实就是追求"异国情调"。至于这篇小说，译者认为不过是"拿谜样的中国许多东西，串在一处而成"，其中"十有七八是涉于误解"。李青崖详细指出了这些"误解"，所加的注释几乎与小说原文篇幅相当，比如年代错误，把清朝或现代中国的事物搬到唐朝人身

---

① 张若谷：《游欧猎奇印象》，中华书局 1936 年版，第 104、145 页。

② 傅彦长、朱应鹏、张若谷：《艺术三家言》，上海书店 1989 年版，第 112－113 页。

③ Roxana Verona, "A Cosmopolitan Orientalism：Paul Morand Goes East". *Journal of the Twentieth－Century/Contemporary French Studies*，Spring 2001，Vol. 5 Issue 1，p. 167.

④ 李青崖将作者姓名 Paul Morand 翻译成"穆朗"，当时有一些人也使用这个译名，为保持统一，本书除引文外统一作"穆杭"。

上等。

实际上，穆杭的小说的这些错误反映了当时大多数西方人对于中国的"误解"。他们靠零星的知识、有趣的传闻拼凑起中国形象，他们所在意的并非真正的中国，而是一些奇闻逸事和异国情调，因为它们符合西方人对中国落后、怪异和丑陋的想象。年代错误并非源于中国历史知识的匮乏，而是将中国视为静止、恒态的结果。总之，西方人将中国建构为"他者"，以此作为自我认同和优越感的源泉，也为"皈化"（侵略）中国找到了合法性。正如赛义德所言，西方关于东方的知识（东方学）反映的是"西方对东方的一种投射和统治东方的一种愿望"①。

《北新》的编者对李青崖的努力颇不以为然，在所加的"编者赘言"中认为："文学本不是事实的记录或历史之类的东西，有时纵有如李先生所说的那种'不符'或'错误'，亦无妨害，如果它是写得好；而且往往在必要的时候，它还可以故意利用'不符'或'错误'哩。"② 与李青崖相比，编者显然缺乏一种文化接受上的自觉和警醒。文化的无功利性或学术研究的客观性常常掩盖了西方的"东方学"背后的欲望。刘呐鸥在日记中曾表达了读完《俞先生》后的感受，虽然评价不怎么高，但他欣赏的正是小说所具有的异国情调。刘呐鸥的小说《赤道下》是一次明显的追求异国情调的尝试，故事发生的背景被设置在赤道下的一个小岛，椰林、蓝天、碧海，更重要的是，这里蛮荒的部落居民有着半裸的舞蹈和"开放"的性观念。显然，小说中想象的成分居多。30 年代，无论是好莱坞电影，还是上海的消遣类报刊，都不乏对于热带部落风情的兴趣和展示。据说美国摄影师关于巴里岛的纪录片，让前往巴里岛旅游的美国人由每年 70 人激增到 15000 人。好莱坞电影《处女的舞》便顺势诞生，该片采取在巴里岛实景拍摄，片中演员大多由当地居民饰演，主角是一位半裸的健美少女③。这股热潮投合了现代人的"都市怀乡病"，借批判都市生活压抑、病态和宣扬重返健康、自然生活之名，完成了对异国情调和女性身体的集中窥视。《赤道下》的灵感极有可能来自于此类电影或报道，然而值得注意的是，刘呐鸥的小说里还透露出一丝讽刺与自嘲的意味，这是

---

① ［美］爱德华·W. 萨义德：《东方学》，王宇根译，生活·读书·新知三联书店 1999 年版，第 124 页。

② ［法］穆朗：《俞先生》，李青崖译，《北新》1929 年第 3 卷第 2 期。

③ 《好莱坞的一部裸体影片》，《玲珑》1933 年第 124 期。

在穆杭的作品里很少能够看到的，也体现了殖民地作家与宗主国作家的根本差异——前者即使是置身异域，也少了后者所特有的那份从容与优越感。

张若谷说，"文学上的异国情调，绝不是单指翻译异国文学或用异国文字来翻译或创作本国文学这两件事。因为这些仅是纸上的工作，决不足以使两国文学得到精神上的交换的全部成功。最主要的工作，还是需要离去祖国到异国享受一切实际的生活"①。然而，海派都市作家毕竟不能像穆杭这样的宗主国作家一样在世界各地自由穿梭，他们对异域的认识也相当有限，如张若谷为了一次欧洲游历就准备了十年时间，他们该如何在作品里表现异域情调呢？

除了在作品中展现上海都市的异域风情外，语言成了获得这种情调的重要媒介。《读书月刊》上曾经介绍王独清"喜欢异国情调"，证据便是他喜欢在诗中使用外文而非翻译过来的汉语词汇，比如"Nostalgia"、"maronnier"，"他从来不写'怀乡病'和'栗子树'等替代词"②。在作品中夹入外文词汇或句子成为海派都市作家构筑异域情调的法宝。张若谷的诗《小夜曲》只有下面短短的几句，却镶嵌了英文和法文："今晚是我的 FREE NIGHT／那么你跟我走吧！／白宫，按背／RAIN DE TURKIE／浮世绘乐趣"。这种风格在作家的另一首诗《食道乐》里被推至极致，一首短诗里夹杂了意大利文、日语等多种外文，加在一起比汉字还要多，全诗如下："上海摩登加，／ALEGRO 脚步，／神情 ANDANTE／弄堂口接一包 MA-NI／アリガトいちEGNORITA"③。"Alegro"当为"Allegro"之误，它和"Andante"一样，都是意大利语，常出现在钢琴乐谱上，分别是"快板"和"行板"的意思。张若谷常以精通西方音乐自诩，曾写作过《音乐ABC》和《歌剧 ABC》之类的书。两首诗中语言的炫奇与内容的简陋构成了鲜明的对照，尤其是第一首诗，不过是写夜晚去灯红酒绿的娱乐场所享受异国情调而已。正如鲁迅所说的，张若谷"浅陋得很，连做一'嘘'的材料也不够"④。

---

① 张若谷：《写在卷头》，载《异国情调》，世界书局 1929 年版，第 16 页。
② 游生：《现代中国作家素描》，《读书月刊》1931 年第 2 卷第 4、5 合刊。
③ 张若谷：《小夜曲外一章》，《新时代月刊》1934 年第 6 卷第 1 期。
④ 鲁迅：《答杨邨人先生公开信的公开信》，载《鲁迅全集》（第 4 卷），人民文学出版社 1981 年版，第 629 页。

无独有偶,鸥外·鸥的诗中也爱嵌夹外文,如下面这首《罐头阿拉伯太子的罐》:

> 阿拉伯太子的体臭
>
> 我的嗅觉而且味觉的癖好的 COFFEE 的馥郁
>
> CRIMP CUT 的阿拉伯太子之茶色的尸体
>
> 盛在我的 PIPE 里火化呵
>
> 罐头的阿拉伯太子的罐的皮肤
>
> PRINCE ALBERT
>
> CRIMP CUT
>
> FOR SMOKERS
>
> 那么地文身的呢
>
> 阿拉伯太子的写真
>
> 沙典鱼的罐的写真的一尾沙典鱼
>
> 那么善良的被刀俎的被吞咽的民族
>
> DOES NOT BITE THE TONGUE。[1]

这首诗不过是写吃罐头时的一些随感,却被赋予了非常华丽的外表。

毕竟读者水平有限,大量夹杂外文只能偶而为之。更常见的方式是为外文词汇寻找美丽的译名,张若谷在这方面可谓达到了孜孜以求的地步。张若谷在谈到《漫郎摄宝戈》中女主公名字的译法时说:"在我个人看来,觉得译音方面,漫郎来司縠的译名,比'漫郎摄宝戈'来得好看些而且比较近于确准些。但是我还不很表示满意,所以另外私拟了'玛郎来司各'几个字,最近也颇想改译为'玛郎兰思谷。'"[2] 张若谷还把"波希米亚"翻译成"婆汉迷"这样一个香艳的名字,作为他的长篇小说的题目。华林则将"咖啡"翻译成"佳妃",更是香艳异常,他比较了"咖啡"与"茶"的区别,前者"浓而艳,富刺激性",认为这也正是"东西文化之不同"[3]。作家用"佳妃"替代"咖啡"正是为了传达出这种浓而艳的刺激性。

---

① 鸥外·鸥:《罐头阿拉伯太子的罐》,《矛盾》1933 年第 2 卷第 3 期。

② 张若谷:《关于漫郎摄宝戈》,《咖啡座谈》,真美善书店 1929 年版,第 99 页。

③ 华林:《文艺茶话》,《文艺茶话》1932 年第 1 卷第 1 期。

施蛰存曾专门写过一篇随笔谈自己对"名"特别偏好。"对于'名'这样地着重，在我自己也真没有明白为了什么"。他在盛夏走进一家咖啡店，正为不知要哪一种牌子的冷饮踌躇时，一个"艳佚的名字"——"夫人之鸟（Lady's Slipper）"吸引了他的眼光，"喝着这新奇的冷饮，我实在并不曾细细地如一个骨董鉴赏家似的辨别她底好歹。与其说我是在喝冷饮而祛暑，不如说我是在玩味这'夫人之鸟'以忘热"。消费品的名字显然也是其符号价值的一部分，在这里完全掩盖了消费品的使用价值，非但如此，这时诸如"滋味如何"、"你怎么饮着的"等被认为是非常扫兴的问题。施蛰存不喜欢旧式的饮食场所，和名字也有很大关系。作家坦承"异国情调在我这好名的观念上，也有过很大的作用"，他举例谈到的自己的一次切身体验：他觉得天天路过的一家名为"春阳馆"的菜馆名字很"庸俗"，但一次他在日本杂志上看到东京有家著名的料理店也叫同样的名字，就迅速改变了自己的成见，"顿然间对于这个天天憎恶着的菜馆发生了无量的好感。就在这天的晚晌，我终于忍着刺鼻的油腥，踏进了这日本风的名字的菜馆了。"① 根本上看，决定作家选择的根本因素不完全在于名字是否优雅，而在于它是否能和某种异国情调联系起来。

在文中嵌入外语或寻求独到的译法不是海派都市作家的专利，这种现象普遍存在于现代文学中。但是，看似相同的行为其实代表了不同的文化实践。在张天翼的《鬼土日记》等作品中，译名是作家讽刺手法的重要组成部分。比如爱伦·坡被写成了"矮冷破"，波德莱尔被写成了"不得癫儿"，此外还有如"糯蛮死"（Romance）、"黑死得痢"（Hysteria）、"拉夫斯败"（Love is best）等②。张天翼有意挑选音近的汉字组合以达到滑稽、可笑的效果，讽刺对外国颓废派作家奉若神明以至到了生吞活剥地步的司马吸毒和黑灵灵们。如果司马吸毒们刻意为西方、"爱情"、"浪漫"等涂抹上一层神圣、高尚、神秘的光辉的话，张天翼则反其意而用之，揭露出其中的丑陋、可笑之处。语言在这里显示了其政治性，成为双方意识形态斗争的又一战场。

① 施蛰存：《名》，《万象》1934 年第 1 期。
② 张天翼：《鬼土日记》，正午书局 1931 年版。

第六章 "摩登主义"文学中的现代体验及想象

在张天翼的小说《鬼土日记》中，颓废派诗人宣称："我司马吸毒用全体颓废派作家的名义向你忠告，现代的中心是病态，康健者不是现代人。"[①] 禾金的《副型忧郁症》中的女主人公也叹息道："现代，我讨厌它，一切现代的都是病态的。"[②] 这些同样代表了作家本人对于现代的看法。"一切现代的都是病态的"是"摩登主义"文学对现代的一个基本判断。在此，我们再次看到"摩登主义"文学与左翼文学之间的一个似而不同的侧面。对于现代的"病态"的认知，自然与作家的实际生活体验有关，同时也与某些知识装置分不开。左翼文学主要是从对阶级差异、压迫和资本主义社会批判的角度形成这一判断的，"摩登主义"文学与左翼文学的相似性，部分原因在于前者某种程度上也接受了一些马克思主义学说的影响。但是，"摩登主义"文学此外还汲取了西方和日本世纪末文艺思潮、弗洛伊德学说等外来文化的滋养；同时，也受到了一些大众媒体如电影、报纸中所形塑的现代形象的影响。

"摩登主义"文学作家所感知的"现代"几乎全来自于他们的都市生活体验与想象，他们往往是土生土长的都市人，或者有很长时间的都市生活经历，因而对乡村世界相当陌生。更重要的是，都市在他们那里不完全体现为"恶"的形象，另一方面又承载了特定的价值观念，是作为"现代的"而出现的。所以，司马吸毒们在声称现代是"病态的"之后，不是由此走上对"病态"的批判，而是导向了对"病态"的追求和趋附。"摩登主义"文学作家当然不会如此荒谬，他们的都市、现代叙述中往往交织诅咒与爱恋两种情绪，体现了他们思想深处的矛盾性与复杂性。这在某种程度上也反映出现代、都市这些事物本身所富有的多样性和丰富性。

---

① 张天翼：《鬼土日记》，正午书局 1931 年版，第 66 页。
② 禾金：《副型忧郁症》，《小说》1935 年第 15 期。

第一节　本埠新闻与都市想象

本尼迪克特·安德森在《想象的共同体》中考察了民族想象与印刷资本主义之间的关系，"印刷资本主义使得迅速增加的越来越多的人得以用深刻的新方式对他们自身进行思考，并将他们自身与他人关联起来"。不过，他着重强调的是"对于作为小说的报纸几乎分秒不差地同时消费（'想象'）"这一"超乎寻常的群众仪式"[①]，而未涉及报纸的内容。报纸的内容同样掩藏了这一大众媒介的深刻秘密。麦克卢汉提到，读者在目击了某个事件之后，当他打开报纸时，首先要去看的就是这一新闻。原因在于，"经验转换为新的媒介，确实赐予我们愉快地重温过去知觉的机会。报纸再现我们使用自己五官的激情。借助使用五官，我们把外部世界转化为自身的肌体"[②]。

然而，读者不可能目睹报纸上报道的所有事件，哪怕是自己居住的城市里所发生的所有事件。同时，出现在报纸媒介上的事件已经不再只是事件自身的替代物，报纸利用照片、叙述等形式无异于重构了整个事件。所以，新闻媒体上的事件不只是读者眼睛的延伸，而且构造了关于事件的全新经验。安德森和麦克卢汉都注意了到报纸在沟通阅读者与外部世界之间的至关重要的作用，对我们思考文学与大众媒介（报纸新闻）的关系很有启发。通过分析上海都市小说中所留下的新闻的印记，本节探讨 30 年代上海本埠新闻与"摩登主义"文学之间的关系，前者不只是作家偶尔借用的题材，有时甚至在作品中扮演了结构性的功能，更重要的是它提供、培育了作家对他们生活于其中的都市的整体经验和想象。因此，"摩登主义"文学中的上海就不能仅仅被当作一个历史的存在，其中同时留下了作家的精神印记，留下了作家对于时代、都市的理解。需要强调的是，30 年代都市小说借以想象都市的资源有很多，如好莱坞电影、异域都市文学等，绝不止于本埠新闻一种，它们和作家直接的都市体验结合而发生作用。不过，目前尚无研究系统地梳理本埠新闻与海派都市小说之间

---

① ［美］本尼迪克特·安德森：《想象的共同体》，吴叡人译，上海人民出版社 2003 年版，第 34－36 页。

② ［加拿大］麦克卢汉：《理解媒介》，何道宽译，商务印书馆 2000 年版，第 264 页。

的关系，这方面的工作同时也能与其他方面的研究互相补充、印证。和好莱坞电影、异域都市文学等相比，本埠新闻的重要性在于，它天天出版，所谈论的对象就是作家每时每刻身处其中的都市，且常常被认为有着不容置疑的客观性和真实性，所以它在培育作家的都市想象方面可能更重要一些。

一　看不见的城市

"新闻"一词最早为传教士所创造使用①，一开始即和报纸息息相关，所以报纸又被称为"新闻纸"。直到 30 年代仍然有不少人延续着这种用法，马星野在谈到美国的新闻事业时说："在无线电没有发明以前，传通消息的最快工具，要算是新闻纸了。"② 新闻是报纸的命脉，报纸也为新闻提供了绝佳的载体。30 年代上海已经出现为数不少的无线电台，但报纸在传播消息方面得天独厚的地位并未改变，马星野在美国看到的无线电对报纸的冲击没有在中国出现。那时上海的电台"所播者除唱片广告以外，几全为说书歌曲之类，甚且淫词秽曲"③。报纸仍然是读者获得新闻的主要渠道。

"本埠增刊"最早是在 1924 年由《申报》所创设，两年之后，《新闻报》也添设"本埠附刊"。1932 年，《时事新报》也开辟"本埠增刊"，至此上海最重要的三大报纸已经全部设有本埠增刊或附刊。"'本埠增刊'的内容，以纪本埠社交事件为主；其性质介于新闻与专刊之间"，如《申报》的"本埠增刊"上多是关于"学校会社交谊新闻、商店消息、电影介绍等，并以其余地位专供本地电影院、游艺场、百货商场等刊登广告"，其他报纸的本埠增刊或附刊也几乎性质相似。"本埠增刊"是一种非常特别的报纸，"只送本埠读者"④，这也决定了它的内容基本上是以满足本埠居民的日常需要为主。尽管在此之前《申报》等报纸已经设立"本埠新闻"栏和"本埠增刊"，30 年代的上海读者对本埠新闻的需求仍在增长。《良友》画报不失时机地增设了"上海地方生活素描"专题，请一些著名作家如茅盾、郁达夫、洪深、曹聚仁、穆木天等，分别就上海社

---

①　刘禾：《跨语际实践》，生活·读书·新知三联书店 2002 年版，第 382 页。

②　马星野：《美国社会的片段写真》，《申报月刊》1933 年第 2 卷第 10 期。

③　幼雄：《我国广播无线电应有之改进》，《申报月刊》1935 年第 4 卷第 2 期。

④　胡道静：《上海新闻纸的变迁》，载上海通社编《上海研究资料》，中华书局 1936 年版，第 393 页。

会的某一方面写出了一组文章，内容涉及证券交易所、茶楼、大饭店、回力球场、弄堂，几乎涵盖了上海社会的方方面面①。

这种读者市场的形成一方面源于作为世界性大都会的上海的生活丰富多彩，各方面都在发生着日新月异的变化，就是老上海人也不得不以全新的眼光来重新打量这座城市；另一方面本埠新闻与政治、经济等类的新闻相比更有可读性、可信性。有人把报纸上自礼拜一开始一直登载到礼拜四的"报告词"、"训话"之类的文章称为"礼拜一派文章"②，大概是受了"礼拜六派"一词的启发，其冗长、乏味刚好和后者形成了鲜明对照。更有人把专电和本埠新闻对比后得出，"重要倒是专电，那是假的，本埠新闻才能帮助我了解这大都市的面容"③。

戈公振在《中国报学史》中把当时的新闻划分为政治、经济、文化、社会、罪恶、杂项六类，每一类别中又包含若干小类。值得注意的是罪恶新闻作为一个独特的类别被特别提出来，如果考虑到它与社会新闻间常有"牵混"，两者在国内新闻中所占的比重其实不小，以作者对上海《申报》的统计为例，在 20 年代中期社会、罪恶两类新闻占国内新闻版面的近 20%④。"新闻"顾名思义要求新颖，此时的新闻还偏爱报道奇闻逸事，这虽然内含于新闻求新的追求之中，但能够形成一种趋势则与报纸间的激烈竞争有关。戈公振把民国成立以后的报业称为"报纸营业时期"，然而报纸经济上的独立并没有相应地带来言论上的独立，反而陷入到商业化的泥淖中，"指导舆论之精神，殆浸失矣"⑤。罪魁祸首便是报纸间的恶性竞争，报纸争相报道奇闻琐事赚取读者眼球，消费成为首要功能，社会职责被悬置。

求新求奇使得报纸新闻，尤其是社会、罪恶类的新闻本身具有了小说的品质，有时甚至比小说更有令人惊异的效果。一向富于办刊经验和智慧的梁得所就瞅准了这一点，在其主编的专载小说的杂志《小说》中设立了"并非小说"栏，系从新闻中采撷故事稍加改写或直接登载而成。梁得所在介绍这个栏目时宣称，"那是事实，有报纸为证。但人间事情的记

---

① 马国亮：《良友忆旧》，生活·读书·新知三联书店 2002 年版，第 202 页。

② 超构：《礼拜一派文章》，《十日杂志》1936 年第 12 期。

③ 芳草：《南行记》，《青年界》1932 年第 2 卷第 3 期。

④ 戈公振：《中国报学史》，商务印书馆 1935 年版，第 217 页。

⑤ 同上书，第 22 页。

载，有时令人读了几疑是小说哩"①。《小说》"并非小说"栏第一、二期中所选素材名目繁多，有《半条被单一条命》、《妻之秘密》、《破肚也死不去?》、《主仆恋爱惨剧》等。无论事件多么离奇古怪，由于它们躲藏在新闻真实性的羽翼下，这类新闻较之小说仍然更为可信。谁都明白这类新闻所报道的事件并非生活常态，但是它们的效果恰恰被认为是从日常生活的地层深处开掘出了这个城市的秘密。一旦报纸这种每日可见的消费品上面充斥了这类新闻，自然会造成一个感觉——都市生活表层下的确隐藏着无数的不为人知的秘密。

对于不满足于生活表象铺排的作家而言，秘密、真相无疑有着很强的吸引力。许多都市小说都在着力探索这座"看不见的城市"，这座城市的秘密和真相。施蛰存的《闵行秋日纪事》在他的第一个小说集《上元灯》中显得别具一格，主人公"我"在一次短途旅行中邂逅了一位"很危险而又很可惊"的少女，随着故事的展开，作家不止一次使用了"危险"、"秘密"、"神秘"之类的字眼来描述这次旅行，后来才发现少女原来是一位鸦片、吗啡贩子。很多研究者注意到了新感觉派小说擅用的"都市男女邂逅"情节模式，但没有提到这一情节模式中另外两个重要的元素——"危险"和"发现"。"危险—发现"或者合并简称为"探险"情节模式，对此类小说而言更有概括性。在旅行中，人们脱离其原来的生活环境，其中充满了陌生甚至危险。其实，置身于一个庞大的、日新月异的陌生城市里，每次出行也都带有旅行、探险的意味。

在刘呐鸥的《游戏》中，"我"在走过一条人群熙攘的街道时，"忽然看见一只老虎跳将出来。我猛吃了一惊，急忙睁开眼睛定神看时，原来是伏在那劈面走来的一位姑娘的肩膀上的一只山猫的毛皮"。把这样平凡的日常场景写得如此惟妙惟肖、惊心动魄，实在是出于作家的大都市生活体验。用"震惊"来概括这种大都市生活体验最恰当不过了，无论是都市时尚，还是难以置信的报纸新闻，都一次次地给人以"震惊"。显然，"震惊"是内含于"探险"情节模式之中的不可或缺的元素。施蛰存笔下的旅行毋宁是一次心灵的历险，故事是否真实并不重要，它真实地展现了作家对这个城市所潜在的危险的一种体认。《闵行秋日纪事》实际上开启了施蛰存后来的一系列叙述，如《魔道》、《凶宅》、《夜叉》、《旅舍》，

_____

① 梁得所：《编辑室》，《小说》1935年第1期。

甚至《梅雨之夕》、《在巴黎大戏院》也无不可以看做其变体。它们都与个体的都市想象有关，其中的关键词仍然是"危险"。个体在都市漫游，面对危机四伏的陌生都市，他显得孤独、无助。这时候，作为精神上的最后一个栖息地——故乡就成了缓解精神压力的灵丹妙药，它常以某段故乡生活记忆的形态出现，并伴随着某段尘封的感情、某个姣好的女伴，于是便产生了像《梅雨之夕》、《海鸥》之类的作品。然而，《梅雨之夕》、《海鸥》等小说最终证明靠故乡的记忆拯救也是徒劳和虚妄的，因为它和都市体验一样，也是想象的产物。

施蛰存的《魔道》、《夜叉》等故事常因其情节离奇甚至荒谬而受到批评，也常常被研究者一笔带过、略而不谈，其实，这些作品在作家的创作中是非常重要的，也颇受作家本人的重视。研究者多根据施蛰存自己的话想当然地判定《魔道》等是失败的作品。施蛰存在《〈梅雨之夕〉自跋》中的确说过："读者或许也会看得出我从《魔道》写到《凶宅》，实在是已经写到魔道里去了。"[1] 不过，施蛰存写作这个《自跋》的时间是在 1933 年 3 月，即楼适夷对《魔道》等小说作出激烈批评之后，所以，内中带有施蛰存对左翼作家批评的暂时"屈服"。楼适夷在《施蛰存的新感觉主义》一文中批评道："《魔道》中那种非写实的幻觉，到处都是黑衣的老妖妇，又是充分地脆弱畏缩的灭落阶级的心理感觉。"[2] 然而，施蛰存的"屈服"只是表面的，他不过是不想由此引起祸端，成为左翼文学批评界的众矢之的罢了——左翼文学尤其是左翼批评在当时的力量必须要被充分估计到。

即使是到了 1934 年，施蛰存在给远在欧洲留学的戴望舒去信，商谈选译自己的作品时，作家还认为《魔道》值得一译："我的小说，我以为你可以译《夜叉》，《梅雨之夕》，《残秋的下弦月》，《石秀》，《魔道》，《妻之生辰》，《狮子座流星》，《雾》，《港内小景》这几篇，其余你所选的如'旅舍'等均不译，太幼稚了。"[3] 此时，施蛰存是给自己最亲密的朋友写信，而且是事关向外国读者介绍自己的作品，用不着忌惮中国左翼

---

① 施蛰存：《〈梅雨之夕〉自跋》，载《梅雨之夕》，新中国书局 1934 年再版。
② 适夷：《施蛰存的新感觉主义——读了〈在巴黎大戏院〉与〈魔道〉之后》，《文艺新闻》1931 年第 33 期。
③ 《施蛰存致戴望舒（1934，3，16）》，载孔另境编《现代作家书简》，生活书店 1936 年版，第 123 页。

作家的批评，所以可以认定这些话更能代表他的真实想法。如果认为作家舍不得丢弃《魔道》，仅仅是因为它代表了一种风格，也是站不住脚的，施蛰存建议戴望舒选译的篇目中，和《魔道》风格相近的还有《夜叉》。因此，我们不能仅仅依照现实主义的标准而武断地评判这些作品，也不能根据作品里提供的一些线索，将其情节的离奇、荒谬视为主人公耽迷于魔怪小说等的结果。需要追问的是，魔怪小说中究竟是什么触发了主人公的兴趣与共鸣？

相比之下，《〈梅雨之夕〉自跋》里的另外一段重要的话倒是通常被忽略了："其实，写到《四喜子的生意》，我实在可以休矣。但我没有肯承认，我还想利用一段老旧的新闻写出一点新的刺激的东西来。"这段话紧挨在前面提到的那两句"屈服"的话之前，主旨当然还是"自我批评"，但是此处透露出一个重要的信息，即施蛰存此类创作与"老旧的新闻"之间的关系。"老旧的新闻"是作家创作素材的来源，在被处理为小说时，中间融入了作家的都市体验，或者说这些"老旧的新闻"成为作家的都市体验的寄托物。据施蛰存1934年的回忆，"我有许多文章都是从这种病榻上的妄想中产生出来的，譬如我的小说《魔道》，就几乎是这种妄想的最好的成绩"①。在这里仍然可以读出施蛰存对《魔道》颇为自得的心情，我们可以想象作家躺在病榻上回忆一些老旧的新闻，进而用来组织自己的都市感受的情形。

本埠新闻上对上海形象的形塑在这些作品中发挥着重要的作用。《魔道》里留下了一些文本的缝隙，使我们对小说的形成过程有更清晰的理解。在小说中，报纸和新闻浮现了，"报纸上也会登载我的历险记和照片的，《时报》上一定登载得尤其详细。这是很 grotesque 的新闻"。主人公的历险即使变成新闻材料也很合适，反过来说，毋宁是新闻材料促生了作家的这次关于历险的幻想。施蛰存的另一篇小说《凶宅》甚至直接由报纸上的一则新闻《戈登路之凶宅》开篇，开始了作者的"探险"之旅。当时，"上海有几种报纸，专门登些希奇古怪的事。因为这种新闻，比较能惹人注意。为求销路广大，迎合一般人的心理，他们不能不如是来干"②。不难发现，施蛰存这一时期的一系列怪异作品也与此类新闻有很

---

① 施蛰存：《赞病》，《万象》1934 年第 2 期。
② 君枝：《谈穷人出名的方法》，《一周间》1934 年第 1 卷第 2 期。

大关系。

由稚吾是 30 年代中期一位颇具新感觉风的作家，同时又能对这种风格有所批判，向来未被研究者注意。他的《快速生活症》和施蛰存的很多作品一样，也是从一次旅行写起，同样是陌生男女邂逅的故事。不同的是，"我"的言谈、装扮和一部分行踪因为与一桩绑架勒索案的绑匪相似，而被误认为是绑匪，载有绑架案新闻的报纸的出现使得小说戛然而止，艳遇故事从而也无疾而终①。绑架案新闻在小说中具有结构性的功能，它唤醒了都市人深藏于内心的互相戒备和猜忌，本埠新闻中频繁出现的绑架、敲诈、凶杀案件也增加了人与人之间的不信任感。我们或许可以把整篇小说视作作家的一次精神幻游：作家幻想离开上海以及一次艳遇来治愈他的"快速生活症"，最终思绪不由自主地滑向了绑架案，击碎了先前的幻想。这种思维定式很有典型性，都市人始终无法忘却对都市的罪恶的想象。正如黑婴在小说《黄昏》的结尾处写到的，"上海呵！上海是罪恶的都会，杀人的地方！肺病，梅毒，绑票，跳江，抢劫……"②

对上海的罪恶的想象在另一位新感觉派代表作家穆时英那里，被形象化为"天堂/地狱"之间的强烈对照。《上海的狐步舞》是长篇《中国一九三一》的一个"断片"，作家试图全方位地把握这座城市，这时本埠新闻所发挥的影响就非常明显了。"上海，造在地狱上的天堂"，"地狱"和"天堂"的悬殊有关阶级差别的部分实际上不多，也可以看出穆时英对都市的想象与左翼文学存在相当大的差距。作家感兴趣的毋宁说是都市生活表面下的罪恶与黑暗，绑架、暗杀、跳江自杀，都是本埠新闻上常见的内容。此外，穆时英的《空闲少佐》的材料甚至直接取材于报纸新闻，作家对新闻的依赖由此可窥一斑。《本埠新闻栏编辑室里一札废稿上的故事》将此向前推进了一步，在作家看来，即便是新闻也会掩盖都市的真相，只有字纸篓里那些无法刊载的新闻才记录着"大上海的悲哀与快乐"。悖谬的是，作家仍然是借未刊出的新闻来增加小说的真实性，而且对都市的恶的想象正源自于这些新闻。穆时英后期小说出现了不少间谍、凶杀题材，写下了《红色的女猎神》、《GNO。Ⅷ》，刘呐鸥也写出了《杀人未遂》之类的作品，应该说都不无先兆。

---

① 由稚吾：《快速生活症》，《文学时代》1935 年创刊号。
② 黑婴：《黄昏》，《矛盾》1934 年第 3 卷第 1 期。

二 情色化的城市

在以上的作品分析中，可以发现一个极为有趣的现象：对都市的恶的想象几乎无一例外地都伴随着情色想象。罪恶和情色像是都市想象之树上结出的一对孪生果实。对城市的情色想象同样少不了本埠新闻的功劳。

30年代的社会新闻非常偏爱情色题材，这是报纸间恶性竞争的另一个结果。当时新出现了一个名词——"黄色新闻"，《申报月刊》"新辞源"栏这样解释它："黄色新闻（Yellow Press），是指将某种琐屑的新闻，藉记者的一特殊活动，而使成为一件'特别纪事'之谓。此种新闻的特色，就在于'新奇动人'。因之他是不惜无中生有或牵强附会，将一新闻，加之以特别的渲染，成为一夸张曲折的特别纪事的。"① 固然，其中的"黄色"与今天的"黄色"意义不同，但不可否认的是，情色题材最适宜于作此类演绎，往往让读者有身临其境之感。《漫画界》上一幅题为《YELLOW》的彩色漫画便是讽刺此类"黄色新闻"的，作者题句为"黄种穿上了黄色的服装，黄色新闻新奇动人，非奸即盗"②。《文化月刊》上曾选登过一篇《奸淫罪之犯罪原因论》，文中加入了一张图片，由当时报纸新闻叠印而成，标题全是诸如"强奸未遂"、"妇方入浴"、"新新舞女"、"奸淫"、"妻逃"、"诱奸"等之类③。可见，报纸新闻对此类内容趋之若鹜，无怪乎有人声称当时的日报已经"娼妓化"了④。有人则将当时的黄色新闻与"蚊子报"、幽默漫画杂志等的盛行放在一起来看，它们都登载所谓的"柔性文章"，供都市人娱乐、消遣⑤，是看到了黄色新闻和文学间的某种关联。

此类新闻的叙述方式也很重要，它故意渲染其中的某些情节，给读者以撩拨和想象，往往呈现出类型化、公式化的倾向。有人概括了当时的几种新闻公式，分别为"开会纪念式"、"要人谈话式"和"卖良为娼式"。其中最后一种最富于故事性，叙述已婚女子"赋性淫荡"，红杏出墙，被男子骗卖到妓院，后又被华探解救⑥。奸情、妓院、侦探，基本上涵盖了

---

① "新辞源"之"黄色新闻"条，《申报月刊》1933年第2卷第11期。
② 丁深：《YELLOW》（漫画），《漫画界》1936年第7期。
③ 徐传彝：《奸淫罪之犯罪原因论》，《文化月刊》1934年第1卷第1期。
④ 《娼妓化的日报》，《华年》1932年第1卷第8期。
⑤ 隅：《多余的话》，《申报·自由谈》1935年9月30日。
⑥ 灵均：《新闻公式一束》，《一周间》1934年第1卷第5期。

最卖座的阅读元素，这类新闻的确比小说更像小说。郁达夫在《说文章的公式》中写道："文字的变化尤其是最少的，却是报上社会记事的文章"，并且把它概括成一个公式："某地某氏，花信年华，小家碧玉！或年届破瓜，丰姿绰约，或徐娘半老，丰韵犹存！与某处某生，一见倾心，结不解缘。始陈仓暗度，继则栈道明修！或一度春风！竟珠胎暗结，大腹便便。近且鹣鹣鲽鲽，我我卿卿，双宿双飞，俨如夫妇。"[①] 郁达夫所说的公式没有"卖良为娼式"新闻那么故事曲折，但两者的前半部分完全重合。它们无疑受到了鸳蝴、黑幕类小说的影响，不管是所用的语言还是情节内容，都是如此。通常的文学史叙述，普遍认为此时鸳蝴、黑幕小说早已走向末路，但是如果翻开报纸就会发现，毋宁说它们已经转移了阵地，或者说它们依然流毒广布。

周乐山在小说《上海之春》中写道："看报的态度，各各不同，有注意国际消息和国内政治消息的；有注意教育或体育消息的；但是依我的推测，还是用看小说的态度去看'本埠新闻'的最多，我就是一个。例如：看绑票案，好像看水浒传；看烟、赌、娼案，好像看海上繁华梦；看男女私妍［姘］新闻，好像看玉梨魂；看弃妇在法院的诉苦词，好像看红楼梦；看宣传书画家卖字画的新闻，好像看儒林外史……总之：上海各日报的本埠新闻，大概不出乎上述的几种范围；而风味又和几种旧小说相同。"[②] 如果我们把上面几个新闻公式再提炼一下的话，那么这类新闻有如下几个特点：其一，无一例外的都是从女性的角度着笔，渲染女性美貌；其二，往往是已婚女性的婚外私情，经常是女性淫荡、主动；其三，侧重于情色场景的细描，撩拨读者的情欲。一言以蔽之，即是将女性置于"被看"的位置上，展现其身体和欲望，满足男性读者的窥视欲和权力欲。

这几个特点如果直接拿来评价张资平的三角、多角恋爱小说，几乎分毫不差。鲁迅曾经指出，在张资平的笔下"女的性欲，比男人还要熬不住"[③]。30 年代的海派都市小说较之前的张资平的小说已经有了较大变化，但它们之间仍然共享了许多特点。情色新闻助长了作家对都市尤其是都市

---

① 郁达夫：《说文章的公式》，《申报·自由谈》1933 年 3 月 21 日。
② 周乐山：《上海之春》，《良友》1931 年第 56 期。
③ 鲁迅：《张资平氏的"小说学"》，载《鲁迅全集》（第 4 卷），人民文学出版社 1981 年版，第 230 页。

女性的想象，女性通常被描写成"尤物"、肢体的动物，与"神秘"、"危险"、"狡黠"等形容词一起出现。男性作家用来形容都市女性的词汇，与他们形容都市的用词如出一辙。都市女性在他们看来，几乎就是都市的化身，女性恰如一面镜子，映照出了男性作家的都市想象。正如叶灵凤《夜明珠》中的女性对男性说的话："从我身上，你所发现的，不过是你自己的幻想罢了。"① 不过，借助于女性，海派作家的都市想象情色化了，都市成了情欲的"温床"，既危险又相当有吸引力。

已婚少妇引诱少男是叶灵凤最常采用的故事模式之一，《内疚》、《女娲氏之遗孽》、《禁地》都属于这类作品。《禁地》中的两位有夫之妇——佩珍和方太太都对男主人公菊璇实施了引诱。《时代姑娘》中的丽丽则是有意识地去征服男性，玩弄男性于股掌之中，作为向男性世界的复仇。"复仇"也是叶灵凤作品中常见的情节，作家无疑从本埠新闻中获得了许多灵感。《时代姑娘》中就穿插了这类新闻：一是黎明晖郑国有情杀案，同样是两男一女的三角模式，导致了情敌间的惨杀。它出现在小说的开端部分，预示了故事的悲剧结局。一是刘陶妒杀案，第四章中已经介绍过此案的经过，以及报刊媒介对于此事的追逐、报道。《时代姑娘》故事的发展基本上也依循了这类情杀案新闻的逻辑，韩剑修从新闻上看到丽丽与有妇之夫萧洁有染的消息后愤然自杀，这一意外变故为小说结局增加了强烈的劝诫意味，和此类新闻有异曲同工之处。在小说的结尾部分，作家频繁地把故事改造成新闻的样式，故事此时已具备了此类新闻的要素和戏剧性，新闻也使故事急转直下以悲剧告终，在小说中起到了结构性的作用。早在《梁实秋》中，叶灵凤其实已经在探索运用报刊材料、当事人供词的多声部叙述构建小说的方式，如果说那时的小说还带有社会意义的话，那么到此时已经完全成为消遣品了。《时代姑娘》最初在《时事新报》上连载，作者一开始就有意识地迎合此报的读者胃口，从而写成了与那上面社会新闻纪事一样的东西。叶灵凤说"这是我第一次意识地要尝试的大众小说，是想将一般的读者由通俗小说中引诱到新文艺园地里来的一种企图"②，但是综观整部小说，不如说它把新文艺引向了通俗小说。

情色新闻在有的都市小说中也留下了鲜明的印记。张若谷的《都会

---

① 叶灵凤：《夜明珠》，《万象》1934年第1期。

② 叶灵凤：《〈时代姑娘〉自题》，载《时代姑娘》，四社出版部1933年版。

交响曲》写一群都市纨绔子弟纸醉金迷的夜生活，他们最后来到了极富异国情调的特罗卡狄罗跳舞场，在那里遇到了日本舞女春子。一个星期以后，他们在《申报》上看到了一条新闻《日本富女投身舞场》，报道的正是春子的故事①。和由稚吾的《快速生活症》一样，小说以报刊新闻收束。实际上，未尝不可以把这些新闻放在小说的开头，把它们视作小说的核心，整篇小说或许就是由此类新闻引发的想象。或者说，作家将他们的实际生活和新闻故事进行了嫁接，当他们步入舞场或开始旅行时，占据思想的是由新闻报道而来的想象。20 世纪 30 年代的都市小说对都市之夜有着特别的偏爱，不只是因为作家们常常光顾的休闲娱乐场所全在夜间营业，还在于夜幕掩映下的都市更神秘，为他们的性幻想提供了自由驰骋的空间。

　　章克标的《蜃楼》很有代表性。主人公"我"在夜晚喝醉酒后莫明其妙地被一辆车载走，这时他脑子里闪现的全是报纸上绑票与撕票的场景。在都市的罪恶与危险中个体显得孤立无援，是施蛰存小说里反复出现的情节。当被带到一处神秘的舞场时，"我"认出了女主人是"我以前的爱人萍姑"。这与施蛰存小说里的情节发展也极其相似，当作家开始在都市进行心灵冒险时，往往求援于和故乡相连的某个恋人。然而，此时的恋人也已经割断了和故乡的联系，变成了城市的化身，神秘、陌生而又危险。章克标的小说不同之处在于，故乡、故人只有象征性的铺垫作用，随即作家就投入到情色描写的狂欢中。酒醒后"我"已经回到自己的床上，以后再也找不到曾经去过的"红绿舞场"和"萍"了。这透露出小说本身恰恰是一次性幻想的旅程。由都市的罪恶、危险开始，到都市的情色化为止，借助那个子虚乌有的"萍"便轻松地完成了质的飞跃。《做不成的小说》和《蜃楼》算是姊妹篇，"我"为了做一篇关于"蜃楼"的小说，跟随一位人称"老上海"的朋友游历上海的妓院，结果"看见的是幽禁着罪犯，是地狱中的一境，是令人惊心动魄的一景"，"蜃楼……在这样人口二百万，繁华冠亚东的上海那里会有?"② 在这里，地狱的上海和情色化的上海再次交织出现。有意思的是，作者为寻找蜃楼去的竟然全是色情场所，"蜃楼"其实就是作家想象中的这座都市，它显然已经成为"情色"的代名词。

---

① 张若谷：《都市交响曲》，真美善书店 1929 年版。
② 章克标：《蜃楼》，金屋书店 1930 年版。

第二节 "疾病"的意义——现代体验及其叙述

作为现代文学的第一篇白话文小说,鲁迅的《狂人日记》是以一个癫狂的病人为主角的。这可以视作一个象征性的事件,它开启了现代文学与疾病的深刻关联。当然,文学中的疾病所关注的向来不是疾病本身,而是疾病的意义,正如《狂人日记》、《药》等小说不是"供医家研究"的医学样本,而是揭示"病态社会的不幸的人们","意思是在揭出病苦,引起疗救的注意"[①]。鲁迅的这些陈述早已为人们所耳熟能详,然而,值得注意的是,既然文学传播的是疾病的意义,那么赋予其意义的知识装置就非常重要。换言之,只有在某种特定的知识装置中,疾病、病人才能凸显出来成为现代文学的主角,成为某种意义的载体。社会的有机体隐喻、疾病/健康和感染/救治等二元对立的现代性话语都与现代知识体系联结在一起。随着现代知识主潮的嬗递,疾病的意义也在发生着变更。在"革命文学论争"中,鲁迅的这些小说受到"革命文学家"们的围剿,茅盾的《蚀》三部曲等作品引发争论,更远的如 40 年代丁玲的《在医院中》受到"审判",都可以从此角度理解。"五四"时代之后,疾病/治疗这一启蒙主义的文学观念虽然并未就此失效和绝迹,但它显然不能满足革命文学倡导者们直接干预现实的意愿和热情。这样,现代文学中的疾病书写在 20 年代末期几乎经历了一个范式的转移,它更多的是与反面人物形象相伴相生,而与下层民众和革命者绝缘了。

与此同时,伴随着上海社会的畸形繁荣,30 年代海派都市文学逐渐发展壮大。它接过了 20 年代现代文学中的疾病主题,甚至表现出更为浓厚的兴趣。单看作品题目,就能得出这样的一个强烈印象,如刘呐鸥的《两个时间的不感症者》,叶灵凤的《肺病初期患者》、《流行性感冒》、《忧郁解剖学》,黑婴的《都会流行症》、《女性嫌恶征患者》,禾金的《副型忧郁症》,由稚吾的《快速生活症》和《夜的疟疾》等。穆时英的《白金的女体塑像》初发表时题名为《谢医师的疯症》[②],也与疾病有关。

---

① 鲁迅:《我怎么做起小说来》,载《鲁迅全集》(第 4 卷),人民文学出版社 1981 年版,第 512 页。

② 李今:《穆时英年谱简编》,《中国现代文学研究丛刊》2005 年第 6 期。

海派都市文学对疾病的兴趣受到了西方、日本世纪末文艺思潮、精神分析学说等的影响，但也不是这些外来影响在中国的简单复制，而是带上了作家们特定的现代都市生活体验。它赋予疾病以意义的方式既不同于"五四"启蒙主义文学，也与同时代的左翼文学存在着巨大的差异。

一　作为叙事结构的"疾病"

1927 年 1 月，从东京来到上海后不久的刘呐鸥，即在日记里发泄着对上海的不满："上海真是个恶劣的地方，住在此地的人除了金钱和出风头以外别的事一点也不去想的，自我来上海后愚得多了，不说灵感、睿智、想象，就是性欲也不知跑到何处去了，变成了木人了，真［近］朱者赤，近愚者愚"。一周以后类似的诅咒再次出现，"上海啊！魔力的上海！……你所喷的雾是毒的，会使人肺痨"①。上海在这里被人格化，它的处所、人物、空气都是同质素的，这中间已经暗含了将上海的事物隐喻为疾病的雏形。这位海派都市文学的领跑者此时还没有找到合适的书写方式，从日记中看，他对日本、法国以及国内文坛都有着持续而广泛的关注。总体而言，刘呐鸥对张资平、郁达夫等创造社的作家评价明显要高于文学研究会作家。

如果不是时代环境的变迁，刘呐鸥很可能会走上浪漫主义的文学道路，这在他给戴望舒书信的一个段落中清晰地显示出来：

> ……最好的就是内容的近代主义，我不说 Romance 是无用，可是在我们现代人，Romance 究未免缘稍远了。我要 faire des Romances，我要做梦，可是不能了。电车太噪闹了，本来是苍青色的天空，被工厂的炭烟得黑濛濛了，云雀的声音也听不见了。缪赛们，拿着断弦的琴，不知道飞到那儿去了。那么现代的生活里没有美的吗？那里，有的，不过形式换了罢，我们没有 Romance，没有古城里吹着号角的声音，可是我们却有 thrill，carnal intoxication，这就是我说的近代主义，至于 thrill 和 carnal intoxication，就是战栗和肉的沉醉。②

作家对"近代主义"的偏爱是无疑的，不过，他对近代主义的理解

---

① 《刘呐鸥全集（日记集）》，台南县文化局 2001 年版，第 38、52 页。
② 《刘呐鸥致戴望舒（1932，7）》，载孔另境编《现代作家书简》，生活书店 1936 年版，第 266 页。

很狭窄,集中在"战栗和肉的沉醉"方面。此外,在刘呐鸥的文学诉求中,"趣味"是一个很重要的标准,"趣味的确是故事的要素之一,最能满足想听、想读的读者的好奇心,这就是故事所拥有的趣味"①。然而,刘呐鸥很快就发现自己"讲故事的能力小"②,同时,从他给戴望舒的另一封信中可以看出,由于缺乏乡村生活体验,作家对乡村题材的作品相当隔阂,如沈从文的小说被认为"老是怪样子"③。这样,刘呐鸥注定只能在不同于日本、欧美现代主义文学和中国现实主义文学主潮的道路上摸索,来把自己的现代体验讲得新奇有趣。

刘呐鸥的文学境遇和选择可以被当作所有海派都市作家的创作前史。如何在整体上把握五光十色的都市生活场景?如何在左翼文学批判颓废派文学的强大话语力量下合法地讲述"战栗和肉的沉醉"?怎样把作家的个人体验融入都市叙述中?刘呐鸥在作品触及但尚未很好解决的这些问题,激发着后来者继续探索的热情。在面对置身其中的这个硕大无朋、纷繁复杂的都市时,海派都市作家找到了"疾病"这一最佳的隐喻方式,从而得以在总体上把握这个"怪物"。而一旦将描写对象归之为"病态",书写者似乎就获得了免疫力,可以堂而皇之地描写甚至于渲染"病态"了。

海派都市文学对"疾病"的兴趣与西方与日本的世纪末文艺思潮、弗洛伊德的精神分析学说等的传入是分不开的,同时表现出了自身的特点。都市文学中出现了一批运用弗洛伊德精神分析学说挖掘人的潜意识,尤其是性心理的作品,施蛰存更是将精神分析手法运用到历史人物身上,写"道与爱的冲突"、"种族与爱的冲突"④,给人以这类冲突古已有之的印象。值得注意的是,精神分析学说不仅被作家用来剖析笔下的人物,同时成为作家自我观照时的依据。借助于精神分析学说,作家得以直视自己幽暗的精神世界,方便地进行自我诊断。如穆时英在《〈公墓〉自序》中便认可了杜衡对他的"二重人格"的分析,并认为这是他同时写"完全不同的文章"的根本原因⑤。直到1938年,穆时英仍然这样分析自己:

① 《刘呐鸥全集(日记集)》,台南县文化局2001年版,第48页。
② 同上书,第38页。
③ 《刘呐鸥致戴望舒(1932,7)》,载孔另境编《现代作家书简》,生活书店1936年版,第268页。
④ 施蛰存:《〈将军底头〉自序》,载《将军底头》,新中国书局1932年版。
⑤ 穆时英:《〈公墓〉自序》,载《公墓》,现代书局1933年版。

"终年困扰着我，蛀蚀着我的，在我身体里边的犬儒主义和共产主义，蓝色狂想曲和国际歌，牢骚和愤慨，卑鄙的私欲，和崇高的济世渡人的理想，色情和正义感，我的像火烧了的杂货铺似的思想和感情。"①

从穆时英后期的散文里，明显能够感觉到作家对这种精神冲突（病态）的焦虑，作家非常渴望拥有一个圆满、宁静的精神世界。严格地说，这不是潜意识与意识的冲突，毋宁说是大我和小我之间的紧张。其实，海派都市作家所写的性心理，也几乎都是意识层面的，很少涉及潜意识层面。张京媛在梳理弗洛伊德理论在中国的传播及影响时发现，"弗洛伊德理论的某些元素在中国被挑选出来加以强调，在西方则不然。例如，中国人认为冲突的概念是弗洛伊德心理分析批评的本质，而在西方，压抑被认为是支配性的概念"②。这个判断在海派都市作家那里得到了印证。

弗洛伊德理论在中国影响力的扩大，厨川白村的《苦闷的象征》居功至伟。研究者发现，二三十年代《苦闷的象征》在中国得到了"大规模的传播和翻译"，厨川白村的一句"文艺乃苦闷的象征"不胫而走，"影响了一代知识分子"，"在中国现代文学史上，开始形成一个'苦闷'的话语空间"③。不过，需要提醒的是，中国现代作家对"苦闷"的理解不尽相同，海派都市作家笔下的"苦闷"固然不仅仅局限于性苦闷，但基本上是个人层面上的。众所周知，厨川白村对弗洛伊德的理论进行了较大的改造，他所谓的"苦闷"是"人间苦"、"社会苦"和"劳动苦"④。然而，这些"苦闷"无论是哪一种在海派都市作家笔下都微乎其微。

随着弗洛伊德、厨川白村的理论学说在中国的传播，"疾病"被扩大化了，文艺与"疾病"之间建立了深刻的关联。厨川白村在《病的性欲与文学》中曾提及西方学者关于天才、文艺与精神病之间关系的论断，他虽然不完全同意这些观点，但仍认为其中包含着"不可动的真理"⑤。西方学者的这些极端观点在中国没有太多的支持者，只产生了微弱的回

---

① 穆时英：《无题》，《大公报·文艺副刊》（香港）1938 年 10 月 16 日。

② Jingyuan Zhang, *Psychoanalysis in China：Literary Transformations*, 1919 – 1949. Ithaca, New York：Cornell University, 1992, p. 148.

③ 王成：《苦闷的话语空间——〈苦闷的象征〉在中国的翻译及传播》，载《日本文学翻译论文集》，人民文学出版社 2004 年版，第 131 页。

④ ［日］厨川白村：《苦闷的象征》，鲁迅译，北新书局 1925 年版，第 11 页。

⑤ ［日］厨川白村：《病的性欲与文学》，载《近代日本文艺论集》，韩侍桁译，北新书局 1929 年版，第 148 页。

响。如刘石克曾经根据日本人内村祐之的《狂气与天才》一文写出了《天才与狂人》，提出"天才染着精神病的，为超过平均数的绝多数"①。郭建英则译过秦丰吉的《梅毒艺术家》一文，文章由"天才是梅毒"逐渐推演，"文化是梅毒"、"艺术是梅毒"、"政治是梅毒"，进而得出"凡是一个人，谁不是梅毒患者"的乖谬结论②。中国的介绍者们大都是翻译或改写外国文章，带有很强的猎奇意味。显然，这些观点没有给他们带来骄傲的资本——借此将自己列入"天才"或"艺术家"的行列，甚至没有稍稍抚慰海派都市作家对"病"的焦虑与恐惧。

此时，方兴未艾的日本唯美—颓废主义文学也被大量译介进来。研究者认为，1928 年之前，"中国对日本唯美主义作品的译介都是零零星星、断断续续的"。"但从 1928 年起，中国文坛对于日本唯美主义文学的较大规模的译介却悄然兴起，就谷崎润一郎和佐藤春夫两个作家的作品而论，从 1928 年以后一直到整个三十年代，中国翻译出版的谷崎润一郎的作品或作品集就有十几个版本，成为中国译介最多的外国作家之一。佐藤春夫的作品也有四五个译本"③。从海派都市作家的创作来看，他们从日本唯美—颓废主义文学中所汲取的灵感主要在于变态性欲的描写上，这也造成了海派都市文学中性爱题材的泛滥。

在施蛰存的《石秀》中，石秀从观看潘巧云被肢解的"桃红色的肢体"中获得了"满足"；《在巴黎大戏院》中的男主人公，舔舐女性用过的带鼻涕和痰液的手帕，感到未曾有过的"微妙的麻颤"。这些情节都很容易让人想到谷崎润一郎的《刺青》和《恶魔》等小说里的相似描写，连一些细节都毫无二致，如刺青者从对象的血和痛苦中得到"难以形容的快感"，《恶魔》中的佐伯则在舐吃照子用过的带涕的手帕时，感到"一种横乱的快感，如同烟草的麻醉一般，浸润了脑中"④。施蛰存本人不懂日语，但是对日文原版书却情有独钟，"常买日本书"⑤。谷崎润一郎的这两篇小说在 1929 年即由章克标翻译出版，都在施蛰存的相关创作之前，

---

① 刘石克：《天才与狂人》，《中华月报》1933 年第 1 卷第 10 期。

② ［日］秦丰吉：《梅毒艺术家》，郭建英译，《新文艺》1929 年第 1 期。

③ 王向远：《二十世纪中国的日本翻译文学史》，北京师范大学出版社 2001 年版，第 124 页。

④ ［日］谷崎润一郎：《谷崎润一郎集》，章克标译，开明书店 1929 年版，第 4、73 - 74 页。

⑤ ［日］谷崎润一郎：XYZ：《Bookworm Speaks》，《现代出版界》1933 年第 10 期。

因此，施蛰存很可能受过谷崎润一郎这些作品的影响。然而，施蛰存们与谷崎润一郎的区别还是非常明显的，最突出的一点是，海派都市作家没有像谷崎润一郎那样沉湎于肉体美、官能美的追求中。简言之，如果说谷崎润一郎致力于发现病态中的美的话，那么海派都市作家则多写官能、肉体中的病态。

在所有的疾病之中，最为文学家青睐的可能是结核病了。苏珊·桑塔格在《作为疾病的隐喻》的开篇即提到，结核病和癌症一样，"一直以来都引人注目地同样为隐喻修饰物所复杂化"。结核病之所以为作家所偏爱，与其丰富的隐喻分不开，它甚至可以被"运用到两种彼此冲突的情景中"。围绕着结核病的是种种"流行神话"，它被认为有大量的可见症状，如消瘦、咳嗽、疲乏、发烧以及病人脸上的潮红，也会突然戏剧性地表现出来，如手帕上的血。"结核病通常被想象成一种贫困的、匮乏的病"，"有一种观点认为，结核病是一种湿病，是在潮湿昏暗的城市里产生的病"。它也"被认为能带来情绪高涨、胃口大增、性欲旺盛"，而且它也不那么痛苦，"被认为是一种有启迪作用的、优雅的病"。由于肺部位于身体上半部，属于精神化的器官，不像癌症那样攻击的是一些令人难以启齿的部位，"从隐喻的角度说，肺病是一种灵魂病"。附着在疾病上面的意义，也反映了一个时代的社会意识。正如桑塔格所说："早期资本主义认可按计划花销、储蓄、结算以及节制的必要性——是一种依赖于对欲望进行理性限制的经济。结核病被描绘成了这么一些意象，它们囊括了十九世纪经济人的种种负面行为：消耗，浪费，以及挥霍活力。发达资本主义却要求扩张、投机、创造新的需求（需求的满足与不满足的问题）、信用卡购物以及流动性——它是一种依赖于欲望的非理性耽溺的经济。癌症被描绘成了这么一些意象，它们囊括了二十世纪经济人的种种负面行为：畸形增长以及能量压抑，后者是指拒绝消费或花费。"①

肺结核在中国文学中也占据重要的地位，从曹雪芹到鲁迅、郁达夫、茅盾、巴金诸人，都不缺少对肺病的描绘。从作家赋予肺病意义的不同中，我们能看出作家创作上的差异。肺病在 20 世纪 30 年代海派都市文学中也司空见惯，而且其意义也是丰富的。叶灵凤的《肺病初期患者》写

---

① ［美］苏珊·桑塔格：《作为隐喻的疾病》，载《疾病的隐喻》，程巍译，上海译文出版社 2003 年版，第 6－77 页。

了一个爱情悲剧，女主人公兰茵和印青的爱情遭到了其表兄的阴谋破坏，导致印青自杀。"肺病初期患者"不仅指实际患着此病的兰茵，还可以指印青，他的偏激、易感伤的性格都暗合了肺病患者的"症状"。"肺病"、表兄妹、爱情悲剧，这些元素都显示出叶灵凤的早期创作中古典小说（尤其是《红楼梦》）的影响。

穆时英《公墓》中的玲子，最终被"肺结核菌当作食料"。小说里玲子的肺结核是她母亲的"遗产"，都市生活虽然没有被认为是这疾病的罪魁祸首，但潮湿阴暗的都市显然不适宜于她生活。她有着"近代人的敏感"，却不属于都市的"爵士乐和 Neon light"。男女主人公在都市近郊的墓地相识、约会，共同怀念母亲和南方的故乡，怀念南方充足的阳光。肺病赋予了人物"淡淡的哀愁"和古典气质，也为这个爱情故事增添了淡淡的哀愁。而对穆时英《白金的女体塑像》中那个"白金的人体塑像"似的女病人来说，肺病是伴随着其他资产阶级都市病——失眠、胃口呆滞、贫血、神经衰弱一起出现的，同时暗示了其"性欲的过度亢进"。肺病毋宁说是都市人穷奢极欲生活的一个写照，是纵情声色之后自食的恶果。

肺病在都市作家笔下充当着两种矛盾的功能，它既是一种都市病症，是都市病态环境的产物，又是一种都市生活不适应症。不难理解，在海派都市文学中肺病为何常常与感伤、忧郁、怀乡等情绪一起出现。在黑婴的《都会流行症》中，始终忧郁着、最终因病住进医院的少女几乎就是作家自己心境的外化，都市无处安身，只有在一片洁白无瑕的医院中才能得到片刻的休憩[1]。在作家的另一篇小说《黄昏》中，游荡于都市的"我"邂逅故人妮娜，此时的妮娜已经沦落为上海的舞女，肺病缠身。两人曾在香港一起怀念过南方的故乡，不过，妮娜现在对故乡丧失了兴趣，"我"因而缺少了一起怀乡的同伴[2]。这篇短作其实包含了许多都市文学的母题——都市"过路的旅人"、怀乡，也包含着都市/故乡、堕落/救赎的情节结构。海派都市作家还未能将精神扎根于都市，自命为都市里的"陌生人"；他们与西方现代主义文学里的都市浪荡子在精神气质上有着很大的区别，还没有充分的精神余裕来欣赏都市街道两边的店铺、长廊，尽管他们的目光始终在捕捉着这些街景，但显然缺少了一份内在的悠闲与

---

① 黑婴：《都会流行症》，《新潮杂志》1934 年第 1 期。
② 黑婴：《黄昏》，《矛盾》1934 年第 3 卷第 1 期。

自得。相比之下倒是张若谷、傅彦长们更从容一些，他们沉浸在都市的物质生活里，并将其当作了某种精神标志。

禾金的《副型忧郁症》也是一个都市（资本家）从男性主人公那里夺走女性的故事。小说里没有交代凤子得肺病的缘由，但她感伤、忧郁气质都是与肺病、都市生活格格不入的。颇有意味的是，凤子最终死于难产——一个她和资本家（都市）的怪胎，而非肺病。禾金将蒙太奇式的拼接手法推向了高峰，又从美国作家多斯·帕索斯那里获得了灵感，在小说中融入新闻报道、时事、个人回忆等内容：上海"一二八"事变、中国北方 1927 年的大水灾、罗斯福发表的对银价问题的谈话、伦敦失业人口请愿等时代事件统统被形诸笔端①。就此而言，禾金继刘呐鸥、穆时英等人之后找到了将个人欲望、都市体验和时代事件交织的方法，"疾病"在叙述中充当了结构性的功能——都市、时代的病态导致个人的疾病和毁灭。也正是在禾金这里，海派都市文学的弊病被最大化地体现出来，这便是：绚丽的技巧、宏大的结构和单薄的内容、低徊的情绪之间所形成的巨大反差与无法弥补的鸿沟。正如当时有人在评价禾金的这篇小说时所说的，尽管作者"用'新'的形式叙述了他底故事"，如"利用色彩的感觉"、"尽可能地引用数字"、"借用电影剧本底写法"、"借用诗底手法"等，但是故事本身"没有内容"，只是"由这种华美的颓废的印象构成"。"作者虽然以为是诅咒着现代的'病态'而憧憬着'健康的'天地，但读者却处处被他引进了病态美底赞叹甚至沉醉里面，通过全篇都充满了对于这'病的花朵'的缠绵的情绪。这样又怎样能够看到这个悲剧底社会的色彩呢?"②

二 作为都市生活不适应症的"疾病"

在海派都市文学中，肺病的意义不同于鲁迅的《药》、巴金的《灭亡》、《寒夜》等作品，后者总是通过肺病寄寓着整个社会肌体或社会环境病入膏肓的隐喻。而在前者中，肺病既被浪漫化，被认为是一种爱情病或灵魂病，同时也被当作都市生活病症的集中体现。从这个角度看，海派都市文学与浪漫主义文学还保持着藕断丝连的联系。

海派都市文学中普遍弥漫着一股忧郁的情绪，传达着强烈的都市生活

---

① 禾金：《副型忧郁症》，《小说》1935 年第 15 期。
② 顾封：《读〈小说〉创作专号》，《文学》1935 年第 4 卷第 4 期。

不适应感。然而，海派都市作家并没有离开都市的打算与勇气，像是下定了与上海这座城市一同毁灭的决心。在《副型忧郁症》中，"我"所能做的只是将"眼睛憩息在那些给加利福利亚的太阳所吻过的丰满的红橙子上面"，"让给数字打伤了的灵魂受着日光治疗"。显然，中国破产、凋蔽的农村已经不足以成为他们的精神家园和寄托，想象中的西班牙、美国南方或南欧其他国家，被当成了最后的救赎地。1934 年，时年不过 22 岁的穆时英已经表露出中年心态，感叹青春易逝。"希望在广漠的蓝空下有一座嫩黄的小屋子，西班牙式的小屋子，屋子前面有着丁香，蘼芜和郁金香，还有一盏乳白的小灯，屋子里有着萧邦的黄昏小呗［唱］，耶麦的田园诗，一杯浓烈的咖啡，和一个和平的黄昏，那时，不会再有失眠的晚上，骚动的心境"①。都市生活只剩下失眠和狂躁，作家的诗意栖居地，已经由《公墓》中上海的近郊转变为充满异域情调的想象之所。可是，一旦他们离开上海，他们便会立即刻骨铭心地思念起这个曾经百般诅咒的城市。黑婴躺在苏州的旅店里时，无法忍受这里的寂静，开始想念上海马路上拥挤的人群、舞场里的爵士乐，甚至平时在上海最讨厌的"叉麻雀的声音"也觉得是好的了②。这印证了茅盾对都市人弱点的精准洞察，"总想摆脱，却怎地也摆脱不下"③。

应该说，关于都市生活病态的判断不是海派都市作家的首创。这几乎是 30 年代知识分子的一个共识，它与马克思主义在当时中国的广泛传播有关，尤其是经过"社会史论战"之后，"革命文学论争"中兴起的社会科学热被推向了高峰。此时，无论是从书籍出版还是大学课程方面看，"马克思主义或辩证唯物论，成为中国思想的决定性的特征"④。马克思主义对资本主义文明的批判、对经济基础与上层建筑之间关系的阐述，都渗透到知识分子的观念中，被用来解释都市社会现象及在此基础上所产生的文化产品。

海派都市作家对都市生活病态的认知虽然受到了马克思主义的影响，但观察角度主要不是源自阶级矛盾、资本主义社会制度等方面，而是近乎

① 穆时英：《中年》，《小说》1934 年第 7 期。
② 黑婴：《苏州之杂》，《人言》1934 年第 1 卷第 32 期。
③ 茅盾：《乡村杂景》，《申报月刊》1933 年第 2 卷第 8 期。
④ ［美］德里克：《革命与历史：中国马克思主义历史学的起源，1919 – 1937》，翁贺凯译，江苏人民出版社 2005 年版，第 31 页。

一种情感控诉和道德批判。他们偏爱使用流行性、高热性疾病如感冒、疟疾等去隐喻都市生活的狂热及其传染力。由稚吾的《夜的疟疾》写"一个患着都会高热症的人"，因无法忍受寂寞，而沉溺于疟疾一样的都市夜生活中，结果换来的只是"极度的疲劳"①。用"害了疟疾"形容舞场里疯狂的人们，穆时英在《夜总会里的五个人》中早已用过。放纵之后的空虚，或于喧闹的人群之中感到孤独，这些情节也很容易让人想起穆时英的小说。不过，穆时英的高明之处在于，他发现了都市人"在悲哀的脸上戴了快乐的面具"②，舞场狂欢只为掩饰自己的落魄（《夜总会里的五个人》），在奢侈的生活中感到了疲倦（《黑牡丹》）。

　　在穆时英的小说中，作家对主人公常常有种"同是天涯沦落人"的感喟。例如他在"黑牡丹"身上寄托的"被生活压扁了"的身世之叹。从小说中看，这种生活压迫，只有很小一部分源自于现代生活的高速、机械，最主要的原因是做了"胃的奴隶，肢体的奴隶"。与其说这是生活的压迫，不如说是由于无节制地追求享乐、刺激而导致的麻木与厌世。穆时英在《〈白金的女体塑像〉自序》中写道："二十三年来的精神上的储蓄猛地崩坠了下来，失去了一切概念，一切信仰；一切标准，规律，价值全模糊了起来。"③ 这种悲观、虚无的情绪在穆时英后期的作品中极易见到，而且越来越浓。西美尔在《大都会与精神生活》中指出，"厌世态度的本质在于分辨力的钝化，这倒并非意味着知觉不到对象，而是指知觉不到对象的意义与不同价值，对象本身被毫无实质性地经验，这与白痴与事物之间的关系一样"④。有意思的是，"白痴"正是穆时英小说中一类典型的男主人公形象，如《被当作消遣品的男子》，《PIERROT》的标题即是法语"傻瓜"、"小丑"、"白痴"的意思。西美尔的话同时为我们提供了认知海派都市作家蒙太奇手法的另一角度。海派都市作家固然通过这种画面拼接的方式展现了都市空间的复杂性和整体性，但需要警惕的是，这些场景之间的关系并没有被标示出来，它们仅仅被罗列在一起，不同场景所具有的意义也未作区分。穆时英的《上海的狐步舞》即已露端倪，在都市的

---

① 由稚吾：《夜的疟疾》，《小说》1934 年第 12 期。

② 穆时英：《〈公墓〉自序》，载《公墓》，现代书局 1933 年版。

③ 穆时英：《〈白金的女体塑像〉自序》，载《白金的女体塑像》，现代书局 1934 年版。

④ ［德］齐奥尔格·西美尔：《大都会与精神生活》，载《时尚的哲学》，费勇、吴䜣译，文化艺术出版社 2001 年版，第 190 页。

夜幕下，纸醉金迷的资产阶级、殒命工地的工人阶级和挟着传单的"主义者和党人"等被并置在一起，都"被毫无实质性地经验"着。

由于浸淫于声色犬马的都市生活中，海派都市作家未能走向对现代生活所造成的人的物化、异化的真正批判，或是对自我的检省，相反是滑入了自怜自艾的情绪之中。这可以说是海派都市作家的通病，他们的不少作品都触及了都市人的物化和异化主题，如刘呐鸥的《方程式》、穆时英的《白金的女体塑像》、施蛰存的《鸥》、由稚吾的《快速生活症》等，然而，这些有可能通向对现代生活真正批判的情节在他们笔下总是稍纵即逝。最可笑的莫过于刘呐鸥《风景》中的男女主人公，机械的压迫对他们而言只是"直线和角度构成的一切的建筑和器具"，甚至衣服，两人跑到野外偷情，"脱得精光"，这样就算摆脱机械的束缚了。没有对机械压迫的深刻认识，所谓的反抗自然只能流于浮泛。片上伸在《都会生活与现代文学》中说，"诅咒都会生活，诅咒都会文学，绝不是因为它只以身心的困惫为特色，而是因为这种困惫动不动便将对于生活爱恋的心枯干了，而同时对于自己生命的那一种惊异与神秘的感觉也失掉了"[①]，拿来评价海派都市文学倒也恰如其分。

海派都市文学的不少作品都带着作家鲜明的精神印记。作家们对笔下的人物有着深切的同情与理解，固然避免了人物的模式化、概念化，但同时也失去应有的批判及反省。一切病态现象都被归之于时代、都市，这样，个人非但不必负起相关的责任，几乎摇身一变而为时代、社会的牺牲者了。这种逻辑清晰地表现在抗战胜利前夕胡兰成的《路易士》、《周作人与路易士》等文章中。考虑到文章写作的特定时间和作者的身份，其中实际上带有很强的自我辩解意味。胡兰成说，"我也希望周作人的时代过去，可是我以为这不是开一文坛法庭的事"。然而，他接下来的话完全像一份法庭上的辩护词。"路易士的个人主义是病态的，然而是时代的病态。……至于个人或与'时代'——其实是流行的风气不合拍，照以往历史上有过的例子来说，那是不一定咎在个人，倒大抵是'时代'应当反省的。"[②] 在这段文字中，胡兰成所使用的"时代"概念也是摇摆不定

① ［日］片上伸：《都会生活与现代文学》，载《近代日本文艺论集》，韩侍桁译，北新书局1929年版，第145页。

② 胡兰成：《周作人与路易士》，载杨之华编《文坛史料》，中华日报社1944年版，第113－115页。

的，这表明他面临着某种困难：一方面，如果路易士的病态是时代的，那么，路易士本人至少应当负有同流合污的责任；另一方面，如果认为路易士与时代不合拍，那么又如何能把他的病态归咎于时代呢？胡兰成巧言令色，他真正想说的是：一切错误都是时代的，个人在其中没有任何过失。

第三节　重新掌控"她者"——女性嫌恶征

厌女现象在中西文学脉络里源远流长，随着时代的变迁，既表现出一定的延续性，又会产生一些新的变化。本节考察 20 世纪 30 年代海派都市文学中的厌女现象，在刘呐鸥、穆时英、黑婴、叶灵凤、章克标等作家的身上，往往流露出封建、陈腐的女性观，显示出他们与传统的男权制文化深刻的血缘关系，也能看到这些通常被称为"摩登作家"、"洋场少年"的作家们时髦、华丽外表下陈旧的一面，表里形成了鲜明的对照。同时，海派都市作家在新文化运动以来大量涌入的异域文化中也找到了同感，二者相互补充、印证，强化了这些男性作家的厌恶女性思想。

这一时期海派都市作家所厌恶的女性常常是所谓的"摩登女"，然而，摩登女性却在他们的作品中占据了重要的位置，成为作家们频繁书写的对象。这看上去似乎是矛盾的，实际上反映了男性作家在面对性别秩序松动时的焦虑。书写意味着男性作家试图在文本中重新掌控"她者"，某种程度上也帮助他们缓解了精神压力。海派都市作家的女性嫌恶征主要发自于道德角度，而不是从女性追求真正的独立与解放的角度作出的，这和当时一些时尚杂志上谴责"摩登女性"的声音不谋而合。另外，在海派都市作家那里，摩登女性几乎就是时代、都市的代名词，作家对其表现出既迎又拒的姿态，也反映了他们思想深处对于时代、都市的矛盾态度。从这个角度看，海派都市作家的女性嫌恶征与他们的疾病书写有极为相似之处，广义地说，女性嫌恶征正是一种"疾病"。

一　由"摩登女郎"引起的焦虑

在 30 年代的海派都市文学中，穆时英的《被当作消遣品的男子》很富于代表性，其中出现的一系列典型的概念、意象，不但为作家本人后来所承继，也是其他作家竞相模仿的对象。这是一个男性在女性面前挫败的故事：男性在女性眼中只是小丑和傻子，是刺激物（"朱古力糖"）和消遣品，在厌倦之后被迅即抛弃，陪伴他的仍然只有烟卷。在小说结尾处，男性买了一支手杖，和烟卷一样，它是恋人的替代物，蓉子就曾经"手杖似的挂在我胳膊上"。不难体会其中所寄寓的自嘲味道，这次经历既印证又加重了他的女性嫌恶征。穆时英的《PIERROT》同样包含了一个女性欺骗男性的故事。

无论女性是征服还是欺骗男性，这些作品中描写的新型都市男女关系在别的作家那里也产生了共鸣。郭师仪的《被遗弃的消遣品》从题目上便可看出模仿穆时英的痕迹，女主人公"莉"甚至问男主人公："你看过穆时英的《被当作消遣品的男子》吗?"① 黑婴的《不属于一个男子的女人》也承袭了这一主题，其中展现的男女交往情景颇有意味，"安娜"在"我"面前从容地抽起了烟，而身为男性的"我"只敢"偷偷地瞧她"。男女主从关系与过去相比恰好被颠倒了，男女的主动、被动角色完成了互换。在整个关系的推进中，女性一直是主导者，男性被骂作"笨"和"老实人"，时常"红着脸不敢看她"。当男性还沉浸在窗外的诗情画意之中，女性迫不及待地诱惑他发生了肉体关系，"我献给安娜一件珍贵的宝贝"②。这最后一句以往最典型地用于女性身上，用在这里却丝毫没有戏拟或反讽的味道，倒是充满了自怜。

类似的角色颠倒也频频出现于刘呐鸥的作品中。《风景》里燃青正在玩味对面的女性时，蓦然听到了她的问话，"稍为吓了一下"；随着交谈的进行，他"惊愕增大了"，甚至感到"受不起她的眼光的压迫"。目光对视中分出了胜负，接下来男性只能乖乖地做女性的奴隶了。类似"吓了一惊"的句子在小说中不断出现表明，这是一次真正意义上的历险之旅，女性在男性心灵中引起了足够的震憾。这种颠倒甚至也表现在女性的身体上，在刘呐鸥的笔下，摩登女性从发型、服饰到身材、眼神无不表现出男性化的特征。《流》中的晓瑛"可以说是一个近代的男性化了的女子。肌肤是浅黑的，发育了的四肢像是母兽的一样地粗大而有弹力"。《风景》、《两个时间的不感症者》中的女性也是如此。李欧梵指出了刘呐鸥小说中女性的短发、肤色和健壮的身体与当时社会时尚间的关联③，诚然是正确的。然而更重要的是，这些女性的身体时刻透露出如下的信息：

---

① 郭师仪：《被遗弃的消遣品》，《新时代月刊》1933 年第 5 卷第 2 期。
② 黑婴：《不属于一个男子的女人》，《大陆杂志》1933 年第 1 卷第 12 期。
③ 李欧梵：《上海摩登》，北京大学出版社 2001 年版，第 208 页。

她们一改传统女性的柔弱形象，不再像过去一样温驯，容易控制和支配。

　　海派都市作家笔下的女性不再是温婉、娴静的传统女性，而是大胆、开放的摩登女郎。作家用来形容她们的词汇也变成了"大胆"、"神秘"、"危险"、"狡狯"等。《被当作消遣品的男子》中的蓉子是"温柔和危险的混合物"；《风景》里的女人"自由和大胆的表现像是她的天性，她像是把几世纪来被压迫在男性底下的女性的年深月久的积愤装在她口里和动作上的"；施蛰存《花梦》里的女主人公有着一双"装得好像心里平静得若无其事的狡狯的眼"。此类描写全是由男性的目光来打量女性，在男性眼中，女性显得难以理解，无法像对待手杖一般地轻易驾驭她们。刘呐鸥和穆时英的小说里反复出现的"手杖"意象，正是作家对男性权力的缅怀。张英进在考察男性对女性和城市的建构时指出，"在建构城市或叙述的过程中（其目的是重新俘获从男性梦中逃逸的女性），女性不断地被表现为缺场，不断地被表现为不可企及，因为目标越是难以企及，男性的欲望之火便烧得愈烈，建构叙述和城市的任务就越迫切"[1]。男性欲望满足的延搁或匮乏成了叙述的动力，揭示了男性欲望、女性建构和叙述之间的关联。

　　30 年代都市中出现的摩登女郎给海派都市作家带来了广阔的性想象空间，此外，尽管摩登女性并不意味女性真正的解放，但是她们的出现却冲击了原有的男尊女卑的性别秩序。当时出版的《新名词辞典》里如此解释"摩登女"一词："Modern Girl 指时髦的女子。曾有人下以定义：具有外国趣味、某程度的生活保证、性的解放主义，这三个条件的女子，曰摩登女。"[2] 三者之中，海派都市作家描写最着力的应当是"性的解放主义"了。在男权社会，贞操向来被视为女性的最高美德，女性像男性的私有财产一样，听由男性随意处置。然而，摩登女性让男性感受到了自身权力丧失的威胁。相比之下，追求真正自由、独立的新女性给男性作家带来的心理压力反倒小一些。

　　穆时英在带有心理自传色彩的小说《PIERROT》里写道："对于我，欺骗是比失节更不可忍耐啊。"摩登女性在精神和肉体上都不再隶属于某个男性，对于男性而言不啻为双重的失节。30 年代海派都市小说中经常

---

　　① 　Yingjin Zhang, *The City in Modern Chinese Literature & Film*. Stanford, California：Stanford University Press, 1996, p. 186.

　　② 邢墨卿编著：《新名词辞典》，新生命书局 1934 年版，第 159 页。

出现的二男一女或多男一女的人物模式与此有关——摩登女性将男性视为玩物,周旋于多个男人之间。漫画《病的分野》对比了"两个时代的递嬗":一夫多妻制时代,一个男性病了,妻妾四人服侍于床侧;现代则变成了一个女性病了,四个男性同时去探望①。女性取代了男性的中心位置,无论是她们的身体、言行举止,还是男性挫败的故事,在海派都市作家笔下表现的都是对女性逸出控制的焦虑。

当时类似《病的分野》这种题材的漫画屡见不鲜,它们大多出自男性作家之手。《玲珑》曾刊发了题为《时代不同之玩偶》的漫画,主题是:过去男性将女性当玩偶,而现代则是女性将男性当玩偶。一位女性反驳道,现代社会中女性地位虽然较过去有所提升,但远未达到颠倒性别秩序的程度,尽管有一小部分女性将男性当玩偶,那也是男性自愿,并不能代表全体女性②。第三章中曾经分析过,海派都市作家笔下的"摩登女郎"与其说来自对现实社会的观察,不如说是由好莱坞"热女郎"和时尚杂志中"摩登女郎"的形象想象而来。无论"热女郎"还是"摩登女郎",其中都含有贬义。《申报月刊》的"新辞源"栏发音将"IT"(热女郎)翻译为"抑脱","所谓'抑脱'者,其中原不必定指完全健美者而言,且反含有若干病理的要素,今日的所谓'抑脱',固只须能予人以一种无目的狂热即得,故尤其于今日此种'世纪末'的一切人们均需求强烈刺激的时代,此种'抑脱'的成长,固亦恰好为反映此病态的社会意识者"③。因此,《良友》上颂扬胡蝶"是一个洁身自爱的人"时,证据之一便是"在银幕上,她不是荡妇,不是热女郎,也不是野孩子"④。"热女郎"等词汇被赋予负面意涵从一个侧面反映出当时社会对这类女性的态度。

二 重新掌控"她者"

面对摩登女性所带来的威胁,都市作家的典型反应是厌恶,即所谓的"女性嫌恶征"。这既是一种自我防御的策略,也是重新控制女性的努力。正如凯特·米利特所言,"男性对另一性的厌恶的功用是为自己提供一种控制隶属群体的工具,提供一种理论依据,以证明那些下等人的地位是低

---

① 基夷:《病的分野——两个时代的递嬗》,《漫画界》1936年第8期。
② 玉卿:《这能代表全体女子吗?》,《玲珑》1933年第95期。
③ "新辞源"之"抑脱(IT)"条,《申报月刊》1934年第3卷第6期。
④ 《良友人影·胡蝶》,《良友》1934年第85期。

劣的，以此‘解释’对他们的压迫是合理的”①。有人认为：在文学上，厌恶女性的心理会渗透到作品的每个部分，从叙述者对女性表达的质疑到作品的结构、语言、风格，甚至于词汇的选择，这些都会成为父权制意识形态的同谋②。

30 年代海派都市文学中的厌女现象有一系列的表现。首先是将摩登女性物化、对象化，她们被比喻为一些恶毒、危险、神秘的动物，如蛇、猫、螳螂等。《被当作消遣品的男子》中的蓉子“有着一个蛇的身子，猫的脑袋”。“蛇”是对摩登女性最常见的隐喻，它承袭了中国文化对女性的古老偏见——蛇蝎妇人心。1929 年末，大通书局的广告中因为使用了“欲知妇人之心如何毒，青竹蛇儿口、黄蜂尾上针，两般犹未毒，最毒妇人心”等语句，而引起了上海市妇女协会的“质问”③。书局广告表明，当时渲染“最毒妇人心”类的作品绝非少数和偶然现象。

同时，这一隐喻又为外来的西方文化所扩展和强化。《圣经·创世纪》开篇便写有夏娃受了蛇的蛊惑偷吃禁果，连累亚当双双被逐出伊甸园的故事。章克标在《春天带了来的》中写道：“蛇本来是个再坏不过的东西，教唆我们的母亲夏娃去尝智慧之果，以致被上帝赶出乐园的，也就是他。”④ 作者将春天所带来的内心欲望与骚动、舞女的腰肢都与蛇联系起来，女性在内心狠毒之外，又增添了一项引诱男性犯错的罪名。值得一提的是，男性作家对女性罪恶的强势渲染也会内化为女性自身的见解，一幅署名“金仲云女士”的漫画中出现了两位女性，一者从裙子中伸出蛇身，一者腰间挂满了男性的头颅，暗示其所向披靡，让无数男子拜倒在石榴裙下⑤。这幅漫画刊登在以促进女性解放为鹄的《新女性》杂志上，不能不让人称奇，显示出女性解放的鼓吹者们思想深处的盲区。“女人/蛇”的隐喻之深入人心由此可见一斑。

刘呐鸥则以螳螂喻写女性，他在《流》中刻画了电影中螳螂相斗的场面，“打了败仗的雄的螳螂昏醉地，但是很满足地一直等着雌的来把他

---

① ［美］凯特·米利特：《性政治》，宋文伟译，江苏人民出版社 2000 年版，第 55 页。
② Ruth Ann Hottell, "Blinding the Other", in Katherine Anne Ackley（ed.）, *Misogyny in Literature: An Essay Collection.* New York & London：Garland Publishing, Inc. 1992, p. 201.
③ 《市妇协会质问侮辱女性之广告》，《申报》1929 年 11 月 1 日。
④ 章克标：《春天带了来的》，《金屋》1930 年第 1 卷第 9、10 期合刊。
⑤ “金仲芸女士的漫画”（无标题），《新女性》1928 年第 3 卷第 1 期。

渐渐地吞下去。谁说雌的是弱者呢?"雌螳螂对雄螳螂的征服被巧妙地用来隐射都市男女关系,暗示了小说后面的情节发展。无独有偶,郭建英的漫画《黑·红·忍残性与女性》中也把摩登女性与雌螳螂进行了类比,画面中央是一位半裸的摩登女性,画面下方则是一只正在吞吃雄性伴侣的雌螳螂①。螳螂之所以受到作家们的眷顾,是因为这种雌强雄弱的动物激发了男性作家对于摩登女性的恶的想象。

将恶与摩登女性紧密联系在一起的还有"摩登伽女"这一称谓。第二章中曾经提过,"摩登伽女"原指佛典里的一位"淫女",为满足自己的肉欲而去勾引男性。它被用来指称摩登女性,侧重的也是"淫"、"恶"方面的内涵。曾今可引用梁得所的话说,"倘若日本的妇女都变为'摩登伽'(Modern girl),日本就不成日本了"②。言下之意,摩登女性即使不是祸国殃民的罪魁祸首,至少也负有很大的责任。可见,"摩登女性"这一称谓不只指女性的言行举止等外部特征,更重要的是包含了强烈的价值和道德评判。没有灵魂是海派都市作家为她们加上的最常见的罪名,她们是只求肢体满足的性的动物,摩登女性被动物化正源于这一点。穆时英在《白金的女体塑像》中将女性描绘为"一个没有羞惭,没有道德观念,也没有人类的欲望似的,无机的人体塑像"。郭建英的《不知道忧郁的女人》中的丽丽是这类摩登女性的典型,她只关心欧美时尚杂志 Vanity fair(《名利场》)和 Vogue(《时尚》)等上面所发布的流行趋势,这比她刚刚失去的男朋友远为重要③。追求肢体快感的女性与忧郁气质的男性主人公的对照,在穆时英的一些小说里也时常出现,以《PIERROT》最为突出。忧郁,在这里成了富有精神性的身份标志。

摩登女性在海派都市作家笔下常常还被情色化,她们被描摹成欲望的动物,充当着男性的欲望对象。穆时英《CRAVEN "A"》中的余慧娴被男子们"当一个短期旅行的佳地"。叶灵凤在《流行性感冒》中将女主人公比喻为"一辆一九三三型的新车"。男性作家们由此开始了对女性身体的精细描绘,处处给人以性的暗示和撩拨。在刘呐鸥的笔下,摩登女性的身体中难以控制的一面也总是混合着色情化的描写一同出现。彭小妍从刘呐鸥 1927 年的日记中看出了其"男性根深蒂固的'荡妇'情结","他把

---

① 郭建英:《黑·红·忍残性与女性》,《时代漫画》1934 年第 1 期。
② 曾今可:《今可随笔》,北新书局 1933 年版,第 16 页。
③ 郭建英:《不知道忧郁的女人——一封时代小姐的信》,《良友》1934 年第 85 期。

性以及属于肉体的一切和女人连在一起，知识则属于男人的世界，女人是和知性世界无缘的"。女性在刘呐鸥那里只分为两种：不是母亲，就是荡妇①。这个结论和由作家的创作得来的印象完全一致。

女性的"母亲/荡妇"二分法在 30 年代有相当大的市场，在作家中间也不乏信奉者。章克标在《银蛇》中就有大段的"母妇型和娼妇型"女性的分析，理论依据来自"某西人"②，很可能是指瓦格纳。章锡琛曾在《新女性》上著文专门批判过"华宁格尔"，指出了华氏把妇人分为母妇型和娼妇型两类并视作女性本性差异的谬误。"与其说女子生来具有娼妇的性质，不如说男子的性的利己主义和社会的妇女婚姻职业制度养成女子的娼妇性质"。③ 章锡琛的文章具有很强的现实性，针对的是当时普遍存在于男性思想中的将旧式女子和新式女子分别对应为母妇与娼妇的看法。有意思的是，章锡琛本人只是指出娼妇的形成背后的社会根源，他几乎轻易地就接受了"新式女子＝娼妇"这一前提。

将摩登小姐等同于"高等娼妓"④，反映出男性内心深处的憎恶和恐惧。娼妓只认金钱，同时是病毒的携带者，男性作家借此获得了道德上的优越感，从而可以再次凌驾于女性之上。在章克标的《做不成的小说》中，"我"跟随一位"老上海"游历夜上海的销魂窟，来到一处妓女的房间。正当"我"在幻想着女人肉身的神秘时，忽然想到"这些人是病毒的培养者，传布者，媒介者"，立即兴味索然地离开。探险的结果是"疲劳了身体，污浊了精神"，娼妓自然是污染源。章克标对娼妓的憎恶与他本人的一次不愉快的性经历有关。他在毫无性经验的情况下宿了一回娼，感染了性病，因为羞于启齿延误了治疗，病情延续了八个多月才算好转。这期间他不断地寻医问药，病情也时有反复，饱受精神折磨，直到晚年在回忆录里提起这件事，他的语调仍然难得轻松⑤。男性的性过失总要归咎于女性，因为她们是引诱者。

值得注意的是，在章克标和叶灵凤作品中都有男性否认自己是女性憎

---

① 彭小妍：《刘呐鸥一九二七年日记》，《读书》1998 年第 10 期。

② 章克标：《银蛇》，载《章克标文集》（上），上海社会科学院出版社 2003 年版，第 120 页。

③ 章锡琛：《旧式女子与新式女子》，《新女性》1927 年第 2 卷第 12 期。

④ 冬日：《两种女性——工女与摩登女性》，《十日谈》1934 年第 31 期。

⑤ 章克标：《世纪回首》，载《章克标文集》（下），上海社会科学院出版社 2003 年版，第 101—118 页。

恶者；相反，他们自诩为女性的崇拜者，从而带有一定的欺骗性。叶灵凤的《禁地》中的菊璇突然疏远了引诱过他的佩珍，对方太太的诱惑也无动于衷，一心一意做了"文艺的忠臣"。"文艺"在这里无疑是一种精神上的升华，代表了"新的生活，新的趣味"，是对过去生活的（和女人、肉体相关）告别与超越。正是在此洗心革面的时刻，他申辩"我不是厌恶女性的人，我是崇拜女性的人"，只能是欲盖弥彰。前文提到，已婚少妇勾引未谙世事的少年是叶灵凤的小说中经常出现的情节模式，除了此篇外，《内疚》、《女娲氏之遗孽》等也是如此。这种故事结构本身即带有很强的价值判断，少妇背叛自己的丈夫不是因为缺少丈夫的爱，只是由于一时寂寞或情欲无法满足，因而她们只是欲望的动物、肢体的奴隶。少年既然未谙世事，那么非但可以轻松地逃脱罪责，而且成为值得同情的受害者。

即便不是这样的故事结构，叶灵凤的不少小说也都寓含着强烈的道德意味。《红的天使》中一对姐妹因爱生恨，各自利用男性实施复仇计划，结果姐姐被人玩弄，妹妹自杀。《时代姑娘》中的丽丽因为得不到爱情自由，也开始向男性世界复仇，既破坏了别人的家庭，又导致原先的恋人自杀。此时她才幡然悔悟，断绝了与已婚男性的关系。《未完的忏悔录》同样以男主人公的失踪作为结局，很有可能也是自杀身亡。这些结局里蕴含的惩戒意味不言而喻：女性向男性复仇或放纵将带来严重的后果，女性要么自食其果，要么把自己最亲最爱的人逼于死地，受伤害的最终还是自己。作家无疑以此警示女性——男性世界是不容背叛和报复的。

对女性的厌恶及惩戒表明男性试图在文本中重新驾驭女性，女性则无法发出自己的声音，只是男性作家随意处置的对象，显示出男性文本与权力间的关系。在这一点上，即便是男性作家所塑造的理想女性也面临相同的命运。事实上，30 年代海派都市作家很少描写理想女性，仅仅偶尔为之。但是，理想女性形象在男性重新控制女性的过程中不可或缺，充当着示范功能，与厌恶及惩戒互为补充。叶灵凤的《永久的女性》中的朱娴即是这样的女性，单是名字中的"娴"字也显示出她更接近于娴静的传统女性。她有着"女性不灭的纯洁、尊严和美丽，以及孕蓄着的母性的爱"，简直被描写成了一个不食人间烟火的圣母。朱娴虽然很爱秦枫谷，但她未作多少反抗就继续尽她的孝道，充当父亲经济交换的工具。她的这种爱情选择显然也是传统女性式的。作家虽然竭力将其塑造得完美无缺，但很难想象这是从"浪漫派小说"和"美国电影"的滋养中成长起来的一位现代女性。海派都市作家心目中的"永久的女性"不过是生活在现代的传统女性，是集孝女、贤妻、良母等一系列角色于一身的一个虚拟的人物。换言之，所谓"永久的女性"便是继续臣服于男性、以男性为中心、作为男性附庸的女性。一位男性在谈到娼妓问题时说得更明白："我是一向拥护贤妻良母的，女性生活，只有这一条是个向上的伟大的路。"①

30 年代海派都市作家大多是摩登的洋派人士，但是他们的思想却相当"旧"，他们仍然站在传统的道德和行为规范上要求女性，严守着男权制的意识形态。当然，这并不意味着传统女性就真的符合他们的期望。章克标自身的经历证明了这一点。他的择偶过程也充满了戏剧性，从反抗老式婚姻解除婚约到再次回到旧式婚姻，而且订婚、结婚等一切仪式都是用"过了时的老办法"。在现代知识分子中，章克标的婚姻之路可能是绝无仅有的，他明白这种做法是"反历史潮流而开倒车"，因此承受了很大的压力。不过，他竟然把这种压力、不满全迁怒于配偶身上，在文章里"多方刻薄她损她"。②《一个人的结婚》基本上如实记录了这次旧式婚姻的经过和作家的心路历程，他对贤妻良母式的妻子的"嫌恶"，与对摩登女性相比可谓有过之而无不及。甚至妻子完全的"驯良"也让他"发怒"，因为"一点也没有反拨也很少趣味"。

李赞华的《醉乱之夜》展现了男性对贤妻良母式的妻子从背离到回归的心理轨迹。丈夫不满于妻子把全部的爱都灌注在孩子身上，而对自己缺乏热情，决定给她以"小小的惩罚"。他看到一个俄国朋友带着两个女人，"觉得人生应该和这样的女人鬼混"，决定去找妓女。然而，妓女的一切表现在他眼里都是丑态、下流，让他感到"憎恶与厌倦"，"觉得面前的这个女人，简直是比蛇更污浊"。他又回到了家中，"深深地感到忏悔，觉得自己的妻究竟是圣洁的，高贵的女人，昨晚所见的三个女人只是一种丑恶"③尽管丈夫回到了妻子身边，但很难保证以后他不再对妻子不满。在母妇与娼妇之间，男性面临着两难抉择，二者都难以让他完全满意，也许他需要两个女人：一个放荡的性爱对象和一个忠贞的妻子。正如

---

① 罗天问：《娼妓问题》，《矛盾》1934 年第 2 卷第 5 期。

② 章克标：《世纪回首》，载《章克标文集》（下），上海社会科学院出版社 2003 年版，第 134－140 页。

③ 李赞华：《醉乱之夜》，《现代文学评论》1931 年第 2 卷第 3 期、第 3 卷第 1 期连载。

曾今可所总结的："'要恋爱要找摩登姑娘，要结婚要找旧式女子。'这是一般新青年们的共同观念。"①

男性的矛盾心理也体现在"女性嫌恶征"这个矛盾的修辞法中，一方面，"嫌恶女性"赋予了男性对女性的凌驾姿态，尤其是道德上的优越感；另一方面，它又被命名为一种病症，表达了男性对自己这种反应的担心。后者正是穆时英、黑婴等作品中自嘲或自怜情绪的根源。在海派都市作家眼中，摩登女性几乎就是都市、时代的代名词。如果说对摩登女性还可以漠视的话，那么时代变迁则不容抗拒。刘呐鸥所谓的"时间的不感症者"，说到底是时代的落伍者。所以，海派都市文学中的男性往往对摩登女性表现出既迎又拒的态度，《被当作消遣品的男子》中的男性虽然一开始即提防着女性的欺骗，却半推半就地做了女性的消遣品，在知道受骗之后仍然心甘情愿做她的"捕获物"，直到被彻底抛弃。《骆驼·尼采主义者与女人》大致可以看作《被当作消遣品的男子》的前半段，男主人公一开始是尼采主义的信徒，尼采作为一个出了名的女性厌恶者也暗示了男主人公对女性的态度。然而一旦和女性交往，他就迅速抛弃厌恶女性的姿态，开始嘲笑"尼采为阳萎症患者"，服服帖帖做了女人的奴隶。无论是摩登女子抑或旧式女子，她们都像一面镜子，映照出男性作家精神深处的矛盾——徘徊于新旧之间。

---

① 曾今可：《今可随笔》，北新书局 1933 年版，第 22 页。

第七章　摩登与反摩登

在第二章中，通过对"摩登"词义变迁的考察，曾简略谈及了这一变迁背后的诸种力量之间的相互博弈、斡旋。这些力量涵括经济、政治、文化和社会等方面，如果细分则还可以析分出中国资本、外国资本、不同政治党派、精英文化、通俗文化、各种社会组织等力量，它们之间的关系是相当复杂的，而且也并非一成不变，因此要想彻底厘清这个问题显然非本书力所能及。关键在于，我们需要明白一点：任何历史现象、事件都必须被置于诸种力量的关系之中考察，必须被理解为某些力量的合力作用的结果，才能尽可能地接近历史的真实。在这一章中，笔者想通过一些具体的个案，探讨20世纪30年代围绕着"摩登"现象各种力量之间是如何相互作用的。"摩登破坏团"事件就属于这样的个案，它在历史上可能无关紧要，很快就湮没在历史的洪流中，但借助于这个事件，我们能发现历史的背后曾经有那么多的力量相互纠缠、依赖、争斗、协商，才造就了一个个历史的瞬间。

事实上，"摩登"、"反摩登"只是粗略的划分，无法体现历史的含混性与复杂性，对立与斗争只是历史的一个侧面，除此之外，还充满着各种各样的关系。使用"摩登与反摩登"作为这一章的标题，毋宁是想表达——正是在对"摩登"的争辩与反拨之中，中国探索着自己的现代化道路，这些争辩与反拨自然也就构成了中国现代化实践的一部分。从经济和文化上看，"摩登"大多是和都市、外来的文化、消费品以及生活方式联系在一起的；从社会上看，摩登又是和某些特权阶层联系在一起的；同时它还指涉某种粗浅模仿西方的现代化取向。这些都决定了反摩登所取的角度和态度是不同的，因而，左翼文化运动和国货运动、新生活运动表面上看都具有反摩登的因素，但是实际差别却很大。它们都欲把社会生活、大众组织到自己的宏大计划之中，从而相互之间展开了争夺。当然，它们也时有交叉，比如新生活运动和左翼文化运动在反对"摩登"中个人主义的一面时表现出了相似的取向，不过最终的诉求却是歧异的。

　　尽管 30 年代为"摩登"辩护的声音十分微弱，辩护者经常使用的逻辑：一是证明"摩登"是忠实于自我的"真实"需求或表现，二是将"摩登"与"现代"等同，或者申明摩登是现代的一部分，颇能得到一些人的同情。无论是"真实"还是"现代"，都说明了摩登和现代之间深刻的关联，"摩登"的合法性最终寄寓于"现代"之中。因此，"摩登"批判的目的不在于为"现代"辩护，不能因为有了"摩登"这个替罪羊，"现代"就清白无辜，更不能掩盖在"如何现代"这个问题背后的种种分歧。1935 年"全盘西化"派与"中国本位的文化建设"派的论争，代表了 30 年代关于"如何现代"的一次集中讨论。两派某种程度上都是反对摩登的，但是，我们会发现其实他们的一些立论基础，如对文化是否可分、文化发展循何方向和途径、文化在现代化过程居何地位等问题的看法，也正构成了摩登的提倡者、追逐者们的思想前提。遗憾的是，30 年代文化的中坚力量左翼文艺工作者未能参与到论争之中，此时他们正经受着严酷的文化压迫无暇抽身，不过，从鲁迅、张天翼等人对于"摩登"现象的批判之中，我们约略可以推断出他们对于这一问题的态度。在他们那里，"如何现代"的问题不如说已经转化为另外一个至关重要的问题，即对中国社会现实的独特理解与把握。关于摩登、现代的讨论，也几乎都最终指向中国社会的现实，它成为判定各种现代化取向的生命力和有效性的唯一标准。

第一节　　"真实"之辩

　　30 年代关于"真实"的争论，正是在以上的背景中才得以产生的。不过，一提到"真实"，一般人都会想到左翼文学的现实主义理论及创作，甚至将二者等同，而对这之外的海派文学关注不多。事实上，由于不像左翼文学那样富于理论性、系统性，"真实"成为海派文学最常调用的资源和创作的合法性基础。第六章中曾经谈到过胡兰成为路易士所作的辩护，除了将个人罪责归咎于时代、社会这一逻辑之外，他的另外一个辩论基础就是"真实"："即使是病态的个人主义者，较之啦啦队合唱的和声，是要真实得多，也更可尊敬的。"① 相似的，路易士后来在回忆录中引用杜衡的话诋毁左翼文学"事实架空，感情虚伪"②，可见"真实"是海派文学用来对抗、攻击左翼文学最坚实的武器。

在 30 年代"自由人"、"第三种人"这次大规模的论争中，"表现真实"和"文艺的自由"一样，是苏汶（杜衡）立论的根基。苏汶在这次论战中所写的第二篇重要文章《"第三种人"的出路》里即已提出，"只要作者是表现了社会的真实，没有粉饰的真实，那便即使毫无煽动的意义也都绝不会是对于新兴阶级的发展有害的，它必然地呈现了旧社会的矛盾的状态，而且必然地暗示了解决这矛盾的出路在于旧社会的毁灭，因为这才是唯一的真实"③。这段话中凡是涉及"真实"的地方都被加了着重号，足见作者的强调程度。到了《论文学上的干涉主义》，作者旧调重提，"艺术家是宁愿为着真实而牺牲正确的；政治家却反之，他往往重视正确，而把真实只放在第二的观点上"④。"真实"成为创作第一性的要求，并被当作了对抗文学上的干涉主义、文学的政治性与阶级性的依据。自这篇文章起，整个"自由人"、"第三种人"论争有了新的转向，开始侧重于关于文学真实性的争论。胡风和周扬在随后的文章中也意识到"真实性问题"是"这次论争的中心问题之一"⑤。

遗憾的是，关于真实性的论争发生在"文艺自由论辩"后期，未能收入苏汶所编的《文艺自由论辩集》，不像后者那样广为人知。在整个 30 年代，虽然像这样直接涉及"真实"问题的论争并不多见，它往往是随着其他问题被提出来的，但它的确构成了 30 年代文学的一个核心问题，许多问题背后都隐藏着关于真实性的认知，双方的分歧也常常能在对"真实"的不同理解中找到答案。因此，梳理海派文学的真实观，既能帮助我们理解左翼现实主义理论，又可以标示出两种文学创作上的真正分歧

---

① 胡兰成：《周作人与路易士》，载杨之华编《文坛史料》，中华日报社 1943 年第 3 版，第 115 页。

② 纪弦（路易士）：《纪弦回忆录（第一部）：二分明月下》，联合文学出版社 2001 年版，第 66 页。

③ 苏汶（杜衡）：《"第三种人"的出路》，载苏汶编《文艺自由论辩集》，现代书局 1933 年版，第 117 页。

④ 苏汶（杜衡）：《论文学上的干涉主义》，载苏汶编《文艺自由论辩集》，现代书局 1933 年版，第 190 页。

⑤ 周扬：《文学的真实性》，《现代》1933 年第 3 卷第 1 期。

所在。

左翼文学中的"真实"和"现实"一样是非常独特的概念。如果说它们之间有区别的话，前者侧重于艺术表现，而后者则是"所谓本质的法则世界"①，只有当作家在作品中认识并反映出"现实"，这作品才是真实的。无论是在胡风还是在周扬那里，这两个概念都经常被互换使用。尽管胡风与周扬在"现实"的界定上还存在着不小的差异，但他们所使用的"现实"与"事实"、"现象"等概念之间是有清晰界限的。周扬引用黑格尔和法捷耶夫的话，把现实视作现象背后的本质，"现象的世界和本质的法则的世界，……是同一内容的两面，同一客观存在的两面"。在胡风看来，这一看法有导向观念论的危险，而且很接近苏汶的观点。胡风认为，现实是"从现象世界里的全体性，关联，统一"中把握得来的，不是现象的累积之后就会自我呈现的东西，其中既涉及现象的因果、主次关系，也直接关联着认识者的主体性。的确如周扬、胡风观察到的，苏汶在刚开始并未区分"真实"（"现实"）与"事实"，甚至把它们与"现象"混同使用。后来，他说："假使定要立出这两个名词来，我认为是应当这样解释的：现实是现象的底层。每一个现象里都有一个现实性存在着，或显著，或比较不显著；文艺作者应当把这现实性抓牢。"②

左翼理论家通过独特的"现实"概念，将文学与阶级、社会、政治关联起来，因而也与作家的世界观、主观能动性联系在一起。苏汶则是将"真实"作为一个美学问题去看待。在苏汶的理论框架中，尚为浪漫主义等非写实作品留有空间，甚至连"开玩笑的态度"，即艺术的游戏、娱乐功能也有一席之地。相对而言，左翼的现实主义理论则严苛得多，单从胡风对《现代》第一卷上发表的作品的批评也能看出，其中没有完全让他满意的作品。我们只有跳出左翼文学对"真实"的严格限定，回到其原初的、宽泛的意义上来看20世纪30年代文学，才能为双方搭建一个共同讨论的平台。海派的"真实"包含了多重内涵，既指作品对生活的忠实反映，然而这是在最宽泛意义上使用的，例如作品内容只要能在生活中找到例证，作品就被视为真实的；也指作家的情感、态度，即作家处理材料时不故意歪曲，诚实地面对自我。这也是本节讨论"真实"而非"现实"

---

① 谷非（胡风）：《关于现实与现象的问题及其他》，《文艺》1933年第1卷第1期。
② 苏汶（杜衡）：《批评之理论与实践》，《现代》1933年第2卷第5期。

的原因所在，前者能够把海派作家的创作思想容纳进来。

安敏成将现实看作是一种想象性建构很富有启发性。他说"现实或许可以看作为——至少是暂时的——仅是想象的产物"，这样就"可以使我们摆脱有关现实与文本之关系（反映论）的狭隘论辩"①。这里所侧重探讨的也不是反映论层面的问题，即不只囿于审美角度去看待真实性的问题，而是希望探讨海派文学的真实观是如何被建构的，调用了哪些知识资源，"真实"为何成为海派作家自我辩护时最常使用的依据？海派作家中缺少理论家，即使是杜衡也声明"我不是理论家，而且也的确不想做理论家"，这绝不是作家的自谦，实际上论战中杜衡的言论多是经验主义的。杜衡的观点尽管属于海派，但也不能全然代表后者，所以海派文学的真实观只能从作家的创作和只言片语里归纳而来。

穆时英在《〈公墓〉自序》里集中表达了对左翼批评的意见。他说："记得有一位批评家说我这里的几个短篇全是与生活，与活生生的社会隔绝的东西，世界不是这么的，世界是充满了工农大众，重利盘剥，天明，奋斗……之类的。可是，我却就是在我的小说里的社会中生活着的人，里边差不多全部是我亲眼目睹的事。"② 这里指涉的是左翼批评家胡风和他的《粉饰，歪曲，铁一般的事实》一文。穆时英原想写一篇答辩的文章，后来放弃了③。《自序》中的内容可以帮助我们去猜想这篇未写的文章的大致内容。不过穆时英偷换了一些内容，胡风在批评中涉及而且收入到《公墓》中的只有《公墓》一篇，批评比较严厉的两篇——《断了条胳膊的人》、《偷面包的面包师》恰恰是表面上类似左翼的作品。也许穆时英明白，《公墓》里的绝大多数作品必将受到更严厉的批评。事实也确实如此，后来胡风说《夜总会里的五个人》他"曾经读了三次都没有读下去"。需要注意的是穆时英在这里自我辩解的方式完全是经验主义式的，"眼见为实"四字即可概括。颇有意味的是，对于这个集子里大多不能视作现实主义的作品，作家也以此辩护。只有把这一因素考虑进去，才能理解我们说 30 年代创作的主流是现实主义的之真正意义，即现实主义对其之外的创作也形成了绝对的影响，虽然它们在对"现实"的理解上有很大偏差。不过，沈从文曾指出，穆时英的《红色女猎神》等作品"直从

---

① 安敏成：《现实主义的限制》，江苏人民出版社 2001 年版，第 8—9 页。
② 穆时英：《〈公墓〉自序》，载《公墓》，现代书局 1933 年版。
③ 编者（施蛰存）：《社中日记》，《现代》1933 年第 2 卷第 5 期。

电影故事取材"①。关键不在于穆时英小说的情节和人物与现实到底有多大差距、真不真实，而是电影情节、人物等为何被当作了真实，即海派作家是如何构建真实的。一旦追问这个问题，就会把我们引向海派作家的现实经验，现代科学尤其是生理学和心理学，以及以此为基础的"生物人"的预设、个人主义思想是形成这种现实经验的重要基础。

弗洛伊德的精神分析学说是海派作家形成其现实经验的重要知识资源之一，特别是中国新感觉派作家，这一时期创作了一批心理分析小说。出现了像施蛰存的历史小说那样的创作，无论是英雄豪杰《石秀》、《将军底头》还是得道高僧《鸠摩罗什》一样为情欲驱动，与其说是掀开了古代人物的神圣面纱，不如说赋予了他们现代灵魂，历史人物变成了现代人物的化身。到《善女人的行品》集子中的作品如《春阳》等，作家才调整了方向，人的社会属性得到一定描写，作品的价值也较以前增加。穆时英也写过道貌岸然的医师《白金的女体塑像》、怀春的修女《圣处女的感情》的性心理，力比多冲动支配了人的言行举止。刘呐鸥的《残留》中的女主人公丈夫去世才几个钟头，就开始向往男性的爱，匆匆投向了陌生的外国水手的怀抱。从这些作品中也能看出作家对人性的基本预设，这样的认识还颇能博得当时读者的认同，足见持相似观点的人不在少数。例如《将军底头》出版后受到的评价：黎锦明认为，"以写实手腕作历史小说而得到极大收获的，恐怕要算施蛰存了，而《将军底头》，却更能代表一个上乘的体例"②。更有人将《将军底头》优点归结为"纯粹的古事小说，完全是在不把它的人物来现在化"③。"写实"也罢，"不现在化"也罢，两者都把现代思想自然化了，视其古已有之。笔者不是要批评这两种评价的错位，"自然化"、"客观化"正反映了现代思想流布之广、影响之深。

弗洛伊德学说的吸引力在于它帮助海派作家发现了某种"真实"——人性。就此而言，它给予了这些排斥马克思主义关于人的"政治性"、"阶级性"学说的作家以某种替代性的补偿。弗洛伊德学说和马克思主义都被看成一种深度认识模式，就像现实、真实相对于现象、表象

①　沈从文：《论穆时英》，载《沈从文文集》（第11卷），花城出版社1984年版，第205页。

②　黎锦明：《谈谈几篇小说》，《文饭小品》1935年创刊号。

③　栏：《书评·〈将军底头〉》，《现代》1932年第1卷第5期。

是一种深层一样。柄谷行人在谈到这一点时说："马克思和弗洛伊德的工作常常被理解为'深层的发现'。其实正相反，他们所做的是试图要解体掉使深层得以产生的那个阶层分化的透视法（目的论、超越论），他们所注视的正是所谓的表层。但是，这从反面也说明把他们变成'深层'的发现者的这个知识透视法是多么的强力无比。"①

　　海派作家中另一些人虽然并不运用弗洛伊德的精神分析学说，但在"生物人"的预设上与新感觉派作家如出一辙。章衣萍从民间的俚俗情歌中看到了"真实是一切艺术的共同灵魂"，看到了艺术与伦理无关。"姐夫寻了个小姨子儿"——姐夫和小姨子偷情，在伦理上当然说不过去，然而既然它是现实中存在的，就不妨碍它在艺术中出现②。稍经诡辩，"真实"和"艺术"非但成了逃避伦理道德承担的借口，简直就是一切非道德书写的"保护伞"。这一时期出现了大量的缺乏道德承担的作品无不与此有关。"打打麻将"、"国家事管他娘"（曾今可），"摸女人屁股"（章衣萍），"文坛登龙术"（章克标）等一时都引起轩然大波。最奇异的要算是金满成的《丑恶臭透》，作者一上来就承认"我这部书实在是一部骗人的书，只要钱骗到手，能够供给我买一套巴黎时装送我的爱人，我一切都不管了"③。承认自己欺骗，因而也就是诚实了，在文章的结尾处，作者自诩比卢梭、托尔斯泰更有勇气，他们的道德观念还是以社会为出发点，而他则完全将社会置之度外，把自己打扮成与虚伪作战的斗士。

　　无独有偶，章衣萍在《倚枕日记》的序中也拿卢梭自比，反复强调自己不粉饰，对于新兴文学要求的写他人和社会不写自己非常不理解，"我真不明白，我是不是也是社会一分子"④。卢梭经常被他们挪用在意料之中，他曾是西方个人主义、自我主义思想发展中的一个关键性人物。不过，在海派作家这里，卢梭同弗洛伊德一样已经极端中国化了。面对 30年代文学中写"最粗俗的，最卑陋的事物"泛滥的现象时，施蛰存提出作家的创作态度应该"高贵"，但是他不会明白这种现象的根源或许正潜

---

　　① ［日］柄谷行人：《日本现代文学的起源》，赵京华译，生活·读书·新知三联书店 2003年版，第 143 页。

　　② 章衣萍：《樱花集》，北新书局 1928 年版，第 59－60 页。

　　③ 金满成：《丑恶臭透》（作者自己印行），1927 年版，第 2 页。金满成即张竞生《性史》中所收《初次的性交》一文的作者"江平"，他也因此被戏称为"小江平"。

　　④ 章衣萍：《〈倚枕日记〉序》，载《倚枕日记》，北新书局 1931 年版。

隐在他所倡导的前两个创作要求的含混性之中："忠实"和"独立"①。个人主义、"生物人"既然是这类真实观的基础，那么革命、平等、解放等集体主义事业要么被歪曲理解，要么被无情嘲讽。穆时英说："我是比较爽直坦白的人，我没有一句不可对大众说的话，我不愿像现在许多人那么地把自己的真面目用保护色装饰起来，过着虚伪的日子，喊着虚伪的口号，一方面却利用着群众心理，政治策略，自我宣传那类东西来维持过去的地位，或是抬高自己的身价。"② 这与其说是诬蔑革命，毋宁说是从个人主义立场来理解革命。林徽因这样解释他的"艺术即人生论"："创作艺术是为人生，却不一定像为人生而艺术派所说的为一般的人生，是为创作者自己的人生。"所谓创作者自己的人生只是名、利或发泄③。章克标则说："人要吃饭，米要钱买，那是顶明白的事情，还有什么话。我以为因了吃饭问题之故而改变主义，并不是怎样可耻的事。"④ 为了吃饭常常改变主义以求作品好卖，是比矢志不渝坚持一个主义的行为更可嘉许，吃饭是比主义（信仰）更重要的事情。如果说这一时期海派文学作品充斥了食与色的描写，那是因为海派作家同时在中国古代典籍里找到了思想依据："食色性也"。

安敏成在考察革命时代的中国小说时说："所有的现实主义小说都是通过维护一种与现实的特权关系来获取其权威性的。"⑤ 但是他没有提到为何非现实主义的作家也经常求援于"现实"或"真实"，这和现代知识体系的建立息息相关。"真实"不止对艺术发生作用，它已经渗透到生活的每个角落，成为一种伦理要求。我们在前面所引的穆时英的话中就能体会到很浓的伦理味道。极具反讽意味的是，作为伦理要求的"真实"恰恰为海派作家进行非伦理写作开辟了绝佳通道。查尔斯·泰勒简略地考察了西方思想中作为伦理范畴的"真实性"的起源和演变："真实性的伦理范畴是某个相对新颖的东西，它是现代文化独有的。它滥觞于18世纪末，以个人主义的早期形式为基础……但是，真实性也在某些方面与这些早期形式相冲突。它是浪漫主义时期的一个产物，对不受约束的理性观点和不

---

① 施蛰存：《如何作文?》，《青年界》1932 年第 2 卷第 2 期。
② 穆时英：《〈公墓〉自序》，载《公墓》，现代书局 1933 年版。
③ 林徽因：《艺术即人生论》，《申报·自由谈》1934 年 1 月 31 日。
④ 岂凡（章克标）：《有主义》，《金屋》1930 年第 1 卷第 11 期。
⑤ ［美］安敏成：《现实主义的限制》，姜涛译，江苏人民出版社 2001 年版，第 8 页。

承认共同体纽带的个人利益至上主义持批判态度。"① 足见在西方真实性也有极丰富的内涵，但有一点是肯定的，真实性并不是唯个人主义是从，置个人与社会关系于不顾，被海派作家反复挪用的卢梭更是如此。真实性与个人主义时常被混淆，"这就是真实性的异型的来源之一"②。海派作家一旦将"真实"建立在个人主义的基础上，无异于在沙滩上筑建高楼大厦，离真正的"真实"也就越来越远。

特里林认为，"有机性是判断艺术及生活之真实性的主要标准，这种信仰毋庸赘言仍然对我们有很大的影响；而当有机环境的恶化引起我们的警觉时，这种影响就更甚。"③ 对艺术和生活真实性的追求，要求作家对恶劣的社会环境保持警惕和批判。海派作家的"真实"观却遮蔽了创作主体的能动性，胡风和周扬都批判了苏汶的"镜子反映论"④，作家的阶级性、政治立场在认识现实过程中的作用被掩盖了。更有甚者，社会（生存要求、环境塑造人）成了作家逃避责任的借口。金满成在渲染丑恶、色情的场景时，大言不惭地说："因为社会有这样的事实，才能供给我这样的材料，才能养得我这样的思想。"左翼批评家的现实主义理论虽然暗含了对作品题材、社会效应的要求，但并非一味划定题材禁区。在他们那里，如何处理笔下的材料才是更关键的问题，它透露了作家的世界观，甚至在选择什么样的题材时即已经表现出来。我们从穆时英的创作变化中也能观察到这一点。在穆时英的后期创作中，早期对阶级差异、社会广度的关注消失了，逐渐狭窄到仅表现资产阶级男女纸醉金迷的生活，其中流露出作者感伤又不乏欣赏的态度。最典型的是作为未能出版的长篇小说《中国行进》的两个部分，1932 年年底开始连载的《中国一九三一》尚有码头、农村场景的描写，并占了相当大的篇幅，及至 1935 年底发表的《上海的季节梦》中，就只剩下资产阶级的欲望交织着作家内心的自我纠缠了。

沈从文在谈到穆时英的创作时说，作者的"多数作品却如博览会的临时牌楼，照相馆的布幕，冥器店的纸扎人马车船。一眼望去，也许觉得

---

① ［加］查尔斯·泰勒：《现代性之隐忧》，程炼译，中央编译出版社 2001 年版，第 29 页。
② 同上书，第 32 页。
③ ［美］特里林：《诚与真》，刘佳林译，江苏教育出版社 2006 年版，第 124 页。
④ 周扬：《文学的真实性》，《现代》1933 年第 3 卷第 1 期。

这些东西比真的还热闹，还华美，但过细检查一下，便知道原来全是假的"①，将其当作"假艺术"的代表。沈从文的批评显然不是源于他对都市物质生活的隔阂，他曾经在上海住过不短的时期，不至于对繁华喧嚣的生活一无所知。事实上，《阿丽思中国游记》里面就记录了作家对洋场生活的不愉快记忆。沈从文看到的是穆时英的"作品于人生隔一层"。沈从文所谓的"真实"是和"人生"相关的，也是一个极广阔的概念，没有堕入到个人主义的狭小空间中。不难发现他对"五四""为人生"文学理想的坚守。然而，此时曾经是"五四""为人生"文学主要发起者之一的周作人也都走上了"性灵"之路，"为人生"即便还被提出来，也失去了其原有的广度，渐渐退缩到个人心灵世界一隅。就以个人主义为基础这一点而言，周作人等人与海派作家之间是有一定相似之处的。在此环境下，沈从文的坚守因而有了种旷世独立的孤独意味。胡风后来试图沟通革命现实主义文学与"五四""为人生"文学——"五四"精神的重要组成部分之间的关联，弥缝两个时代之间的断裂，但是他也遭遇了与沈从文类似的被孤立的命运。在这样的坐标轴上，我们能清晰地看到，海派文学的"真实"观非但与 30 年代左翼文学的"真实"格格不入，而且也驶离了"五四"的轨道。

第二节　左翼文学的反摩登——以张天翼为例

在左翼文学中能够坚持不懈地批判现代社会摩登现象的恐怕非张天翼莫属了，正如胡风所言，作家是"小康之家"的背叛者，非常熟悉这一阶层的人们，"对于摩登化了的小康者们就投下了很轻蔑的一瞥"②。这与他作为一个杰出的讽刺小说家不无关系，但最重要的则是作家对于社会现实的敏锐观察。准确的说法也许是，正是后者使张天翼成就为一个杰出的讽刺小说家，从而在小说技巧上不断进行创新，突破了左翼现实主义的框架。日本学者伊藤敬一将张天翼的小说创作手法与日本文学对照时得出，张天翼"在创作技巧上作了种种大胆的试验。若是对照日本的情况来说，

---

① 沈从文：《论穆时英》，载《沈从文文集》（第 11 卷），花城出版社 1984 年版，第 204 页。

② 胡风：《张天翼论》，载茅盾等《作家论》，文学出版社 1936 年版，第 257 页。

他的这种方法，与其说是'新现实主义'，倒不如说他更接近于'新感觉派'"。但是张天翼并没有走上日本新感觉派那样的道路——"从追求感觉的表现本身去发现美，以近似于艺术至上主义的形式，与普罗文学相对立"。伊藤敬一的解释是，"在中国，现实的条件要比日本严酷，没有产生那种单纯追求美感的欲望和闲情逸致"①。前文曾提及，当张天翼作为新人出现于文坛时，他经常被和穆时英放在一起谈论。不过，当时的这种比较大多侧重于二人的语言方面的自觉，对于张天翼和新感觉派在整体技巧追求上的相似性则无人谈及。最终促使张天翼走上与新感觉派完全不同的文学道路的，还是他对中国现实的关注。

张天翼对摩登的批判首先着力的是其洋化、消费、享乐的一面。《稀松的恋爱故事》中，男女主人公用的是洋味十足的名字——罗缪和朱列，显然是借自莎士比亚笔下的"罗密欧"和"朱丽叶"。然而，他们的爱情不像罗密欧与朱丽叶一般坚贞不渝，而是完全建立在金钱消费的基础上。罗缪从父亲那里继承了一笔"很不小的遗产"，自称为诗人，为的是有别于他所看不起的商人。罗缪爱引经据典，常把外国人名挂在嘴边，不过"厨川白村"被他说成了"厨子什么村的"。他追求"生活的艺术"，要在恋爱中加入"灵"的因素，所谓"灵"只在于"公园"、"猪股癞糖"、"甜酒"、看电影、"Pignig"——"Picnic"在罗缪口中的读音，他很喜欢在话中加一些跑调的英语；在于洋饭馆"艺术的名字"；在于从女朋友的头发里"找出不得癫儿式半个世界来"。当然，他最熟悉的还是"耗痢窝"电影和女明星的名字，一开口夸女朋友时想到的就是它们。两人在洋菜馆吃完西班牙菜，男的给女的写了首诗："绿色之烟/摇头幌脑之青春/蔷薇馆之夜！"朱列虽然看不懂，但是很高兴。两个月后两人开始同居，在小说结尾，作家为他们开了个详细的账单，"共计用银一千五百余元，费时一万二千三百八十四小时"，所谓"灵肉结合"的爱情只是有钱有闲阶级的享受罢了。

《稀松的恋爱故事》同时讽刺了当时专写摩登男女肉麻恋爱故事的小说，通篇是对这类小说的戏拟。作者一开篇即声明："这故事不动听，既没什么曲折，也没四边形恋爱或五百六十七边形恋爱。"与其说张天翼在

---

① 伊藤敬一：《张天翼的小说和童话》，载沈承宽、黄侯兴、吴福辉编《张天翼研究资料》，中国社会科学出版社 1982 年版，第 447－449 页。

写这篇小说时心里想的是张资平的三角四角恋爱小说，不如说是张若谷、中国新感觉派等作家的都市小说。小说中，当写到朱列自恋地注视着自己的手时，作家突然插话说："多好的一只手！只是对不起，我不大会描写这类的东西。要是你有那些好听的形容词，你只管堆上去得了，譬如像：细腻，白皙，丰满，红润，纤巧，玲珑，玉似的，大理石似的，Etc.，etc.。"① 可以看出，张天翼对这类海派都市小说是熟稔于心的，无论是文中镶嵌英文、模仿西方颓废派、形容词堆砌，还是在西方消费品中寻找"生活的艺术"，都抓住了这些作家生活或作品的典型特征。第三章曾经论述过"摩登主义"文学不啻为一种时尚、商品的美学，华丽词语的堆砌、镶嵌外文、新鲜的句式在其中充当了关键的作用，甚至外文翻译也要竭力传达一种美感。张天翼则是反其意而用之，在翻译外文时有意挑选音近的汉字组合以达到滑稽、可笑的效果，揭露出它们的病态，达到反摩登的叙述效果。如"巧克力"在新感觉派作家那里常被写成"朱古律"或"朱古力"，叶灵凤有篇小说就直接命名为《朱古律的回忆》，张天翼有意改译为"猪股癞"；"电影"被《玲珑》的编者音译为"幕味"，作为刊物固定的栏目名称，张天翼则把"好莱坞"改译为"耗痢窝"等。这种语言上的自觉可以说贯穿了整个 30 年代张天翼的小说创作，如果说海派都市作家刻意为这些事物涂抹上一层神秘、神圣、高尚的光辉的话，张天翼则驱除了蒙在它们上面的魅影，还其真相。

茅盾在谈到 30 年代的都市文学时认为，"消费和享乐是我们的都市文学的主要色调"，它是上海畸形繁荣（发展的是"娱乐的消费的上海"，而非"工业的生产的上海"）在文学上的反映，"也是作家一部分生活的反映"。茅盾指出，"到作家的生活能够和生产组织密切的时候，我们这畸形的都市文学才能够一新面目"。② 在另一篇文章中，茅盾有感于都市文学题材的逼仄，呼吁作家们来进行"机械的颂赞"："我们有许多描写'都市生活'的作品，但是这些作品的题材多半是咖啡馆里青年男女的浪漫史，亭子间里失业知识分子的悲哀牢骚，公园里林荫下长椅上的绵绵的情话；没有那都市大动脉的机械！"③ 呼吁作家"和生产组织密切"与"机械的颂赞"，在茅盾那里都不是简单地要求作家生活和创作题材上的

---

① 张天翼：《稀松的恋爱故事》，载《小彼得》，复兴书局 1936 年再版，第 84 – 108 页。
② 茅盾：《都市文学》，《申报月刊》1933 年第 2 卷第 5 期。
③ 茅盾：《机械的颂赞》，《申报月刊》1933 年第 2 卷第 4 期。

拓展。"机械的颂赞"包含着对工人阶级的颂扬，正是他们掌握着"都市的大动脉"，也是都市进步的原动力。茅盾在批评上指出了海派都市文学的缺陷，张天翼则通过自己的作品更加具体、深刻地实现了。

　　同时，张天翼也揭露了摩登"虚假"的一面。《洋泾浜奇侠》尽管将一心梦想侠术救国的史兆昌作为主角，但和他身边的人相比，他的救国热诚至少是真实的。作家讽刺了一批打着"救国"名号的名流阔佬，借机敛财或满足自己的私欲。"名流绝食救国会"的提倡者刘六先生所谓"不吃饭"，只是不吃米饭，其他如荷包蛋、牛奶、可可茶一样不少，甚至花样上比平时还丰富。他还成立了一个机构庞大的"征夷募款委员会"，把自己的儿子安插在里面，鼓吹自家人应当团结、工人要牺牲一些，但是募来的钱全用于他们自己的花销。小说里最摩登的人物当是何曼丽了，她经常有照片登在画报上，也是喜欢在话中夹带跑调的英语，什么"觅色死"（太太）、"觅死脱"（先生）、"屁呀诺"（钢琴）、"那么瘟"（第一）、"摩登狗儿"（摩登女郎），然后在句尾再加"啦"。她一面用脂粉掩饰衰老，安慰自己："这就是我们的摩登新文化"；一面担任"摩登爱国歌舞团"编剧主任兼交际股主任，借女色与"爱国"之名骗男人的钱财供自己挥霍享乐，这就是"摩登新道德"①。"爱国"或"救国"在这些人物这里不仅被时髦化，而且被别有用心地用来谋一己之利。

　　作为知识分子，张天翼当然对自己所处的这个阶层也有着深刻的洞察。作家经常刻画的是一批"颓废"的"作家"或"艺术家"，《鬼土日记》中给人留下最深印象的便是这些人物。身体强壮的颓废派文学专家司马吸毒想尽一切办法使自己变得神经衰弱和病态，在他看来，"病态呀！——一个最现代的东西"，他忍受着痛苦学喝酒和抽鸦片，因为"鸦片"经常出现在"矮冷破"（爱伦·坡）和"不得癫儿"（波德莱尔）的诗里。鸦片枪、罂粟花、酒精，还有黑纸做的"恶之花"甚至被用来布置这位颓废派诗人的婚礼现场。更可笑的是极度象征派文学家黑灵灵，即使日常谈话也是连他自己都不明白的词语堆积，像"我铅笔的灵魂浸在窈窕的牛屎堆里了"之类②。《鬼土日记》使用了夸张、漫画化的手法，司马吸毒和黑灵灵们的戏剧性的"颓废"表演也不易与某些中国作家对

---

① 张天翼：《洋泾浜奇侠》，新钟书局 1936 年版。
② 张天翼：《鬼土日记》，正午书局 1931 年版。

号入座，到了《蜜味的夜》中，作品的针对性则强了很多。一帮都市作家围绕在豪阔的金维利左右，在他们组织的"Salon"里，为着金钱、名誉、女人争吵不休。其中有被称为"都会的忧郁之虫"的丁闻紫先生，满嘴洋汉混杂的话；有为词句"专利"当面互相攻讦抄袭的"上海横光"和"媚娴先生"。然而，他们在观看金维利对蜜蜜的性虐待表演时，在开导蜜蜜"放现代化一点"时，又找到了共同爱好，结成了共同利益集团。在这篇小说中，无论是"上海横光"这一外号还是作品中所举的那些句式，如"堇色的色情之梦"、"椰子味的眼睛"、"亚热带的色感那么地冒着奶油色的 Peppermint 之味的一颗慧星似的十九岁的年轻的心"，都很容易让人联想到中国新感觉派作家及其作品。其实，这些夹杂外文、堆砌华丽词语的句子为整个沙龙文人所共享，金维利、丁闻紫等一开口也是"Saxophone 吹出绿色的 Waltz 调子哪"、"发嗄的声音是性感的：有亚热带的恋之味——二十世纪的绿色兴奋剂"之类的句子①。这便是中国现代自称"Modernist"、为了稿费可以在"Freudism"和"Mysticism"之间两面摇摆的文人们的逼真画像。

值得注意的是，张天翼讽刺的并非是颓废，而是这些人的伪颓废，即把西方颓废派艺术当作一种时髦进行肤浅、刻意的模仿，结果只蹈袭了西方颓废派的感官放纵，过滤掉了其精神上的深刻苦闷与反抗。事实上，张天翼对真正的时代颓废意识有相当的认识，也是持同情和理解态度的，就在《鬼土日记》创作前数月，作家曾写出了一篇重要的小说《从空虚到充实》（1936 年收入《畸人集》时改名《荆野先生》），其中包含着作家对现代人精神苦闷、颓废的深刻思考。主人公荆野可以被视为一个符号，代表了颓废与进取之间的一种可能性，小说的开放性结局说明了这一点，荆野有可能在奋斗之后再次消沉，也有可能在消闲安逸的生活中沉沦。小说中始终充满着几种不同思想之间的紧张对话，但是作家并未简单地以荆野的朋友——集团性的、为人类的戈平的思想来批判荆野，戈平这个人物在小说中甚至没有直接出现，他只是存在于别人的叙述中。荆野对自己当下的生活非常不满，但是他对自己痛苦和希望也不大能说清楚，他颓废的原因是"怕生活太平淡，太单调，于是需要一点刺激"。荆野对革命和颓废一样既向往又怀疑，有时以为自己的神经衰弱是现代病，"在咀嚼时代

---

① 张天翼：《蜜味的夜》，《文学》1936 年第 6 卷第 4 期。

的苦味"，"是抓住着现代的中心"；有时又以为自己的苦闷源于抓不住时代的中心。朋友戈平的死以及自己受牵连入狱的经历让他看到了自己的懦弱，"我们即使发见了时代，我们有勇气跟他跑么？"也许荆野意识到了现代的精神问题不可能仅仅在思辨中解决，更需要的是作出行动，出狱后他决定"要给人类做点事"，首先"葬"掉了身边的那些颓废派的书和画。张天翼并没有让荆野变成一个戈平一样的人，他仍然表现为几种不同的可能性，这在左翼文学中是很难能可贵的。相反，作家在面对荆野的决定时，借其他人物之口冷静地道出了自己的担忧："太热烈了，一下子碰到冷，会什么，会冷得比什么都冷的。"① 这个判断很容易让人想起鲁迅所说的"非革命的急进革命论者"，以及早在《上海文艺之一瞥》中就说过的话："激烈得快的，也平和得快，甚至于也颓废得快。"

《从空虚到充实》和《鬼土日记》大异其趣，一个最明显的例子是，在前者中，所涉及的西方唯美、颓废派作家名字用的全是英文，如Wilde、Baudelaire 等，而不像《鬼土日记》中全译成了丑陋、可笑的汉字组合。这不能归诸为作家思想的转变，很难想象作家思想能在前后几个月的时间内发生这么大的变化。根本上决定作家态度不同的，是荆野与司马吸毒、黑灵灵之间的本质差异。司马吸毒们是假颓废，他们的颓废中全然没有生命庄严、困惑、挣扎与思考，而荆野的颓废则出自对时代、自我的真正困惑。

在《从空虚到充实》中，张天翼对"modern"给出了一个别出心裁的翻译："矛盾"。在荆野身上反映出了现代知识分子的矛盾和苦闷，就此而言，作家也抓住了现代社会的矛盾性和复杂性。当时也有人建议将"摩登"改译为"矛盾"，特罕在《摩登与矛盾》里说道："'摩登，矛盾；矛盾，摩登'。摩登是演进的，矛盾是抵触的。没有抵触，自无需演进；既不演进，又何致抵触？……也有许多人把摩登看做浪漫的代名词，所有男女浪漫的行为一概叫做摩登。实则浪漫是一种矛盾生活的反映，摩登是不负完全责任的。为了替摩登不平的原故，顶好将摩登就译作矛盾；可以含着双重的意义。"② 不过，特罕显然某种程度上还是将"摩登"与"现代"混淆了，摩登被当作了"演进"，是社会发展的必然趋势。他将

---

① 张天翼：《从空虚到充实》，现代书局 1933 年再版，第 57－124 页。
② 特罕：《摩登与矛盾》，《新社会杂志》1931 年第 1 卷第 1 期。

"摩登"改译为"矛盾"也带有很强的为摩登正名的意图。事实上，即使是现代社会的"矛盾"，不同的人理解也是不同的，《稀松的恋爱故事》中的摩登男女也奢谈"矛盾"，然而，人生的矛盾被理解为譬如有胃病不能喝甜酒。张天翼则对现代社会、人生的矛盾乃至颓废思想都有深入的思考，通过小说，作家向我们证明矛盾、颓废是很严肃的，并非浮浅的自我哀怜可以涵盖。厨川白村曾经批评日本文坛产生不了像阿尔志拔绥夫《沙宁》那样的作品，因为缺少"深刻底苦闷与绝望"①。这个判断的出发点与张天翼是极其相近的。

在《从空虚到充实》之后的作品如《猪肠子的悲哀》、《找寻刺激的人》等中间，张天翼明显增加了讽刺的锋芒，也是因为作家看到了在中国很少有带着深刻苦闷与绝望的颓废。张天翼对颓废的区分对待，在左翼文学中是独特的。"颓废"在这一时期几乎成为左翼文学的题材禁区，原因不单是由于接受了马克思主义。卡林内斯库认为，"在马克思或恩格斯的著作中，没有一处可用来支持这样的观点：在没落的社会形式和艺术的颓废之间存在严格的平行对应关系"。中国左翼文学对待颓废文学的严苛态度或许与接受普列汉诺夫的艺术论有关。在卡林内斯库看来，普列汉诺夫对于现代文学中颓废的指责"都更接近于某种十九世纪的俄国思想传统，而非马克思主义的精神"，其核心是一种"最严厉的道德指控"。"马克思宽泛而灵活的经济还原论在普列汉诺夫手中已经公开而彻底地变成了政治还原论，从而明确宣告了文学标准的政治化，这种政治化将成为社会主义现实主义文学理论与实践的标志"②。冯雪峰在1929年即翻译了普列汉诺夫的《艺术与社会生活》，列为"科学的艺术论"丛书之一种由水沫书店出版。应该说，普列汉诺夫在这本著作中有着不少洞见，例如对"为艺术而艺术"派产生的社会基础的分析，尤其是对于资产阶级个人主义作为社会思潮和"美学基础"的分析，后者可以直接拿来批判海派文学的"真实"观："人一到以为唯一的'现实'是他自己底'自我'这样的时候，他就不能允许在这个'自我'与围绕着它的那外界之间有客观的'理智的'换言之就是合理的联络存在。……世界在他看来是'无

① ［日］厨川白村：《文艺与性欲》，载《近代日本文艺论集》，韩侍桁译，北新书局1929年版，第179－180页。
② ［美］马泰·卡林内斯库：《现代性的五副面孔》，顾爱彬、李瑞华译，商务印书馆2002年版，第213－219页。

意义的偶然'底王国一样吧。"但是，普氏在宣称"颓废期底艺术，是不可不是颓废（Decadent）的"的时候，的确有些草率和操之过急。社会生活及其艺术表现被描述为直接的对应关系，就像"林檎的树必生林檎，梨树必结梨子"一样。卢那察尔斯基只是部分同意这种观点，同时指出"在立在资产阶级的见地上的艺术家之间，有着正在动摇的人，对于这种人必要的是说服，不是委诸资产阶级的影响底自然的力"[①]。

这一时期的左翼文学批评中依稀能够窥见普氏"政治还原论"艺术观的影子，在对茅盾《蚀》三部曲的批评中，就不乏简单、机械、粗暴地套用马克思主义意识形态批评的例子。直到《子夜》中，茅盾仍然对颓废、性有着描写的兴趣，正如黄子平先生指出的，作家将它们分散在长篇小说中、采取的又是批判的立场，从而获得了某种书写的合法性[②]。同样，左翼文学界对张天翼的《鬼土日记》、《洋泾浜奇侠》等作品往往也加以"空想"、"幻想"、"失败"之类的批评[③]，《从空虚到充实》等则被认为表现了"同路人的倾向"[④]。事实上，张天翼的作品不是空想与幻想的"科学实验室"，而是在夸大中显形的现实世界，它们是以小说形态出现的鲁迅式的杂文。

第三节　国货运动、新生活运动中的 "摩登破坏团" 事件

1934 年 3 月 25 日，杭州出现所谓的"摩登破坏铁血团"，"用镪水在各游艺场密洒男子西装，女子艳服。二十六日晚，各报接到宣言，谓提倡国货，破坏摩登，活动成绩，已毁去摩登服装一千余件，社会大为震

① ［俄］蒲力汗诺夫：《艺术与社会生活》，雪峰译，水沫书店 1929 年版，第 126－127、155、163 页。

② 黄子平：《革命·性·长篇小说——以茅盾的创作为例》，载陈炳良编《中国现代文学与自我》，香港岭南学院中文系 1994 年版，第 15－33 页。

③ 李易水：《新人张天翼的作品》；董龙（瞿秋白）：《画狗罢》，《北斗》1931 年创刊号；胡绳祖：《"健康的笑" 是不是?》，《文学》1935 年第 4 卷第 2 号。

④ 李易水：《新人张天翼的作品》，《北斗》1931 年创刊号；钱杏邨：《一九三一年中国文坛的回顾》，载《现代中国文学论》，合众书店 1933 年版，第 94 页。

惊!"① 事件发生后，时任行政院长的汪精卫特致电杭州当局，"主张以严厉的法律，制裁这班暴徒"②。摩登破坏者是民族英雄还是暴徒似乎立即有了定论，然而，"摩登破坏团"事件发生于 30 年代如火如荼的国货运动和新生活运动之中，正是这样的社会环境赋予了其行为的正当性。甚至于在其行为方式上也可以隐约看到某些政治事件的影子，如自称为"上海影界铲共同志会"的组织在 1933 年 11 月连续捣毁艺华影片公司、良友图书公司、神州国光社、光华书局等文化机构后，也是散发一些宣言和书面警告③。二者手法上基本如出一辙，"摩登破坏团"或许受了后者的启发也未可知。在由该事件所引发的讨论中，抛开其采用的手段是否得当问题不谈，对于事件本身的意义不乏同情者，相当一部分同情者认同了其提倡国货的动机。所以，应当从新生活运动和国货运动两个角度来观察摩登与它们的关系。

一 国货运动与摩登

20 年代后期，虽然"国货运动的主要动力仍是以民族资产阶级为中坚力量的各阶级、阶层的进步力量"，但是政府和有关机构开始更多地参与和组织各项国货活动，标志着国货运动进入了一个新的时期。国货运动的升温直接源于国货企业、国内经济的困境。受 1929 年世界经济危机和金贵银贱的影响，在 1929－1932 年间，中国对外贸易逆差扩大。此外，日本对东三省的侵占和国内连年的灾荒，都影响到国货的销售市场，国货企业面临日益严酷的生存环境④。1933—1936 年的每个年份，分别被命名为"国货年"、"妇女国货年"、"学生国货年"和"市民国货年"，甚至还有"儿童国货年"之说。国货运动机构借助大众媒体，试图通过强大的宣传力量，把社会各阶层调动到国货运动中来。

其实，国货运动和摩登时尚并非完全对立，水火难容。一方面，国货运动需要依赖于摩登风气拉动商品消费。如三星棉织厂的一则广告，宣扬其发行的礼券"有劝人爱用国货之功"，同时声称"一二八电光布，九一

① 曾迭：《摩登破坏》，《十日谈》1934 年第 25 期。
② 曾迭：《"摩登破坏"的重演》，《人言》1935 年第 2 卷第 23 期。
③ 柳叔：《第二次国内革命战争时期国民党反动政府是如何进行文化"围剿"的》，载张静庐辑注《中国现代出版史料乙编》，中华书局 1955 年版，第 52－54 页。
④ 潘君祥主编：《近代中国国货运动研究》，上海社会科学院出版社 1998 年版，第 33－34页。

八中山呢摩登女子最喜"①，标榜其产品的时髦。类似这样脚踏"摩登"和"国货"两只船的广告绝非少数，"第一牌牙刷"打出了"国货第一牙刷"的广告语，一语双关，同时不忘加上一句"系仿美国最新式牙刷制造"②。有些国货则是抓住了市民"崇洋"的消费心态，将牌子起得带有"洋味"，如"亚浦耳电器"的广告词为"著名国货"，但从牌子上看很容易被认为是洋货③。时装表演也是国货运动中最常用的宣传方式之一，在1934年"妇女国货年"之际，"上海妇女国货宣传大会"便在市商会举行了时装表演。更重要的是，"近代中国国货运动所采用的一些理论和方法，不少是借鉴了当时西方国家（包括日本）的'舶来品'"④，所以也难逃"摩登"之讥。另一方面，由于"摩登"大多是"舶来"，而且主要是由洋货承载的，那么，国货与"摩登"洋货之间又必然存在着矛盾与竞争。"摩登破坏团"正是从这样的逻辑出发去破坏"摩登"的，企图达到提倡国货的目的。

30年代中国国货运动虽然开展得声势浩大，但是效果却差强人意。1933年"国货年"行将结束时，"人们回顾这一年国货工作的成效及教训时，发现进口用品依然大量增加"，其中进口化妆品的消耗尤为突出。基于这样的事实，国货提倡机构才决定把第二年定为"妇女国货年"⑤。《近代中国国货运动研究》一书未提及"妇女国货年"的运动成绩，实际上，这一年中"妇女用脂粉香水化装品之类的输入，有超过前二年的统计"⑥。从实际成绩上看，提倡国货似乎难敌市民对"摩登"洋货的追逐欲望。其中的原因固然很复杂，除商品价格、质量等因素外，国货对"摩登"的依赖也是很重要的原因。整个国货运动也给人以强烈的"摩登"之感，国货商家总是利用最新的社会事件为自己造势。如"九一八"后，上海的"中国福昌烟公司"出品了"马占山将军香烟"；"九一八"周年纪念期间，由九家国货商场各出两种国货共十八种商品，举行为期一周的廉卖活动，寓"'九一八'一周年"之意，被时人称为"九一八商场"。二三

---

① "三星棉织厂"广告，《申报月刊》1932年第1卷第3期。
② "第一牌牙刷"广告，《申报月刊》1933年第2卷第2期。
③ "亚浦耳电器"广告，《申报月刊》1932年第1卷第1期。
④ 潘君祥主编：《近代中国国货运动研究》，上海社会科学院出版社1998年版，第51页。
⑤ 同上书，第321－322页。
⑥ 岂凡（章克标）：《提倡国货》，《人言》1934年第1卷第44期。

十年代，类似"醒狮牌"、"强国牌"、"勇士牌"的国货品牌也屡见不鲜①。

此外，此时所谓的"国货"有不少是从外国购置原材料仅作简单的加工而成，难以称得上真正的国货。"国货"这一名目也容易被随意挪用，洋货也能很轻易地摇身一变而为"国货"。因此，在商品广告中就能看到"唯一国货"、"完全国货"等字样，但很难保证这些字样不同样被盗用。如大华铅笔厂在《中华月报》上所登广告中称其出品的双箭牌铅笔为"唯一国货"，并附有国民政府国货证书及汪精卫、吴铁城等多位政治人物的题词②，颇令人信服。然而，仅隔两个月，在同一份刊物上，华文钢笔厂的燕牌铅笔即声称"各团体证明完全国货"，同时刊出厂中锯板部、削平部、油漆部等部门的照片③，也有相当强的说服力。只要稍将两广告对照，即能发现其相互抵牾之处。产品争相以"国货"抬高身价，最终贬值的恰恰是"国货"这个名目。

知识界尽管对国货运动的方法、成效不乏怀疑与批评，但真正质疑国货运动本身的声音并不多见，大多数人认可其为救国的一种途径。然而，正如民族主义有时以民族矛盾掩盖民族内部矛盾一样，国货运动对国内阶级差异视若无睹，甚至会加大这种差异。只有认识到这一点，才能看到国货运动的真正缺陷所在。马国亮曾经写过一篇关于国货的文章，因为与主流声音不符，"报馆老板又怕影响广告上的收入"，文章最终未能发表。据作者交代，他想表示一个"怀疑"："靠国货赚了钱的人们会不会去买洋货的汽车？"④ 有人则看得更为透彻，"提倡国货是什么？不过帮助国内若干资本家赚钱而已"⑤，即是觉察到国货运动会掩盖国内矛盾，甚至强化国内阶级不平等的事实。

社会上层阶级是摩登物品的消费者和摩登风气的领导者，以脂粉、香料等妇女用品为例，"这些舶来的消耗品，大都消耗于上海一埠底贵族化的家庭及一般摩登妇女的身上。然而，以前轰轰轰地高呼妇女国货年的不

---

① 潘君祥主编：《近代中国国货运动研究》，上海社会科学院出版社1998年版，第239－240页。

② "大华铅笔厂"广告，《中华月报》1934年第2卷第10期。

③ "华文铅笔厂"广告，《中华月报》1934年第2卷第12期。

④ 马国亮：《偷闲小品》，良友复兴图书有限公司1940年版，第58页。

⑤ 《国货提倡》，《十日谈》1933年第11期。

就是这些妇女吗?"① 所以真正的反摩登应当针对这些人，而非一般民众。有人对"摩登破坏团"的行为持褒扬态度，不过同时指出"摩登的风气，既然是发源于有产阶级和享乐阶级者，若只剪破几个为生活而摩登化的女子的衣服，究能发生多大影响呢?"② 左翼文化界持这种观点的不少，徐懋庸在《摩登之破坏》中写道："摩登破坏团之破坏摩登衣服，是除妖救国也，厥功不可谓不伟。然而，国家之亡，与妖孽之生，其因果关系若何，我们还不得而知。""况且，服装不过是妖孽身上的附属物，……剪刀虽利，割不断虚荣之念，镪水虽烈，蚀不尽奢侈之欲。""按之实际，摩登之破坏，并不待摩登破坏团之动手，在摩登社会中，除了少数有产阶级的男女，真正过着享乐的摩登生活以外，其他多数的摩登模仿者，在精神上身体上实随时受着自然的破坏"。③ "摩登破坏团"的行为本来是为有产阶级和享乐阶级（国货生产商和销售商）利益服务的，自然不能奢望它去反抗他们。它的矛盾性集中体现在两个方面：一是该事件发生在杭州，而非摩登风气最盛的上海；二是该团针对的是摩登衣服，而非如汽车等用品。实际上，"棉纺织业是近代中国最大的进口替代工业"，在 30 年代尤其如此，当时"国货加上参国货，约占棉纱棉布国内产量的 80% － 90%"④。这两方面证明了所谓"摩登破坏团"的背后是强大的经济利益驱动力，它不可能真正地触动社会阶层秩序。

二　新生活运动与摩登

新生活运动在许多方面都与国货运动有相似之处。如果说各种名目的"国货年"的动机在于把社会各阶层都动员到国货运动中，那么，新生活运动在这方面做得更为细致。由叶楚伧主编的"新生活丛书"计 40 种，其中多数被冠以"××的新生活"的书名，按照读者对象的社会职业和年龄等划分出若干小类，涵盖中国国民党党员、青年、店员、银行行员、农民、文艺家、戏剧家、电影家、音乐家、劳动者、妇女、县长、士兵、宪兵、警士、校长、教育家、军官、公务员、政务官等，《儿童的新生

---

①　任白戈：《明年又叫什么国货年呢?》，《申报·自由谈》1934 年 9 月 2 日。

②　树三：《摩登破坏团》，《十日谈》1934 年第 25 期。

③　徐懋庸：《摩登之破坏》，《申报·自由谈》1934 年 4 月 17 日。

④　所谓"参国货"，是指在华外资企业的产品。这些企业虽然资本为外国人所有，但其原料的大半，工人绝大多数是中国的。参见潘君祥主编《近代中国国货运动研究》，上海社会科学院出版社 1998 年版，第 242—243 页。

活》也赫然在列。和"儿童国货年"的名目一样，连儿童也未能逸出它们的整体计划。国货运动利用民众的爱国、救国热情，把消费国货与救国、爱国连接到一起，这样，民众就通过消费活动和爱国、救国这些宏大叙事发生了关系，日常生活因此超越了平庸，升华为整个民族国家宏大建制的一部分。新生活运动运用的也是同样的逻辑，不同之处在于，它试图统驭生活中衣食住行等各个层面，以期达到真正的中央权力的渗透和掌控。它调动从中央到地方层层管辖的权力网，来势更加迅猛。二者不约而同地求援于民众的民族主义热情。从这些相似点出发，不难理解在 20 年代后期政府为何会更多地介入到国货运动中去。

蒋介石在其所著的《新生活运动》一书中，开宗明义地指出："新生活运动者，我全体国民之生活革命也。"就新生活运动中对生活中衣食住行各方面的详尽规定以及中央权力试图向下层民众生活渗透两点而言，这个说法恰如其分。在新生活运动的重要文献《新生活须知》中，关于衣食住行有如下的规定："食具须净，食物须洁，要用土产，利勿外溢"；衣服"莫趋时髦"、"料选国货"、"体勿赤裸"；住屋"建筑取材，必择国产"；行要"应酬戒繁，嫖赌绝迹"[1]。其中非常明确地倡导国民使用国货，抵制时髦、摩登。有人把新生活运动中北平警察纠正奇装异服与一年前的"摩登破坏团"事件相提并论[2]，也就不足为奇了。

虽然新生活运动的文献从现代角度重新阐释了"礼义廉耻"，并以此作为新生活运动的指导精神，但还是很容易勾起人们对封建旧道德的记忆。在新生活运动的荫护下，读经、祀孔、参禅、念佛等一系列活动卷土重来，甚至于一些封建迷信活动也借机死灰复燃。如在上海江湾"被禁止举行的刘三老爷神会"也"沾'新生活运动'的光而破例举行了"[3]。新生活运动本想形塑一个新的社会秩序和生活景观，岂知孕育出了 30 年代社会中的复古思潮。"摩登破坏团事件"无疑也从整个社会复古思潮中汲取了养分。鲁迅在文章和书信中曾两次提及"摩登破坏团"事件，所持的态度基本一样，都是从中看到了整个社会的复古逆流。在 1934 年 4 月 9 日致姚克的信中，鲁迅将"摩登破坏团"成员讽称为"小英雄"：

---

① 蒋中正：《新生活须知》，转引自关志钢《新生活运动研究》（附录二），海天出版社 1999 年版，第 288 – 289 页。

② 曾迭：《"摩登破坏"的重演》，《人言》1935 年第 2 卷第 23 期。

③ 凌君：《"三月廿八"在江湾》，《一周间》1934 年第 1 卷第 1 期。

"今又有一班小英雄，以锱水洒洋服，令人改穿袍子马褂而后快，然竟忘此乃满洲服也。"① 随后，鲁迅又有感而发，写作了《洋服的没落》，注重的还是其反现代的一面。在反摩登的幌子下，新文化运动以来所取得的社会进步也被殃及，广州政治研究会的张之英、范德星就曾提议禁止男女同泳②。

新生活运动是国民党政府当时推行的文化统制、经济统制政策向生活领域进一步扩展的表现，实际上是一种生活统制。当时有人也把德、意正在进行的国家社会主义运动比附为新生活运动，也是看到了二者之间的相似性，如韦愿的《德国新生活运动概述》③，张若谷在游历欧洲途经意大利时也没忘记歌颂一下其"新生活运动"④。从生活统制的角度出发，可以看到新生活运动对摩登的抵制主要不是源于其时髦与享乐，而是其个人主义的精神实质。在以集团主义反对个人主义这一点上，左翼文学和民族主义文学表现出某些相似性。在"新生活丛书"中，洪深、王平陵、陈衡哲等人几乎同样表达出对浪漫的、个人主义的思想的反感。洪深所著的《电影界的新生活》一开始就批判了游戏的、纯艺术的从事电影事业的目的，后者——"一个纯艺人"，"是一个潜意识的个人主义的动物"。作者认为中国电影的正途是"鼓动人民底民族革命的精神，反帝御侮的情绪，以自求生存"；"鼓吹那集团合作的组织，计划统制的经济，以增进生活"。洪深最后忠告电影界的从业者："我们不可再过着像昨日那样'浪漫'，无目的，无计划的生活了。"⑤ 王平陵的《文艺家的新生活》专辟一节谈"礼拜五派文艺给予国民生活的毒害"，"礼拜五派"一词借用自鲁迅，指"蒙着一件新的外衣的极端个人主义的文艺"。在作者看来，这派文艺给青年的毒害甚至胜于礼拜六派，"使中国青年堕落，颓废，至于不可救治"。"个人主义"是"实现我们主义的最大的障碍"，今后的文艺家必须向"集团意识的中心主义"进发⑥。

有意思的是，丛书中的两位女性作者对"浪漫"的、摩登女性也是严加批判。傅岩在《妇女的新生活》一书中，将新式妇女几乎等同于摩

① 《鲁迅致姚克（340409）》，载《鲁迅全集》（第12卷），人民文学出版社1981年版，第379页。

② 《插图：男女不准同浴》，《十日谈》1934年第33期。

③ 韦愿：《德国新生活运动概述》，《中华月报》1935年第3卷第3期。

④ 张若谷：《游欧猎奇印象》，中华书局1936年版，第102 - 103页。

⑤ 洪深：《电影界的新生活》，正中书局1934年版，第5、10、75页。

⑥ 王平陵：《文艺家的新生活》，正中书局1934年版，第49、54、91页。

登女性，"许多新式妇女，浪漫成性"，"专讲究装束，以妖艳为美观，此种风习的结果，不仅损害妇女本身道德，其影响所及，且使国家利权外溢"①。陈衡哲则是小心地区分了"真正解放了的妇女"和"但知浪漫与放纵的自私女子"的不同，"放纵与解放，乃是所谓'失之毫厘差之千里'的两件事"。"解放……是人格的向上和精神的愉悦，这正与放纵的时髦女子相反。放纵者的自由与快乐，是都在物质方面的，是都在他人的环境的掌握中的。"② 以上作者的思想倾向差别很大，每人对新生活运动的理解也不尽相同，但他们几乎无一例外地否定了"个人主义"的、"浪漫"的生活态度。"浪漫"不再带有"五四"时代的凌厉、进步色彩，一时间成了"颓废"、"放纵"、"摩登"的同义语。

和国货运动一样，新生活运动某种程度上又不得不依赖于"摩登"，尤其是当新生活运动造成的复古思潮抬头时，国民党政府必须表明自己的进步立场。在新生活运动的宣传中，政府也借重明星的名气来扩大影响力，也像国货运动一样，但凡名人，从政治人物、抗日英雄到电影明星，无不被搬来助阵。最得宠的明星恐怕要数被称为"美人鱼"的游泳名将杨秀琼了。杨秀琼因为在远东运动会上成绩出众，重要的是她同时拥有一副健康、美丽的外表，成为报刊媒体竞相追逐的对象。她既被视作民族英雄，又被当作了此时政府提倡的体育救国精神的化身，从远东凯旋归来后旋即被请到了南昌新生活运动成立大会的现场③。然而，杨秀琼的形象与新生活运动还是有差距的，有人巧妙地指出参加新生活运动成立大会的杨秀琼的服装与发式都与新生活运动要求不符，其"别出新材"的服装与"波浪式"的发型毋宁说代表了摩登女郎的身份，以新生活运动的标准看来，不啻为"奇装异服"④。更重要的是，正如前面指出过的，社会上层阶级才是摩登风气的制造者，国民党政府希望反摩登却又避谈阶级不平等，最终只能是陷入悖论之中，或者流于一种姿态。

"摩登破坏团"事件本身带有很强的戏剧性，以至于《小说月刊》将其收入该刊的"并非小说"栏。同时被录入的另一则事件与此有相似之处：一男子潜入前妻（一位永安公司的女职员，号称康克令皇后）的房

① 傅岩：《妇女的新生活》，正中书局1935年版，第63、67页。
② 陈衡哲：《新生活与妇女解放》，正中书局1934年版，第10、43页。
③ 滕树毅、徐心芹：《全国运动会十二国手印象记》，《十日杂志》1935年创刊特辑。
④ 高廷章：《替杨秀琼的服装担心》，《十日谈》1934年第36期。

间毁坏衣服时被抓，在捕房里他申辩说："没有华丽衣服便不摩登，不摩登便没有浪漫，不浪漫必难滥交异性，不滥交异性可免她堕落，我毁坏她的衣服，皆因我心爱她。"①　这样的逻辑虽然很好笑，但是就把"摩登"、"浪漫"、"堕落"、"滥交异性"这几者等同来看，他的想法在当时却相当有普遍性。只要"摩登"的恶名不除，对摩登的破坏就不会停止。在"摩登破坏团"事件发生五年以后，我们还可以在香港看到其微弱的回声，两男女衣服被人用镪水射毁②，其手法与"摩登破坏团"如出一辙。虽然这一次它的背后可能没有国货运动之类的驱动力量，但也不能简单被视作"恶作剧"，它从侧面也反映了社会上对"摩登"的态度。

第四节　尾声："全盘西化"、"中国本位的文化建设"与现代化

　　如何建设中国现代文化是自新文化运动发生以来一直缠绕知识分子的难题，其中牵涉到一系列的问题，包括对中国现实的认知和判断，怎样评价和重估中国过去的文化与历史，如何面对西方文化等。最后一个问题尤为关键，即如何认识中西文化的关系，这个问题本身就是现代的，不仅是指现代文化之间广泛交往这一事实，在现代非但中国，所有以国别或地域限定的文化也都难以保存其"原初性"，更重要的是，中西文化不是处于权力对等的地位上对话，西方文化不只是中国确立自我时所必需的异质性，而且是作为某种标准渗透到所有的文化认识问题中，成为知识分子认识中国过去甚至现实时无法避开的因素。正是在这个意义上，中国的社会、现实问题某种程度上又和知识的问题缠绕在一起。由于我们关于现代的知识多半自西方舶来，如何在这些知识中确立自我及真正的主体性变成了一个艰难的过程。在中国现代化过程中，知识论争频繁发生也说明了这一点，它也提醒我们，知识、理论论争如果不是先于实践出现，至少是伴随着实践同时出现的。反过来，虽然实践不能仅仅被化约为理论与知识的问题，但是重新翻检这些知识与论争也能帮助我们认识中国现代化实践中

---

① 《摩登破坏团》；《因为我爱她》，《小说》1934 年第 1 期。
② 《两男女衣服被镪水射毁》，《星岛晚报》1939 年 4 月 1 日。

的某些特质。

1935 年知识界爆发的"全盘西化"与"中国本位的文化建设"论争便属于这样的知识之争。值得注意的是，在此之前，由陈序经的演讲词《中国文化之出路》而引发的"西化"问题论争已经持续了一年之久。不过，由于提倡"中国本位的文化建设"的"十教授们"的加入，这一场论争才最终突破了狭小的地域限制，成为影响全国、声势浩大的一次争论。只有把它们放到一起考察，才能接近正确的认识：这次论争不能被划分为截然对立的两派——全盘西化派和本位派，在"西化"问题论争中反对全盘西化的人不一定同情本位派，也就是说，持反全盘西化意见者并非属于同一阵营，他们之间的分歧并不比全盘西化派与本位派之间的歧异小。胡适在本位派看来俨然就是全盘西化派的代表人物，然而，在全盘西化最为坚定的主张者陈序经的眼里，胡适只是一个折中派，不过，陈序经也承认胡适与本位派（他也称之为折中派中的一种）不同。考虑到这些模棱两可的人或观点，我们因而可以超越一种二元对立的视角来看这场论争，甚至于找到双方的相通之处。

一　"全盘西化"与"世界化"

陈序经在《对于一般怀疑全盘西化者的一个浅说》一文中这样解释"全盘西化"："所谓全盘西化，在消极方面，是像我上面所说，对于中国的固有的文化不要丝毫的留恋；在积极方面，是要彻底的西化。"[①] 这可能是整个论战过程中，全盘西化论者给"全盘西化"所下的最完整的一个定义。陈序经所描述的文化的"全盘西化"过程，给人以一种印象，仿佛文化是可以随时脱换的衣服，与承载它的实体可以完全不发生关系。这个界定使得他与胡适很快分道扬镳，独撑"全盘西化"大旗。对于胡适而言，之所以赞成全盘西化，是因为这个概念最接近他的"充分世界化"的主张。一旦发现"全盘"字样引起了很多不必要的、琐碎的争论，胡适立即以"充分世界化"替代之，并试图以此联合到尽可能多的同情者，甚至于乐观地以为发表"总答复"之后的十教授也能团结到这一旗帜之下[②]。那么全盘西化之争，真的像胡适在《充分世界化与全盘西化》

---

① 陈序经：《对于一般怀疑全盘西化者的一个浅说》，载吕学海编《全盘西化言论集》，岭南大学青年会 1934 年版，第 101 页。

② 胡适：《充分世界化与全盘西化》，载樊仲云编《中国本位文化建设讨论集》，文化建设月刊社 1936 年版，第 393–395 页。

这篇文章的开头所指出的那样，只是"名词上的争论"吗？名词上的替换能否消泯分歧？

和胡适一样，作为全盘西化的同情者，严既澄也认为"'西化'这个名辞颇不适当"，会引起国粹主义者的反感，"全盘"一词也容易引起误会，主张以"充分现代化"代之①。然而，在陈序经看来，这些概念都会给折中派以可乘之机，"在实质上，在根本上，所谓趋为世界化的文化，与所谓代表现代的文化，无非就是西洋的文化。所以'西化'这个名词，不但包括了前者，而且较为具体，较易理解"②。这样，这次论争中的一个核心问题就凸显出来："西化"、"世界化"与"现代化"几者是否相同？陈序经的言论清楚地表明，他是把三者等同使用的。胡适、严既澄尽管变换了概念，可是显然"世界化"、"现代化"与"西化"都有很大程度上的重合。在这一点上，他们都可以被视为"全盘西化"派。他们在"世界化"、"现代化"上有着共同的诉求，这些概念较之"西化"具有迷惑性，某种程度上掩盖了中西文化之间的关系。西方文化被视为具有同一性的整体，其中的冲突和多元性被遮蔽了，同时西方文化的特殊性也逸出了提倡者的视线，成为普适的文化。

西方文化是否可分，它是一元的还是多元的？这也是论争中的一个关键问题，因为这个问题的答案会成为如何吸收西方文化的基础。如果西方文化是一元的，那么除了"全盘西化"之外别无选择；反之，西方文化多元论自然会连带出文化借鉴中的选择性问题。然而，论争中正面触及这个问题的文章不多，即便是触及了，也往往各执一词，难以将问题推进。对于那些同情但又不完全赞成全盘西化的论者，提出这个问题意味着两难困境，他们反对西方文化一元论，然而又得小心地避开"体用二元论"的陷阱，否则的话，就会重新回到一种新的"中体西用"论。我们可以在吴景超、张佛泉等人的言论中体察到这种小心翼翼。吴景超引用社会学学者的观点，认为文化中包含世界性的和国别性的两部分，前者指自然科学和技术，后者指政治制度、教育设施、交际礼仪和生活习惯等。这种划分是自文化接受的角度作出的，紧接着的结论是，世界性的文化（"文

---

① 严既澄：《"我们的总答复"书后》，载麦发颖编《全盘西化言论三集》，岭南大学学生自治会 1936 年版，第 75 页。

② 陈序经：《全盘西化的辩护》，载麦发颖编《全盘西化言论三集》，岭南大学学生自治会 1936 年版，第 87 页。

明"）可以全盘接受，国别性的文化则不可盲目抄袭。如果说吴景超的这个观点还依稀残留着"体用二元论"的气息的话，那么他的长处在于指出"'西方文化'这个名词之下，包含许多互相冲突，势不两立的文化集团"。这一点完全可以从对现实的观察中很容易地得出，如独裁制度与民主政治、资本主义与共产主义、个人主义与集团主义、自由贸易与保护政策等。① 张佛泉的文章《西化问题之批判》更富于论辩色彩，作者指出文化接受不是"All or None"，二者必择其一。"如果采取旁人的文化必须是'批发'的，而不是'零售'的，是取其一端就必须取其整体的，是牵一发则动全身的，那末文化接受岂不倒变成了极简单的一件事了么？"张佛泉认为一个文化可以分为许多"单位"或"traits"，对某一单位的采纳需要全盘，但这并不意味着采纳了一个单位必须要兼及其他单位。一旦追问西方文化中的哪些"单位"是值得采纳的，作者走向"从根上，或说是从基础上的西化论"，即吸纳西方文化的精神或实质。张佛泉将这一观点建立在以下的前提上：中西文化有"质"的不同，而不只是"程度高下的分别"②。在后来的一篇文章中，作者进一步解释他所说的西方文化的实质可以称为"希腊的精神"③。

　　针对吴景超提出的西方文化中包含不可调和的文化集团的观点，陈序经反驳说，那只是"枝节的问题"，总的看来，西方文化"有共同的基础，共同的阶段，共同的性质，共同的要点"④。陈序经的这个说法接近于以上提及的张佛泉的文化本质观，和他本人一直坚持的文化一元论看上去也有些自相矛盾。不过，陈序经不失为最彻底的文化一元论者，在他看来，不仅西方文化的各个组成部分是高度整合、不可拆分的，中国文化同样如此，中西文化的差异只是程度上的，而非种类上的⑤。这样，文化被视作为一个时间矢量，西方文化因处于文化进化链条的前端，既预示着落

---

　　① 吴景超：《建设问题与东西文化》，载樊仲云编《中国本位文化建设讨论集》，文化建设月刊社 1936 年版，第 196–197 页。

　　② 张佛泉：《西化问题之批判》，载麦发颖编《全盘西化言论三集》，岭南大学学生自治会 1936 年版，第 8–21 页。

　　③ 张佛泉：《西化问题的尾声》，载麦发颖编《全盘西化言论三集》，岭南大学学生自治会 1936 年版，第 111 页。

　　④ 陈序经：《关于全盘西化答吴景超先生》，载樊仲云编《中国本位文化建设讨论集》，文化建设月刊社 1936 年版，第 206 页。

　　⑤ 陈序经：《对于一般怀疑全盘西化者的一个浅说》，载吕学海编《全盘西化言论集》，岭南大学青年会 1934 年版，第 116 页。

后文化必经的途径，也代表着文化发展的未来趋势。中国文化全盘西化的必要性和迫切性，以及全盘西化论者的痛苦与焦虑，都由这段时间落差而来。虽然陈序经并不认为西方文化"已臻完美至善"，但是"中国文化无论在那一方面，都比不上西洋文化"，西洋文化便只能是中国文化学习与模仿的对象，论者因而失去了对西方文化的批判立场。一个明显的例子是，西方殖民主义和帝国主义几乎成为全盘西化论者论述中的盲区。陈序经在论战期间出版的著作《中国文化的出路》中，偶尔涉及这个问题，可是态度却让人不能不警惕。陈序经提到陈独秀在新文化运动中对西方"军国主义"和"金力主义"的警醒，只是把其当作陈独秀折中主义的证明而轻松带过。作者以为为了防备西方的"军国主义"和"金力主义"，中国更当发展出"军国主义"与"金力主义"。作者稍后谈到美国印第安人、黑人以及中国南方少数民族的例子表明①，全盘西化很容易复制西方殖民主义、帝国主义的逻辑，把殖民主义、帝国主义的侵略与掠夺行径美化为普救苍生。

二　"中国本位的文化建设"的虚妄

不难发现，《中国本位的文化建设宣言》出台带有浓厚的政治色彩，"本位派"里集聚了不少的党务工作者，联合署名的"十教授"也"大都是曾经致力于党务的人"②。自然，它和 30 年代此起彼伏文化复古浪潮一样，不能被仅仅从文化角度去看待。事实上，它和这些文化复古事件也难逃关系。胡适在《试评所谓"中国本位的文化建设"》一文中指出，"'中国本位的文化建设'正是'中学为体西学为用'的最新式的化装出现"。同时将其与何键、陈济棠等人提倡"读经祀孔"的复古言行联系起来，"十教授宣言"无一句不可以用来为何陈等人辩护③。因而，它的出现就不是偶然和独立现象。正如李何林在提到 1934 年汪懋祖、许梦因等鼓吹的"文言复兴"运动时所言，它"是近些年尊孔，读经，参禅，念佛——一系列封建复古运动中必然发生的现象"④。从更广阔的视角看，

---

①　陈序经：《中国文化的出路》，商务印书馆 1934 年版，第 89、102 页。

②　王西征：《中国本位文化要义》，载樊仲云编《中国本位文化建设讨论集》，文化建设月刊社 1936 年版，第 411 页。

③　胡适：《试评所谓"中国本位的文化建设"》，载樊仲云编《中国本位文化建设讨论集》，文化建设月刊社 1936 年版，第 235－237 页。

④　李何林：《近二十年中国文艺思潮论》，生活书店 1947 年第 3 版，第 285 页。

"十教授宣言"实际上是 30 年代国民党政府推行文化统制政策的一部分，陈立夫的唯生论哲学——运用传统哲学和现代思想重新阐释的三民主义思想是这一文化建构的主要基础。在这次论争中，"本位派"的观点几乎都未能超越陈立夫的文章《文化与中国文化之建设》，有的文章甚至明显带有图解陈文的痕迹，即证明了这一点。

　　"中国本位的文化建设"出现于 30 年代复古思潮和新生活运动中，很容易被理解为提倡以中国本位文化来进行文化建设，那样的话，它就毫无新意，只会引起社会的不满。所以，联名发表宣言的"十教授们"不得不面对这个尴尬，他们只能通过严格界定什么是"中国本位"，把其与复古、守旧划开界限。"十教授宣言"发表之后，"本位派"又召集了一次"文化建设座谈会"。据参加了这次讨论的潘光旦的描述，即便是这些人对"中国本位"的认识也是人言言殊，莫衷一是①。这说明即使是同属"本位派"阵营的人也并非铁板一块。和"全盘西化"论争中表现相似的是，有关概念的争论耗费了不少的篇幅。何炳松在答复胡适的批评时强调，"所谓本位就是中国'此时此地的需要'"，不是"中国固有文化"②。那么什么是"中国此时此地的需要"呢？十教授之一的王新命回答说，就是十教授们自己也不清楚，所以才有探讨的必要③。这样，"十教授宣言"岂不是绕开了最实质的问题，只剩下一个美丽的空壳？这显然是十教授们不愿意看到的结局，在《我们的总答复》中，"中国此时此地的需要"被概括为三点：人民的生活需要充实，国民的生计需要发展，民族的生存需要保障④。这三点基本上是陈立夫解释的民生主义和建国方略的翻版，在《唯生论（上卷）》的自序中，陈立夫指出："民生主义者，民族生存之原理也；建国方略者，民族生存之方法也，前者所欲解决之问题凡四：一曰人民之生活，二曰社会之生存，三曰国民之生计，四曰群众之

　　① 潘光旦：《谈"中国本位"》，载樊仲云编《中国本位文化建设讨论集》，文化建设月刊社 1936 年版，第 106 – 108 页。
　　② 何炳松：《胡先生的诛心之论》，载樊仲云编《中国本位文化建设讨论集》，文化建设月刊社 1936 年版，第 247 页。
　　③ 王新命：《全盘西化论的错误》，载樊仲云编《中国本位文化建设讨论集》，文化建设月刊社 1936 年版，第 274 页。
　　④ 王新命、何炳松等：《我们的总答复》，载樊仲云编《中国本位文化建设讨论集》，文化建设月刊社 1936 年版，第 375 页。

生命。"① 所以在论争中，有人干脆把上述三点凝结为一点——"民族主义的精神"②。

绕了一个大圈子，"中国本位的文化建设"终于表现了其真正面目，它一开始就循着陈立夫划定的轨道运转。陈立夫提出，"三民主义者即以中国本位之文化建设纲领也"③。李俚人说得更明白："三民主义，就是本位文化建设的最高原则。本来，就用'三民主义的文化'，已经足够明白，足够恰当了，不必又来一个什么新奇花样，叫做'本位文化'。"④ 然而，"中国本位的文化建设"并不就是忠实的"三民主义的文化"。王西征的《中国本位文化要义》被人认为是这次论争中"最重要的一篇文章"⑤，在文章中，王西征精辟地指出，"'中国本位文化'之较为简单浅显的解释，为：不同于德、意的，中国的，'独裁的''国家社会主义'的文化。更为简单浅显的解释，为：'二民主义'的文化。"因为将"十教授"所概括的"中国此时此地的需要"对照于孙中山的"三民主义"，显然后者中的"民权主义"被精心地忽略了。⑥ 比较而言，王西征为"中国本位文化"所作的第一个界定更准确一些，因为即便是"二民主义"也会被认为是单纯由孙文学说继承而来，掩盖了其中独裁的、国家社会主义的成色。有学者指出，30 年代中期的新生活运动虽然不能简单断定就是"法西斯主义的中国版本"，但它"显然受到当时正在流行的法西斯主义思想的影响"⑦。王西征的第一个判断敏锐地揭示了"中国本位的文化建设"其实是与新生活运动同质素的。的确，论争中某些极端的本位派观点已经将经济统制、独裁政治、唯生论思想、生活上的军事化、生产化和艺术化（新生活运动的精髓）合为一体，统统塞进中国本位文化建设

---

① 陈立夫：《〈唯生论（上卷）〉自序》，正中书局 1943 年第 13 版。

② 吴忠亚：《关于中国本位文化建设问题》，载樊仲云编《中国本位文化建设讨论集》，文化建设月刊社 1936 年版，第 326 页。

③ 陈立夫：《文化与中国文化之建设》，载樊仲云编《中国本位文化建设讨论集》，文化建设月刊社 1936 年版，第 4 页。

④ 李俚人：《论中国本位文化建设答胡适先生》，载樊仲云编《中国本位文化建设讨论集》，文化建设月刊社 1936 年版，第 257 页。

⑤ 张熙若：《全盘西化与中国本位》，载樊仲云编《中国本位文化建设讨论集》，文化建设月刊社 1936 年版，第 424 页。

⑥ 王西征：《中国本位文化要义》，载樊仲云编《中国本位文化建设讨论集》，文化建设月刊社 1936 年版，第 412 – 413 页。

⑦ 倪伟：《"民族"想象与国家统制》，上海教育出版社 2003 年版，第 206 页。

的"具体方案"之中①。

　　"中国本位的文化建设"固然带有复古、保守性质，但是将其描述为复古派或保守派却也不太恰当。"本位派"竭力申辩的不复古、不守旧也不只是姿态上的。准确地说，它欲通过激发民族主义热情恢复大众的民族自信心，内中也包含着对西方文化霸权某种程度上的抵抗。然而，经过几十年来的欧风美雨的熏陶，西方文化的优越性似乎不证自明，此时已经没有完全意义上的保守派，"本位派"也不否定学习西方的必要性，知识界的争论顶多只能算作全盘西化/不完全西化之争。在这种情形下，如何确立建设民族文化的合法性？"本位派"求助于中国时空的"特殊性"（中国"此时此地的需要"），以及文化上"创造"相对于"模仿"的优越性②。如果说全盘西化论者持一元主义的文化观的话，那么"本位派"的态度则暧昧得多。樊仲云从文化发达史的角度得出，"我们必须与世界合流，但在我们要从宗教的道德的阶段，走上科学的步道，这时候，必须注意我们民族的需要"③。与世界合流的需要，以及中国的落后，这两个判断几乎与他们的论辩对手陈序经如出一辙，但却导向了和陈序经不同的结论。陈高傭认为，人类各民族的发展都服膺"进化法则"，由原始社会、氏族社会、封建社会、资本主义社会而走向社会主义社会，"世界各民族的文化固然可以最后走到同一的阶段……各国的步骤与方法绝对不能完全相同"④。显然是把社会性质、形态与其中的文化等同，从而根据社会进化论得出了文化进化的观点。陶希圣论证道，"十九世纪标举个人自由的大旗的资本主义，在工业后进的中国，不能适用"，同时也因为这种经济形式已经过时，为"经济国家主义"所替代，所以中国也必须尝试经济国家主义之路⑤。他可能没有意识到自己的思想矛盾：如果中国处于比西方落后的社会阶段，从而决定了中国不能采纳西方当前的文化，始终只能

----

　　① 李俚人：《论中国本位的文化建设》，载樊仲云编《中国本位文化建设讨论集》，文化建设月刊社1936版，第340－342页。

　　② 王新命、何炳松等：《中国本位的文化建设宣言》，载樊仲云编《中国本位文化建设讨论集》，文化建设月刊社1936年版，第13－14页。

　　③ 樊仲云：《由文化发达史论中国文化建设》，载樊仲云编《中国本位文化建设讨论集》，文化建设月刊社1936年版，第42页。

　　④ 陈高傭：《怎样了解中国本位的文化建设》，载樊仲云编《中国本位文化建设讨论集》，文化建设月刊社1936年版，第267页。

　　⑤ 陶希圣：《为什么否认现在的中国》，载樊仲云编《中国本位文化建设讨论集》，文化建设月刊社1936年版，第243－244页。

采用适合于自己社会阶段的文化，那么中国文化必将一直落后于西方，所谓的"迎头赶上"只能是一句空话；反之，如果中国可以采用西方最先进的文化，那么是否意味着文化建设可以不顾及中国的时空的特殊性呢？张季同在《关于中国本位的文化建设》一文中正面思考了这样的思想困境：

中国是世界的一单元，所以中国文化不能与世界文化背道而驰，而应该与西洋文化相适应，因而，欲谋中国新文化之建设，欲谋创造中国之将来，世界文化之趋势是不容不顾及的。现代西洋文化，无疑的，是在资本主义的阶段，而且现在又已到了资本主义文化之末期，在将来恐怕转变为社会主义文化。对照着这样的世界文化的大流，中国文化应何所趋呢？中国将趋于资本主义文化，而西洋的资本主义正在没落。将趋于社会主义文化，则西洋之社会主义且一时不能达到，何况落后的为世界殖民地的中国？

作者最终的结论是，"中国现在只有尽其力量求工业化，科学化，求达到西洋的水平线，同时却不要执着资本主义，而时时作转入社会主义文化的准备"①。这种困境的产生，究其原因在于世界化与民族化的矛盾，在世界化被理解为西方化的那个时刻，矛盾已经不可避免。换言之，"本位派"即便洞察了西方文化的某些缺陷，但是只要西方文化作为标准的地位不动摇，"中国本位的文化建设"就只能是个虚幻的愿望。酒井直树说道："西方本身就是一个特殊性，但是它却作为一个普遍的参照系数，按照此参照系数所有他体能够识别出自己是个特殊性。"这是一个悖论：特殊性貌似普遍性的反面，其实是其产物。酒井直树进一步推论说，"普遍主义和特殊主义是相互加强和相辅相成的；它们之间从不存在真正的冲突"②。

三 一个未完的问题：如何现代化？

20 世纪 30 年代的"全盘西化"与"中国本位的文化建设"论争无疾而终。双方都乐观地断言经过论争己方的观点获得了胜利，成为大家的共识。其实，这个问题直到今天也没有消失，只要中国的现代化过程没有

---

① 张季同（张岱年）：《关于中国本位的文化建设》，载樊仲云编《中国本位文化建设讨论集》，文化建设月刊社 1936 年版，第 188 页。

② 酒井直树：《现代性与其批判：普遍主义和特殊主义的问题》，载张京媛主编《后殖民主义理论与文化批评》，北京大学出版社 1999 年版，第 385、396 页。

最终完成，它便会持续存在，甚至于稍微变换面目再次成为社会争论的焦点。双方的论述方式也完全是现代的，而且简直不谋而合：自晚清以来的学习西方的过程统统被否定，目的只为确立自身的合法性。"本位派"在宣言第二节标题便是"一个总清算"。这种激进的否定态度在全盘西化的主张者陈序经那里表现得尤为明显，观点稍微不同于他的人都被目为"折中派"，在他的著作《中国文化的出路》中，绝大部分的篇幅都在讨伐"折中派"（其中又细分为不少类别）。

　　无论是对传统的赞美还是否定，如果没有对传统的正确认知作为基础，传统的某些弊端都会重新回来。对西方的认识也是如此，一种激进的反传统态度可能恰恰将传统投射到对西方的想象中。林毓生在谈到"五四"反传统主义者时说，他们"运用了一项来自传统的，认为思想为根本的整体观思想模式来解决迫切的社会、政治与文化问题"。他将此称为"文化化约主义的谬误"，即把文化与社会系统化约，借文化的问题解决社会政治结构层面的问题①。尽管30年代的"全盘西化派"和"本位派"都对"五四"人物不屑一顾，但是这种"文化化约主义的谬误"也清晰地表现在他们身上。一个有趣的现象是，参与这次论争的人都共享了相似的对文化的界定："文化是人类适应时境以满足其生活的努力的结果和工具"（陈序经）；"文化是人类生活的表现"（陈高傭）；"文化就是人类调适于环境的产物"（高迈）等。对他们而言，这种文化的界定有两个方便：第一，文化应该适应时代、环境的变化，换言之，时代、环境的变化必然要求文化上也要作出相应的变化，否则就要落后。时代、环境的变化赋予了人们改造文化的合法性与紧迫性。第二，文化的这个极宽广、开放的定义允许他们把社会生活的方方面面都纳入讨论，大多数时候他们争论的问题都远远超出了狭义文化的范畴。正因为如此，陈序经才能充满自信地宣称，"中国的问题，根本就是整个文化的问题"②。

　　通过广阔的文化定义，论争双方展开了对中国现实问题的讨论。然而，中国现实问题不是理论探讨可以完全涵盖的，它需要厘清纷繁复杂的关系、矛盾，只有抓住主要的矛盾和关系，才能找到现实问题的解决办

---

　　①　林毓生：《中国传统的创造性转化》，生活·读书·新知三联书店1988年版，第156、194页。

　　②　陈序经：《中国文化之出路》，载吕学海编《全盘西化言论集》，岭南大学青年会1934年版，第1页。

法。陈序经犯了以名词代替实体的毛病，针对有人质疑全盘西化不适宜于
"中国国情"，他回答说，国情虽然包括天然、气候、地理等因素，但
"根本却只能说是文化方面"①，从而轻易地避开了国情问题。"中国本位
的文化建设"论者本应该进入到对中国现实问题的具体分析，可是正如
上文分析过的，他们所谓的"中国此时此地的需要"，不是源于对中国社
会现实的仔细研究，只是简单搬用和印证某些政治教条。他们提倡的
"民族主义精神"虽然含有反殖民主义、帝国主义的成分，但根本上是为
独裁式统治服务的。通过激发民族主义热情，社会的其他矛盾和现实被掩
盖了。"十教授"在宣言开篇即大声疾呼"没有了中国"，然而，正如论
争中有人指出的，只需"走到内地各省一看，除经济衰败和破产以外，
一切都是古香古色保持着中国社会的'特征'：简陋的手工业、落后的农
业、男女不平等、多妻制、奴婢、辫发、束胸、缠足"②。

　　一个值得注意的问题是，论争中无论是"全盘西化"还是"中国本
位的文化建设"都会招来反对声，但几乎无人质疑"现代化"或"世界
化"。中国的现代化成为他们讨论的共同出发点。其实"现代化"或"世
界化"只是暂时遮蔽了中西关系问题。"西方"注定要成为后发展国家挥
之不去的神话和梦魇，对西方的赞美或"反抗"都容易滑入西方的逻辑
和陷阱。如果说全盘西化论者对西方殖民主义、帝国主义缺乏警醒，那么
"本位派"提倡的民族主义其实也是西方的产物，民族主义不可能真正地
抗拒殖民主义和帝国主义。许崇清的《"西化""世界化"与"中国本
位"》应该是本次论争中见解最深刻、独到的一篇文章，它指出胡适犯了
把"西化"与"世界化"等同的错误，西方文化有普遍性，但根本上是
特殊性的。所谓"自由竞争优胜劣汰"不是普适的进化原则，而是西方
国家为控制市场获得利益打造出来的幌子。"'西化'其实就是西方支
配"。难能可贵的是，"世界化"真相也未能逃脱作者锐利的目光，"所谓
'世界化'只不过是迎合着世界的趋势，撤尽一切藩篱，任由西方支配
耳！"这句话提醒我们，如果不改变"世界化"的内涵，不追问是谁的世
界和怎样的世界，单纯在概念上变换花样仍然无济于事。许崇清最重要的

---

　　① 陈序经：《对于一般怀疑全盘西化者的一个浅说》，载吕学海编《全盘西化言论集》，岭
南大学青年会 1934 年版，第 112 页。
　　② 李麦麦：《评"中国本位的文化建设宣言"》，载樊仲云编《中国本位文化建设讨论集》，
文化建设月刊社 1936 年版，第 98 页。

判断是，"以帝国主义的理论去解决次殖民地乃至次殖民地问题，结局总逃不出帝国主义的立场"①。今天，我们唯一需要补充的是，酒井直树有句话值得我们铭记和反复追问："当人们将国民同一性确认和赞颂为历史实践的唯一基础时，他们怎么能够对现代性作出有效的批判?"②

---

① 许崇清:《"西化""世界化"与"中国本位"》，载樊仲云编《中国本位文化建设讨论集》，文化建设月刊社 1936 年版，第 403－408 页。

② 酒井直树:《现代性与其批判:普遍主义和特殊主义的问题》，载张京媛主编《后殖民主义理论与文化批评》，北京大学出版社 1999 年版，第 403 页。

第八章　结论

1937 年，曾经热闹一时的"摩登主义"文学走向了衰落。施蛰存在回顾自己创作生涯时说："我的创作生命早已在 1937 年结束了。"作家把自己的"创作生命"限定在 1928 – 1937 年的十年间，并以"十年创作集"命名自己的小说创作总集。根据施蛰存的回忆，他原打算"总结过去十年的写作经验，进一步发展创作道路，写几个有意义的长篇小说，以标志我的'三十而立'。我计划先写一本《销金锅》，以南宋首都临安（今杭州）为背景，写当时的国计民生情况。正在积累史料，动手写起来，想不到爆发了抗日战争。我的职业变了，生活环境变了，文学创作的精神条件和物质条件也都变了。流离迁徙于大后方整整八年，我只写了一篇与抗战有关的小说，自己读过一遍，觉得对抗战没有什么效益，我封笔了"[①]。从这段话中，我们可以看到"摩登主义"文学对 1927 – 1937 年这十年间的上海的深刻依赖关系，正是后者为前者的繁荣创造了充分的"精神条件和物质条件"。那个夭折的《销金锅》会把临安塑造成怎样的形象、是否带有作家在上海生活经验的印记，我们不得而知；但有一点是肯定的，战争使得上海立即陷入风雨飘摇之中，与南宋时的临安也相差无几了。然而，知识分子在这场战争中即使想求得一些临时的安宁都变成了奢望，他们走上了"流离迁徙"之路，有的奔向了战场、前线和根据地，有的走向了大后方。如果他们在艰辛、匆忙或惶惑的行旅中尚有闲暇回望一下上海，他们作何感想？那个他们曾经留下美好记忆或者不息战斗的繁华之都，现在湮没在弥漫的硝烟之中，面对此情此景，他们心中是留恋、感伤，还是无悔？

1938 年 10 月，旅居香港 28 个月之久的穆时英开始刻骨地思念上海：

---

① 施蛰存：《〈十年创作集〉引言》，载《十年创作集》，华东师范大学出版社 1996 年版。

近来，时常苦苦地忆念着上海。我们容易想起亡故了的人的好处，感怀上海恐怕也是因为和它隔别得太悠久而遥远的缘故吧。……几时能够回到这诞生了我的都市里去呢？如果我将老死在这里，那我想，我的生命实在是一个悲剧。只要能再看见黄浦江的浊水，便会流下感激的泪来吧。……在那里，我有过欢乐的日子，也有过患难的日子。……我珍爱着自己的记忆，所以就永远珍爱着这埋藏着我的记忆的城市。也许上海已经——不，它的确已经残废，我不敢想起它的断了的手，打坏了的腿，戳穿了的肚子……这惨状将使我失眠。虽然是天天在诅咒着该死的×人，那个不要脸的混蛋，可是痛惜和悲悼的重负却并不因此减轻。①

悲愤出文章，在笔者看来，香港时期穆时英写下了他一生中最精彩的文字，作家反复地拷问自己的灵魂、思索生命的意义和知识分子的责任，当然也在字里行间剖露了他精神世界的困惑与挣扎，后者比作家之前小说里渗浸的自嘲、虚无、感伤情绪要深沉得多，即便是作家一反以往的风格用稚拙的笔写下的歌颂文字如《血的忆念》，也都蕴藉可爱。试看一下《乞丐》一文，其中的情节其实早在《上海的季节梦》的开篇部分即已出现过。在异乡邂逅一位带着乡音、沦为无助乞丐的"精壮的青年"，如果是在以往，作家完全会由此联想到自己的身世，从而滑入自怜、哀伤的情愫，这次类似的情绪虽然也未绝迹，但作家更多的是由此开始了对自己精神世界的审视和批判：

感情的，我是个很 sentimetal 的人，很容易受感动，有时甚至仁慈得可笑，然而理智地，我却是一个冷酷而残忍的家伙。……因为我看不起浅薄的人道主义。如果没有勇气和决心去做救援人类的工作，那还是做一个独善其身，与世无争，在死神前面可以拿出一颗洁白的心脏来的逃世者吧。有着基督样的灵魂，同时又不幸地有着绵羊样的胆量，我正是和其他文学者一样怯懦的，只会在纸张上寻求辉煌的真理的梦的，渺小的人。至多只能做一个自己所鄙薄的人道主义者呵！所以惧怕一切细小的悲哀，一切乞丐！这些东西将使 sentimetal 的我

---

① 穆时英：《无题》，《大公报·文艺》（香港）1938 年 10 月 16 日。

和冷酷的我剧烈地斗争起来；将把我从我的小屋子里拉出去，使我做不成一个逃世者；将使我失去灵魂的均衡，七颠八倒地难受好几天。①

穆时英对自己的剖析不可谓不深刻，也句句直指问题的关键，他所缺少的只是改变自己的勇气，最根本原因的还是舍不得自己。作家这样推测自己余下的生命："三十到五十中间，至少还有五年是消费在驱逐民族敌人上面，有五年是消费在建筑被炸毁了的城市和焚烧了的乡村上面。生活刚开始，死亡便跟着来了。国泰民安，五谷丰登，上邦风光，天朝盛事，我们大概不会有份；辉煌的明日属于明日的一代。我们的命运只是革命，饥饿，穷困，战争，流亡。原是牺牲了的一代呵！"穆时英意识到了"这样的感慨有些自私"，"对于自己这肮脏的存在，实在说不出地憎厌"，可是由于由己推人，对于"这广漠的世界上，究竟有没有一个天下为公的家伙，我实在是有一点怀疑"，他瞬即把自己苟安、逃避、消极归诸为"中年人的气质"②，仿佛人人如此、这便是人的宿命了。其实，穆时英身边并不缺少"天下为公"的人，像那些高唱义勇军进行曲、从作家屋子后面走过的工人，他也会被这些人、这些声音感动和振奋，想找到狂暴的旋律、沉重的字句，想"像一颗子弹似地爆烈起来"，渴望"能够用自己的血来写这一年的史诗"，然而，事实则是"炮火响着的时候，我的笔便死亡了"。穆时英反问道："谁说伟大的作品是在斗争里边诞生的？"③ 作家也许是在缅怀他 30 年代创作上的"辉煌"，不过，与其说战争阻断了"摩登主义"文学的发展，不如说战争使得"摩登主义"文学相形见绌、黯然失色。进而言之，反抗帝国主义侵略、争取民族独立的战争本身就是一件伟大的作品，汇入到这个史诗中便是在创作"伟大的作品"了，否则就是连一点可怜的文字创作都会减少乃至于中止。穆时英没有认识到战争与流亡提升了他的这些文字，反而以为自己的文学创作"死亡"了，甚至于他认为自己的生命也提前结束了。1938 年 8 月，他为自己写好了"墓志铭"，对自己的一生下了盖棺定论："对自己的生命，怀着要呕吐出

---

① 穆时英：《乞丐》，《星岛日报·星座》1938 年 8 月 28 日。
② 穆时英：《中年杂感》，《星岛日报·星座》1938 年 8 月 30 日。
③ 穆时英：《疯狂》，《星岛日报·星座》1938 年 8 月 23 日。

来似的厌恶，却又不够勇气走向坟墓"；同时，"没有胆量去跟黑暗斗争"①。1939 年 10 月，穆时英从香港回到上海，不久便参与到汪伪政府的一些文化活动中；不到一年，就被人暗杀在《国民新闻》社社长任上，结束了他 28 年的生命，像一颗彗星划过 30 年代文坛的上空，稍纵即逝却并不怎么美丽。

　　一个有意思的现象是，穆时英、施蛰存们曾经表现出那么强的唯新是求、紧跟时代潮流的意识，但最终让他们淡出历史舞台的却正是时代。抗日战争爆发时，施蛰存才过"而立之年"，穆时英更是只有 25 岁，很难想象二三十岁的青年为何就在历史的长河中失去了自我调整的力量。唯一的解释可能是，"摩登主义"作家过去的"唯新是求"、"紧跟时代潮流"只是抓住了时代的皮毛，因而无法真正应对时代的大变革。将"摩登主义"文学的衰落与鸳蝴文学的没落相比也许并不十分恰当，然而，两者间有一点是相似的，即失去了真正的自我调适与反省的能力，从而无法由内部产生出真正创新的力量。1925 年，第 1 卷第 42 号的《红玫瑰》封面改换为一个年轻的女性照片，衣着打扮时髦，看上去像是一位中学生。它替代了该刊之前经常采用的典型封面——仕女牡丹图。作为这一时期突然蹿红的鸳蝴文学的重要阵地之一，《红玫瑰》的此举显然透露了追求新变的信号，该刊后来出"恋爱问题号"② 等举措也是向这方面努力的明证。可是，《红玫瑰》所选择的新变之路正是灭亡之路，它必须接受不久之后兴起的大量新式消费主义读物的冲击，更主要的原因是它未能捕捉到时代、读者的真正需求。更早一些，《小说世界》的编辑叶劲风居然在杂志上谈论起了"礧礧主义"（Dadaism），不过他的态度显然是矛盾的，一方面他觉得礧礧主义"好笑"，是"兴妖"、"作怪"，可是他不能明白为什么"却有好多人崇拜这个主义"；另一方面他表现出对这一新兴事物的焦虑："恐怕不久这种主义也要传到中国来了。（或者已经来了）新旧派的先生们我们还是研究他还是拒绝他呢？"③ 此时，"研究"还是"拒绝"的问题尚未尖锐起来，《小说世界》有着不俗的销量，创刊后的前几期还需再版加印；直到半年后，编辑仍然津津乐道于刊物来稿的增势，宣称

---

① 穆时英：《我的墓志铭》，《星岛日报·星座》1938 年 8 月 26 日。
② "恋爱问题号"，《红玫瑰》1925 年第 1 卷第 44 期。
③ 劲风：《礧礧派小说?》，《小说世界》1923 年第 1 卷第 1 期。

"大概上海中学师范的学生，差不多每人定有一份《小说世界》"①。到了
1929 年，刊物的内容只能靠翻译小说、古代文学评论、考证式文字苦苦
支撑，完全失去了对社会现实的关注能力；出版周期由原先的周刊最后被
拉长为三个月乃至半年，终于在该年年底宣告停刊。和《红玫瑰》恰恰
相反，《小说世界》是在坚守中灭亡的，不过原因几乎一样，都源自不能
把握时代、现实，以及读者的真正变化和需要。在这一点上，"摩登主
义"文学步了它们的后尘。"变"和"不变"都不简单意味着新生，关键
是怎样"变"和"不变"的问题。

应该说，"摩登主义"文学出现危机并不始于抗战时期，抗战只不过
以摧枯拉朽之势加速了它们走向没落的过程。穆时英自 1935 年第四本小
说集《圣处女的感情》出版之后，创作即呈锐减之势；施蛰存在他的十
年创作生涯中，高峰期也只是在 1928－1933 年这几年间，作家总共出版
的 9 个小说单行本中，其中有 7 本集中于这段时间。从 1933 年的《善女
人行品》到 1936 年的《小珍集》，中间间隔达 3 年之久；张若谷在他的
"十五年写作生活"（1925－1940 年）中，共出版了 15 部作品，1927－
1933 年间的作品占了 12 部之多，而 1929 年一年便出产了 6 部②。固然，
单纯的作品数量变化不足以说明问题，而且这些作品不能一概而论全视为
"摩登主义"的，却多少也从作家写作能力和读者需求两个侧面反映出
"摩登主义"文学本身所面临的危机。但是，作家们没有意识到危机及时
反省，也就只能在抗战期间碌碌无为了。

抗战刚刚胜利，施蛰存和周煦良编辑的《活时代》就出现于文化市
场上。《发刊辞》也许能部分代表施蛰存对于抗战后新的文化建设的一些
意见，其基本取向是帮助读者"瞭解全个世界"。刊名是"有意地摹袭"
美国的 Living Age，以选登译文为主。编辑说："战前战后，专载翻译文
字的刊物已经有过不少，但他们或则偏重于轻快而有一般趣味的小品，或
则偏重于国际政治社会的报导，我们感到这两极端的偏倾都有一些过分，
所以我们对于这个杂志的取材，将采用一个较为折中的态度。概括地说起
来，我们将同时选用一部分可以让读者获得一些，为一个素人而写的，自
然科学与社会科学的新智识的撰述，以及一部分富于趣味而不流于庸俗的

---

① 《编辑琐话》，《小说世界》1923 年第 2 卷第 12 期。
② 张若谷：《十五年写作生活回顾》，载《十五年写作经验》，谷峰出版社 1940 年版，第
8－9 页。

话题。"①"折中"而兼容并包、"富于趣味"等编辑方针使我们很容易想起早先的《无轨列车》、《镕炉》等刊物,尽管从内容上看,《活时代》与它们存在很大的差异,对世界政治、时势的关注和对最新社会、文化、科学进展的译介齐驱并重。《活时代》的定位应该是符合当时社会需要的,然而,时代是"活"的,居于变化中,也不可能重新回到30年代,"《活时代》出了几期即告废刊"②。

《活时代》"创始号"上发表了施蛰存的《河内之夜》,作者在文章前面加了个附记:"这是一篇旧作,在滇越铁路被封锁以前交给一个在香港创刊的小杂志的。那杂志似乎没有实现,这篇东西也不知刊出过没有。因为觉得它还能抓住一点当时河内的情调,舍不得割弃,在这里刊载一下。"据此判断,《河内之夜》当是写于1940年日军侵占越南之前,"河内的情调"在作家笔下被展现得"神秘"而富有异域色彩:水上舞厅中飘荡的音乐,精致的"茶之沙龙"(Salon de The)里有流线型的椅子、"说很漂亮的巴黎话"的"黄种的青年绅士"在"挑逗""漂亮的法国女店员";更重要的是"桃色的河内之夜"充满着浓郁的情色氛围,这里有穿"开着高衩的水红衫子"、"露着纤腰"卖春的安南女子,有"世外桃源似的纯粹法国风的闺房"里的一夜风流。当"中国的游冶郎"在讲述"梦一般的河内之夜"中的"浪漫史"时,发现与他一夜风流的女子不是"安南女人",竟然是个"jap"(日本人),"茜红色的"梦立即变成了一场"噩梦"③。

如果不是"仇国"女人的出现惊扰了他们的梦,河内之夜可谓完美。这里的一切俨然被当成了30年代上海的法租界,而且看上去更具法国风,更加"国际化",无论是中国青年还是为了生存出卖肉体的越南女人,都操着"法国话"。"中国的游冶郎"们在经受战乱流离之苦的间隙,也得以"暂时"忘却国仇家恨,在异邦重温了30年代上海声色犬马的生活。如果能够彻底忘却背后追赶的敌机、大炮,忘却被迫过上皮肉生涯、强颜欢笑的越南女子内心深处的悲苦,那么"中国的游冶郎"们一定会觉得自己从未像现在这样接近穆杭笔下的"世界人","自由"穿梭异邦,"如

---

① 编者:《发刊辞》,《活时代》1946年创始号。
② 施蛰存:《一个永久的歉疚——对震华法师的忏悔》,载《施蛰存七十年文选》,上海文艺出版社1996年版,第179页。
③ 施蛰存:《河内之夜》,《活时代》1946年创始号。

意"邂逅女郎。然而好梦不长，随后日军侵占越南，此时的河内如何无
从知晓，但是"中国的游冶郎"们所剩无几的乐土中肯定又少了一块。
从目录上看，编者对这篇作品寄予了厚望，把它列为两篇仅有的"特稿"
之一（另一篇是黄裳的《印度小夜曲》）。施蛰存"舍不得割弃"《河内
之夜》，正如 30 年代黑婴"不愿意扔掉"《未完的故事》。如果是在 30 年
代，《未完的故事》可能还能获取一定的读者，极富异域情调的《河内之
夜》可能更受欢迎，但是毕竟时过境迁，不仅《河内之夜》，就是施蛰存
本人也快被要淡出人们的视野了。第五章曾谈及了杂志对于文学和作家的
重要性，那么随着施蛰存编辑的最后一份刊物《活时代》的"废刊"，他
也完成了在现代文学时期的谢幕演出。

　　综观施蛰存编辑或参与编辑过的一些刊物，从《无轨列车》、《新文
艺》、《现代》、《文艺风景》、《文饭小品》到《活时代》，内中有某种一
以贯之的东西，即以相对有趣的方式（手段）介绍"新的"事物（内
容）。手段和内容是紧密联系在一起的，对"趣味"的强调既体现了编者
本身的偏好，也代表了读书市场的某种制约。施蛰存对读书市场限制杂志
内容很抱反感，他认为是"读者不挣气"、书局老板为了"赚钱"和"销
路"才造成了杂志"包罗万象"，"百货店式的文艺杂志对于读者除了消
遣以外，没有别的作用"。编"百货式的文艺杂志""是生活的一种痛
苦"，在施蛰存的理想中"格外企望有纯粹的文艺同人什志出现"①。施蛰
存是以《现代》编辑的身份说这番话的，他的意见也与《现代》"创刊宣
言"中反复申述的"不是同人杂志"相悖，因为《现代》声明"不是同
人杂志"更多体现了现代书局老板希望杂志"持久"的"商业"愿望②。
其实，施蛰存所编辑的这些刊物往往是同人杂志或带有同人杂志性质，
《现代》亦然。

　　剩下的问题是，如果施蛰存可以不考虑读者"消遣"需求的话，那
么他所编的杂志会不会还带有"趣味"？笔者认为答案是肯定的。从启
蒙、杜绝"消遣"的角度出发，杂志也会选择"有趣"的方式。在他看
来，只有这样才会抓住读者，对读者形成更大的影响力。换言之，可以用
相同的手段传播不同的内容，从而达到不同的目的。在以相对有趣的方式

---

　　①　施蛰存：《我的编辑经验》，《人言》1935 年第 2 卷第 1 期。
　　②　施蛰存：《〈现代〉杂忆》，载《施蛰存七十年文选》，上海文艺出版社 1996 年版，第
224 页。

介绍新的事物这一点上，我们可以看到施蛰存所编的这些刊物与同时代一些通俗、时尚杂志如《良友》、《今代妇女》等之间的相似性，尽管它们介绍的内容很不相同。吕新雨在谈论《良友》时认为，"如果对《良友》画刊的研究多注重它的商业成功，把它看成简单的市民刊物、时尚杂志，从而把它追认为今天中国大众传媒商业化之前身以及合法性论证，就遮蔽了《良友》的启蒙主义价值追求，也无法解释为什么当时的《良友》在全世界华人中能够迅速受到欢迎"①。这个判断是正确的，《良友》同时有商业和文化两方面的追求。从这个意义上讲，眼光放更远一点，我们甚至会发现革新前《小说月报》也含有些许启蒙色彩，比如 1911 年第 1 - 6 期的《小说月报》上就载有《海外风土志》、《二十世纪理学界奇谭》（"理学"大致相当于后来的"科学"）、《占命之迷信》等栏目或文章。商业与启蒙混杂并不重要，关键是两者间孰主孰次的问题，左翼文学刊物和作品也有相当一部分并不起于商业目的，但却获得了极大的商业上的成功。另外一个问题是，在某个特定的时代，仅仅做到"启蒙主义"是否就够了。既然革新前的《小说月报》已经涂上了一丝启蒙色彩，那么，"革新"是否还是必要的呢？或者说，如果没有"革新"，是不是只要假以时日，《小说月报》就也能达到后来的成就？

笔者无法回答这些问题，因为这些不过是后来者对于历史的假设。笔者想指出的是，在中国现代的文化实践中，如果粗略地划分，也许也像整个中国现代化实践一样，内中包含了两种基本取向——渐进式的改良和飞跃式的革命吧。文化上的实践根本上又与整个现代化实践联系在一起。李泽厚先生谈到了在中国的近现代历史中总是充满着"启蒙与救亡的双重变奏"：文化启蒙与政治救亡之间存在着"密切关联"，前者时常与后者合流，或者"革命战争却又挤压了启蒙运动和自由理想，而使封建主义乘机复活，这使许多根本问题并未解决，却笼盖在'根本解决'了的帷幕下被视而不见。启蒙与救亡（革命）的双重主题的关系在五四以后并没得到合理的解决，甚至在理论上也没有予以真正的探讨和足够的重视"②。对"启蒙"与"救亡"之间关系的讨论不是确立谁的优先性的问

---

① 吕新雨：《国事　家事　天下事——〈良友〉画刊与现代启蒙主义》，《读书》2007 年第 8 期。

② 李泽厚：《启蒙与救亡的双重变奏》，载《中国现代思想史论》，安徽文艺出版社1994 年版，第 13 - 45 页。

题，更不是或此或彼的选择。在一些重要的历史关头，中国可能没有太多选择的余地，就像战争选择了中国，而非中国选择了战争一样。文化和政治（革命）之间尽管充满了复杂的纠缠，但是归根结底还是分疏为两个不同的领域，有着不尽相同的命题。第四章曾经分析过鲁迅的"革命文学论"，鲁迅一直不太愿意承认"革命文学"的存在，原因之一可能就是看到了"革命文学"主张中强烈的以革命（政治）统摄、取消文学的倾向。在后来的"两个口号"论争中，鲁迅宁愿用"民族革命战争中的大众文学"，而排斥"国防文学"这个简单易记的口号，大概也有一些这方面的考虑。在鲁迅看来，"文学"是永不停歇的反抗，是比政治意义上的革命更为持久的"永远革命"。

如果说在中国现代历史中，的确包含一股强大的以政治救亡统驭、挤压文化启蒙的力量的话，那么相反的一种倾向——以文化排斥政治也存在，尽管它不像前者那般强势。如果说第一种倾向多少把文化与政治进行了混淆或等同，后一种则把两者关系视作了对立或水火难容。鲁迅很多时候是手持"双刃剑"，同时与双方作战。竹内好对鲁迅的评价拿到这里来也合适："在死的瞬间，他还仍是文坛的少数派。他顽强地恪守着自己，直到死。此时，他和多数派的对立，与其说因他的死而变得毫无意义，倒不如说是他的死拯救了毫无意义的对立，并由此而在他死后实现了他生前作为启蒙主义者最想实现、而他的文学者气质又与之相悖的文坛的统一。"① 如果没有鲁迅作为第三方的力量，"文化—政治等同"与"文化—政治对立"两种观点之间的对立就变得毫无意义，它们都未能触及文化与政治之间关系的真谛。颇有反讽意味的是，持某种程度上文化—政治对立观点的穆时英恰恰是在政治上栽了最大的跟头。不难理解，文化—政治对立或无关的观点有可能在"从事的是文化活动，与政治无关"这一羽翼下，造成政治态度上的不审慎。广而言之，在如何对待西方的问题上同样会产生类似的误区。第五章曾经提到，"摩登主义"文学作家们在热烈拥抱、歌颂西方文化时，往往并未细察文化背后的政治，对西方文化与帝国主义、殖民主义之间的关系缺乏警醒，从而很容易陷入殖民者的逻辑和论调。

西方文化在帝国主义、殖民主义鸣炮开道下遍布了世界每个角落，对

---

① 竹内好：《鲁迅》，载《近代的超克》，生活·读书·新知三联书店 2005 年版，第 3 页。

于好莱坞电影、时尚文化等而言，其背后还有雄厚的资本、技术以及大众传媒体系的支撑。资本主义、殖民主义、帝国主义也相应地激起了无产阶级革命和被压迫国家的民族主义反抗的热情。科学技术、大众传媒和这些压迫—反抗力量一样，都涵盖了整个世界范围，它们一起成为主导世界局势走向的主要力量。正如施蛰存等在《活时代》"发刊辞"里所言："生活在这个时代中，我们已无法封闭在孤独与庸愚的隅角里，过一个古旧的生活。我们的一呼一吸，都已与世界上任何一个隅角里的人息息相通。"① 现代社会的复杂性正在于此，即便是地球上某个角落发生的事情也都与全世界关联在一起。因此，考察 1927 – 1937 年间上海的"摩登主义"文学，也不能对这些世界性的事件和事物视而不见。然而，这些事物、力量之间的勾连关系非常复杂，只有放到具体的个案中才能管窥一二。本书主体中只是撷取了几个侧面，就"摩登主义"文学与其中一些力量的关系考察了一点片断，当然是远远不够的。但是，它们有理由成为今后类似研究中应该思考的问题，无论是否将上海的这个时段、这些文学确认和欢呼为"一个世界主义时代"、"一种中国世界主义"②，首先应当追问的是它们与那些世界性的事物、事件和力量到底构成了怎样的关系。

① 编者：《发刊辞》，《活时代》1946 年创始号。
② 李欧梵：《上海摩登——一种新都市文化在中国 1930 – 1945》，北京大学出版社 2001 年版，第 327 – 336 页。

参考文献

中文期刊

《北斗》

《北新》

《创造月刊》

《春光》

《大公报·文艺副刊》（香港）

《大陆杂志》

《独立漫画》

《读书月刊》

《读书杂志》

《戈壁》

《国民文学》

《红玫瑰》

《洪水》

《华年》

《活时代》

《絮茜》

《今代妇女》

《金屋月刊》

《乐群》

《良友画报》

《玲珑》

《论语》

《漫画界》

《矛盾》

《摩登》

《前锋周报》

《青年界》

《人言周刊》

《镕炉》

《社会月报》

《申报月刊》

《申报·自由谈》

《时代漫画》

《十日谈》

《十日谈周报》

《十日杂志》

《太阳月刊》

《万象》

《微音月刊》

《文饭小品》

《文化批判》

《文化月刊》

《文学时代》

《文学》

《文艺》

《文艺茶话》

《文艺风景》

《文艺画报》

《文艺新闻》

《文艺月刊》（西安）

《无轨列车》

《现代》

《现代出版界》

《现代文学》

《现代文学评论》

《现代小说》

《现代学生》

《小说》

《小说世界》

《新潮杂志》

《新女性》

《新社会杂志》

《新时代月刊》

《新文艺》

《星岛日报·星座》

《星火》

《一周间》

《艺风》

《杂文》

《真美善》

《知识与趣味》

《中华月报》

《中华周报》

《中山文化教育馆季刊》

《中央日报·摩登特刊》

中文论著

［美］安德森：《想象的共同体》，吴叡人译，上海人民出版社 2003 年版。

［美］安敏成：《现实主义的限制：革命时代的中国小说》，姜涛译，江苏人民出版社 2001 年版。

［法］巴塔耶：《色情史》，刘晖译，商务印书馆 2003 年版。

包天笑：《钏影楼回忆录》，大华出版社 1971 年版。

北京日本学研究中心文学研究室编：《日本文学翻译论文集》，人民文学出版社 2004 年版。

［德］本雅明：《技术复制时代的艺术作品》，胡不适译，浙江文艺出版社 2005 年版。

冰莹：《从军日记》，春潮书局 1929 年版。

［日］柄谷行人：《日本现代文学的起源》，赵京华译，生活·读书·

新知三联书店 2003 年版。

［法］波德里亚：《消费社会》，刘成富、全志钢译，南京大学出版社 2001 年版。

陈炳良编：《中国现代文学与自我》，香港岭南学院中文系 1994 年版。

陈芳明：《殖民地摩登：现代性与台湾史观》，麦田出版社 2004 年版。

陈衡哲：《新生活与妇女解放》，正中书局 1934 年版。

陈建华：《"革命"的现代性——中国革命话语考论》，上海古籍出版社 2000 年版。

陈立夫：《唯生论》（上卷），正中书局 1943 年第 13 版。

陈序经：《中国文化的出路》，商务印书馆 1934 年版。

陈子善编选：《脂粉的城市——〈妇人画报〉之风景》，浙江文艺出版社 2004 年版。

［日］厨川白村：《苦闷的象征》，鲁迅译，北新书局 1925 年版。

［美］德里克：《革命与历史》，翁贺凯译，江苏人民出版社 2005 年版。

傅东华编：《文学百题》，生活书店 1935 年版。

［苏］弗理契：《艺术社会学》，刘呐鸥译，水沫书店 1930 年版。

傅彦长：《十六年之杂碎》，金屋书店 1928 年版。

傅彦长、朱应鹏、张若谷：《艺术三家言》，上海书店 1989 年版。

傅岩：《妇女的新生活》，正中书局 1935 年版。

樊仲云编：《中国本位文化建设讨论集》，文化建设月刊社 1936 年版。

冯天瑜：《新语探源》，中华书局 2004 年版。

戈公振：《中国报学史》，商务印书馆 1935 年版。

关志钢：《新生活运动研究》，海天出版社 1999 年版。

［日］谷崎润一郎：《谷崎润一郎集》，章克标译，开明书店 1929 年版。

郭建英：《摩登上海：30 年代的洋场百景》，陈子善编，广西师范大学出版社 2001 年版。

韩侍桁译：《近代日本文艺论集》，北新书局 1929 年版。

洪深：《电影界的新生活》，正中书局 1934 年版。

纪弦（路易士）：《纪弦回忆录（第一部）：二分明月下》，联合文学出版社 2001 年版。

金满成：《丑恶臭透》，（作者自己印行）1927 年版。

［美］卡林内斯库：《现代性的五副面孔》，顾爱彬、李瑞华译，商务印书馆 2002 年版。

［美］考恩：《商业文化礼赞》，严忠志译，商务印书馆 2005 年版。

孔另境编：《现代作家书简》，生活书店 1936 年版。

旷新年：《1928：革命文学》，山东教育出版社 1998 年版。

乐黛云编：《国外鲁迅研究论集：1960－1981》，北京大学出版社 1981 年版。

李何林：《近二十年中国文艺思潮论》，生活书店 1947 年第 3 版。

李今：《海派小说与现代都市文化》，安徽教育出版社 2000 年版。

李楠：《晚清、民国时期上海小报研究》，人民文学出版社 2005 年版。

李欧梵：《上海摩登——一种都市文化在中国 1930－1945》，北京大学出版社 2001 年版。

李泽厚：《中国现代思想史论》，安徽文艺出版社 1994 年版。

［美］列文森：《儒教中国及其现代命运》，郑大华、任菁译，中国社会科学出版社 2000 年版。

林淇：《海上才子邵洵美传》，上海人民出版社 2002 年版。

林毓生：《中国传统的创造性转化》，生活·读书·新知三联书店 1988 年版。

刘禾：《跨语际实践》，生活·读书·新知三联书店 2002 年版。

刘怀玉：《现代性的平庸与神奇：列斐伏尔日常生活批判哲学的文本学解读》，中央编译出版社 2006 年版。

刘呐鸥译：《色情文化》，水沫书店 1929 年版。

——.《刘呐鸥全集》，台南县文化局 2001 年版。

［匈］卢卡奇：《历史与阶级意识》，杜章智、任立、燕宏远译，商务印书馆 1992 年版。

鲁迅：《鲁迅全集》，人民文学出版社 1981 年版。

罗钢、王中忱主编：《消费文化读本》，中国社会科学出版社 2003

年版。

吕学海编：《全盘西化言论集》，岭南大学青年会 1934 年版。

马国亮：《偷闲小品》，良友复兴图书公司 1940 年版。

——.《良友忆旧：一家画报与一个时代》，生活·读书·新知三联书店 2002 年版。

麦发颖编：《全盘西化言论三集》，岭南大学学生自治会 1936 年版。

［加］麦克卢汉：《理解媒介》，何道宽译，商务印书馆 2000 年版。

茅盾等：《作家论》，文学出版社 1936 年版。

［美］米利特：《性政治》，宋文传译，江苏人民出版社 2000 年版。

穆时英：《南北极》（改订本），现代书局 1933 年版。

——.《公墓》，现代书局 1933 年版。

——.《白金的女体塑像》，现代书局 1934 年版。

——.《穆时英小说全编》，学林出版社 1997 年版。

倪伟：《"民族"想象与国家统制》，上海教育出版社 2003 年版。

潘君祥主编：《近代中国国货运动研究》，上海社会科学院出版社 1998 年版。

彭小妍：《超越写实》，联经出版事业公司 1993 年版。

浦江清：《清华园日记 西行日记》（增补本），生活·读书·新知三联书店 1999 年版。

［俄］蒲力汗诺夫：《艺术与社会生活》，雪峰译，水沫书店 1929 年版。

钱杏邨：《现代中国文学论》，合众书店 1933 年版。

阮笃成编著：《租界制度与上海公共租界》，法云书屋 1936 年版。

［美］萨义德：《东方学》，王宇根译，生活·读书·新知三联书店 1999 年版。

［美］桑塔格：《疾病的隐喻》，程巍译，上海译文出版社 2003 年版。

上海通社编：《上海研究资料》，中华书局 1936 年版。

上海通社编：《上海研究资料续集》，中华书局 1939 年版。

沈承宽等编：《张天翼研究资料》，中国社会科学出版社 1982 年版。

沈从文：《沈从文文集》，花城出版社 1984 年版。

施蛰存：《将军底头》，新中国书局 1932 年版。

——.《梅雨之夕》，新中国书局 1934 年再版。

——.《沙上的脚迹》，辽宁教育出版社 1995 年版。

——.《十年创作集》，华东师范大学出版社 1996 年版。

——.《施蛰存七十年文选》，上海文艺出版社 1996 年版。

苏汶编：《文艺自由论辩集》，现代书局 1933 年版。

苏雪林：《新文学研究》（讲义），国立武汉大学 1934 年版。

孙康宜、孟华编：《比较视野中的传统与现代》，北京大学出版社 2007 年版。

［加］泰勒：《现代性之隐忧》，程炼译，中央编译出版社 2001 年版。

田汉：《田汉全集》，花山文艺出版社 2000 年版。

［美］特里林：《诚与真》，刘佳林译，江苏教育出版社 2006 年版。

［日］丸山升：《鲁迅·革命·历史——丸山升现代中国文学论集》，王俊文译，北京大学出版社 2005 年版。

王德威：《如何现代，怎样文学？——十九、二十世纪中文小说新论》，麦田出版股份有限公司 1998 年版。

王定九：《上海顾问》，中央书店 1934 年版。

汪晖：《死火重温》，人民文学出版社 2000 年版。

汪晖、陈国良编：《上海：城市、社会与文化》，香港中文大学出版社 1998 年版。

王平陵：《文艺家的新生活》，正中书局 1934 年版。

王璞：《项美丽在上海》，人民文学出版社 2005 年版。

王向远：《二十世纪中国的日本翻译文学史》，北京师范大学出版社 2001 年版。

王哲甫编著：《中国新文学运动史》，杰成印书局 1933 年版。

［美］魏斐德：《上海警察，1927－1937》，章红、节雁、金燕、张晓阳译，上海古籍出版社 2004 年版。

［英］威廉斯：《关键词：文化与社会的词汇》，刘建基译，生活·读书·新知三联书店 2005 年版。

吴福辉：《都市漩流中的海派小说》，湖南教育出版社 1995 年版。

［德］西美尔：《时尚的哲学》，费勇等译，文化艺术出版社 2001 年版。

夏衍：《懒寻旧梦录》（增补本），生活·读书·新知三联书店 2005 年版。

夏志清：《中国现代小说史》，香港中文大学出版社 2001 年版。

解志熙：《美的偏至——中国现代唯美—颓废主义文学思潮研究》，上海文艺出版社 1997 年版。

——.《摩登与现代——中国现代文学的实存分析》，清华大学出版社 2006 年版。

邢墨卿编著：《新名词辞典》，新生命书局 1934 年版。

熊月之等编：《上海的外国人（1842–1949）》，上海古籍出版社 2003 年版。

许道明：《海派文学论》，复旦大学出版社 1999 年版。

徐蔚南：《都市的男女》，真美善书店 1929 年版。

徐訏：《现代中国文学过眼录》，时报文化出版企业有限公司 1991 年版。

严家炎编：《新感觉派小说选》，人民文学出版社 1985 年版。

杨寿清：《中国出版界简史》，永祥印书馆 1946 年版。

杨之华编：《文坛史料》，中华日报社 1944 年第 3 版。

叶灵凤：《红的天使》，现代书局 1933 年第 4 版。

——.《时代姑娘》，四社出版部 1933 年版。

——.《灵凤小说集》，现代书局 1934 年第 4 版。

——.《白叶杂记》，大光书局 1936 年再版。

袁殊：《学校新闻讲话》，湖风书局 1932 年版。

郁慕侠：《上海鳞爪》（续集），上海沪报馆出版部 1935 年版。

曾今可：《今可随笔》，北新书局 1933 年版。

曾虚白：《三稜》，世界书局 1933 年版。

——.《曾虚白自传》（上集），联经出版事业公司 1988 年版。

张静庐辑注：《中国现代出版史料乙编》，中华书局 1955 年版。

——.《在出版界二十年》，上海书店 1984 年版。

张京媛主编：《后殖民主义理论与文化批评》，北京大学出版社 1999 年版。

章克标：《蜃楼》，金屋书店 1930 年版。

——.《章克标文集》（上、下卷），上海社会科学院出版社 2003 年版。

张若谷：《文学生活》，金屋书店 1928 年版。

——.《都会交响曲》，真美善书店 1929 年版。

——. 《异国情调》，世界书局 1929 年版。

——. 《咖啡座谈》，真美善书店 1929 年版。

——. 《战争·饮食·男女》，良友图书印刷公司 1933 年版。

——. 《婆汉迷》，益华书局 1933 年版。

——. 《游欧猎奇印象》，中华书局 1936 年版。

——. 《十五年写作经验》，谷峰出版社 1940 年版。

张天翼：《鬼土日记》，正午书局 1931 年版。

——. 《从空虚到充实》，现代书局 1933 年再版。

——. 《小彼得》，复兴书局 1936 年再版。

——. 《洋泾浜奇侠》，新钟书局 1936 年版。

章衣萍：《樱花集》，北新书局 1928 年版。

——. 《倚枕日记》，北新书局 1931 年版。

赵家璧：《编辑忆旧》，生活·读书·新知三联书店 1984 年版。

赵澧、徐京安主编：《唯美主义》，中国人民大学出版社 1988 年版。

郑超麟：《郑超麟回忆录》，东方出版社 2004 年版。

周慧玲：《表演中国：女明星，表演文化，视觉政治，1910－1945》，麦田出版社 2004 年版。

周小仪：《唯美主义与消费文化》，北京大学出版社 2002 年版。

［日］竹内好：《鲁迅》，李心峰译，浙江文艺出版社 1986 年版。

［日］竹内好：《近代的超克》，李冬木、赵京华、孙歌译，生活·读书·新知三联书店 2005 年版。

外文论著

Ackley, Katherine Anne ed, *Misogyny in Literature*: *An Essay Collection*, New York & London: Garland Publishing, Inc. 1992.

Carey, John, *The intellectuals and the masses*: *pride and prejudice among the literary intelligentsia*, 1880－1939, Chicago: Academy Chicago Publishers, 2002.

Cohen, Paula Marantz, *Silent Film & The Triumph of The American Myth*, New York: Oxford University Press, 2001.

Danius, Sara, *The Senses of Modernism*: *Technology, Perception, and Aesthetics*, Ithaca & London: Cornell University Press, 2002.

de Certeau, Michel, *The Practice of Everyday Life*, Berkeley and Los Angeles: University of California Press, 1984.

Harrington, C. Lee and Bielby, Denise D. ed, *Popular Culture: Production and Consumption*, Malden: Blackwell Publishers Ltd. , 2001.

Highmore, Ben, *Everyday Life and Cultural Theory: An Introduction*, London: Routledge, 2002.

Howe, Irving, *Decline of The New*, New York: Harcourt, Brace & World, 1970.

Lfefbvre, Henri, *Everyday Life in The Modern World*, New York: Harper & Row Publishers, 1971.

Morand, Paul, *Fancy Goods & Open All Night*, Translated from the French by Ezra Pound, New York: New Directions Publishing Corporation, 1984.

Shih, Shu – mei, *The Lure of The Modern*, Berkeley and Los Angeles: University of California Press, 2001.

Yeh, Wen – hsin ed, *Becoming Chinese: Passages to Modernity and Beyond*, Berkley and Los Angeles: University of California Press, 2000.

Zhang, Jingyuan, *Psychoanalysis in China: Literary Transformations*, 1919 – 1949, Ithaca, New York: Cornell University, 1992.

Zhang, Yingjin, *The City in Modern Chinese Literature & Film: Configurations of Space, Time, and Gender*, Stanford, California: Standford University Press, 1996.

后　记

　　本书脱胎于我的博士学位毕业论文。2008年元月，我从清华大学中文系毕业之际，我的导师解志熙先生即叮嘱我认真修改论文。他反复告诫我，第一本书非常重要，一定要慎之又慎。这话我一直默诵于心，出版之事并不急切，修改工作竟也就拖了下来。且改且停，用了近两年的时间才算通读过一遍，所谓"修改"也多限于字句的微调而已。我总算明白了当初想彻底完善论文的宏愿的虚妄，看清了自己的限度，此情此景，也只能以前人所说的论文永远是"未完成的工作"来自嘲了。

　　借此次出版的机会，我终于可以谈谈论文的写作过程和缺憾了。论文选题来自解志熙先生的建议和启发。实际上，作为历史概念，"摩登主义"一词最先由解先生发现并生发出完整的意义。2004年9月，我入学不久即在解先生那里听到过它，但是真正要将其作为我论文的主干，我是有抵触的，理由有二：一是我硕士阶段已经以中国新感觉派为题做过约5万字的论文，此时正急于去"开拓"对我而言全新的领域；二是我坚信海派研究业已山穷水尽，再无新意可言了。

　　抱着抵触和试试看的态度，我开始阅读历史文献，起初并没有给自己圈定范围，几乎完全是随意和任性的。当我一次次徜徉在清华大学老图书馆一楼幽暗的旧报刊库之中时，我屡屡幻想着在某个尘封的角落里有惊人的新发现。渐渐地，这种生活变成了惯性，而预想中的"新发现"却迟迟不来，疑问倒产生了不少，大大小小记下了几十条。从报刊上摘录的笔记累积到几十万字之时，这些疑问中的一些才算明晰起来，剩下的至今仍然封存在我的笔记本之中。这稍微明晰一些的部分最后构成了我的论文。

　　师从解志熙先生读书是辛苦的。那是一种外松内紧的生活，解先生很少会明确要求我们做什么，压力源自不定期的师门聚谈。在我的印象中，这类谈话十有八九总是围绕着史料展开，不读上几十种以上的民国报刊，很难找到插口的机会。最近我又重读了论文写作期间与解先生的几十封电子邮件，也像是平时面谈的翻版，他总是把读到的对我有用的一些史料无保留地告诉我，再辅以精辟的分析。我很早就注意到解先生这些邮件发送的时间，不少都是在凌晨五点多钟。一想到他晨曦之中伏案工作的情景，我总恍惚觉得正在攻读博士学位的是他，而不是我。这一切都在无形之中鞭策着我，鼓励着我去克服懈怠。

我是一个生性慵懒的人，耽于思而缓于行，懈怠之心常有，迷惘却也常伴。1997年夏天，我带着一堆看上去永远无法索解的人生命题从西北农业大学园艺系毕业，跨专业考取了西北大学中国现当代文学的硕士研究生。我并没有希望在文学之中一劳永逸地找到答案，最大的好处是思考这些问题忽然变得合法了——要知道，在此前的四年中，对于一个出身贫苦农家又以农学为业的人来说，哪怕只是偶尔想一想这些问题都是多么奢侈和羞于言说的事。自那时直到现在，我发现自己一直处于熟悉的尴尬之中：既不能与学农学的人谈农学，也不能与学文学的人畅谈文学。那时，我很幸运遇到了我的导师刘应争先生，几乎只有他才能容纳我的矫饰和无知。刘先生很少给人以答案，像是害怕因此而误导别人似的，只是迂回展开话题，越是关键处越不点破。我确信自己今天的写作有些地方还在拙劣地模仿着这种风格，但显然缺乏刘先生的练达与睿智。

人常常会走到自己的反面。大约过了两年，我渐渐背弃了原先那些自我缠绕的问题，认定它们即使有答案，也必隐藏在问题之外，或许它们根本上只配作为思维训练的材料罢了。这时候我开始写以中国新感觉派为题的论文，但是大学时代第一次阅读穆时英作品时的新奇感已经没有了。我不知道二者之间是否存在必然联系，抑或仅仅是自己兴趣不能持久的品性所致。从文字风格上看，我经过对华丽文风的短暂向往转而追求枯索，也恰在此时。在现代文学中，文字由绮丽、低迴转入伟大、崇高的大有人在，像1927年前后的创造社、抗战前后的何其芳，也往往呼应着重大的时代转变。这些与大人生、大时代紧密相连的转变，今天已经可望而不可即了。我也不明白自己为何对华丽起了反感，也许我希望看到更有力量的文字、更阔大的人生。

研究现代文学的人，不可避免地要带着当代眼光，有时又反过来，站在现代审视当下。我自然也是如此。现代是如何一步步走到今天的模样，中间出现过哪些现代化实践，历史是怎样抉择的……这些问题一直困扰着我。我无力尝试在论文中回答它们，它们也远远逸出了文学的范畴，但是它们至少决定了论文的大致走向。现代化实践并非可以泾渭分明地只划分为现代与摩登两种倾向，仅就这二者而言，它们彼此间的交叉、重叠也非常复杂。我无法采取以现代批判摩登或以摩登批判现代的简单立场，却又苦于找不到新的坐标，直到我回到了鲁迅那里。我必须一次次地去看鲁迅 20 世纪 30 年代所写的那些杂文，每一次都看得哈哈大笑，鲁迅的举重若轻使我相信，即使是复杂的问题也并不像想象中那般困难。在清华大学，汪晖先生的《鲁迅研究》课，我曾经听过两遍，每一遍都受益匪浅。此刻我才真正明白，鲁迅是需要用一生去学习的。钱理群先生在参加我的预答辩会时，给我提了一条极有建设性的意见，让我专辟一章来写鲁迅，作为论文的收束。他一定是看出我在论文中处处向鲁迅乞援了，这让我折服不已。

然而，这本该有的一章却没能写出来。现存的第七章则将论文的缺陷暴露无遗，几节之间联系松散，也多少游离了论文的整体框架。最关键的问题在于，它显示了我在把握宏大问题时的无能为力。实际上，整体上看我的论文也不是一个环环相扣的有机体。在动笔之时，我才明白当初选题时的想法是错误的，关于上海都市文化与文学的话题远未穷尽，可堪言说的地方实在太多。在这种情形下，我只能有所取舍，往往是剑出偏锋，挑别人谈得少或未谈论过的问题来写，自然难成系统。我不能也不愿搭建一个体系，而是更希望自己是在提出一些问题，可供有共同兴趣的人一起讨论——对于这本书，我也是抱着这样的目的。如果我们把摩登现象，或是其他文化现象，置于更大、更普遍的关系之中，它们又会展现为怎样的图景呢？

以问题开始，又以问题结束。这本书记录了我一些年中的思绪和迷惘，凝结着师友和亲人们的关爱与帮助。正因为如此，我珍视它。借此简体字版出版之际，我想表达对师友和亲人们的衷心感谢：感谢热心出版此书繁体字版的台北人间出版社的吕正惠先生，没有他的关爱和提携，本书不可能得以面世；感谢李今老师在阅读繁体字版后撰写了书评，我至今遗憾毕业之际未能当面聆听到她的建议和批评；感谢方锡德老师一直以来的默默关心和热情鼓励；感谢中国社会科学出版社的侯苗苗女士对本书文字及体例专业、细致的修改。出版自己学术生涯的第一本书是件幸福的事，然而更让我欣喜的是，我的第一本书是和以上所有值得敬仰的名字联系在一起的。我很庆幸自己在人生的每一个阶段总能遇到良师益友，有他们相伴前行。我同时感谢我的家人：感谢你们的分担、支持与爱，我永远以你们为豪。

张　勇
2013 年 10 月 29 日于西安交通大学